The Battle for Investment Survival

投資人的生存戰役

短線投資經典之作！
安全度過 1929 年大崩盤的投資大師
傳授 77 則令散戶受用無窮的投資心法

傑洛德・羅布 Gerald M. Loeb

蕭美惠 譯

目 錄

1　知識、經驗與天資 ———————————————————— 31

一個人對於自己距離完美還有多遠的理解程度，就是衡量他在華爾街能否成功的指標。

2　基本的投機態度 ———————————————————— 35

保存資本應被視為必須付出代價的一件事，它不應被視為租金或獲利的附帶物品。

3　有所謂「理想」的投資嗎？ ———————————————— 38

至少目前就我的經驗而言，完全理想的「投資」是完全不存在的。

4　生手的陷阱 ———————————————————————— 41

一般人涉足華爾街必須決定的第一件事是——只買賣流動性佳的上市證券。

5　如何投資以求資本增值 ———————————————————— 46

與其為了「持續投資」或追求「收益」而買進，還不如將現金閒置。

6　投機 vs. 投資 ———————————————————————— 51

一項旨在使資本增加一倍的「睿智」計畫，至少可以成功保住資本，或許還能大賺一筆。

7　穩健的投資帳戶 ———————————————————————— 54

不管帳戶金額是賺是賠，每年支領股票的6%（每季1.5%）非常合理。

8　為什麼投資不能隨性 ———————————————————— 57

投資部位不可以隨意了結，更糟的是，不能毫無理由的維持部位。

推薦序

一本提供不同面向策略思考的經典書籍

JG 老師

JG 說真的創辦人

因為股票市場充滿風險，所以我都說，股票市場就是賭。

很多生意，只要開門就多多少少會有生意進來，但股市卻不一樣，進股票市場更像是創業，每一天都是未知，股票想要玩的好，就要有成為創業者的決心。

你可以用成為公司股東的心態長期持有；

也可以用創投者的心態不斷買進賣出心中的好公司；

技術分析、基本面都是不同報表呈現的方式，但買進賣出的策略，卻是想要成為贏家永恆不變的道理，但策略會因為個性不同、資金不同、人生階段不同有差異，而我覺得這本書就是在提供不同面向的策略思考給你。

這本書是一本再版多次的經典書，也因為是年代較久的經典，所以許多觀念在近十年的投資人心中已經是基本常識，但，沒經過推敲得到的常識往往在實戰中實在不容易執行。

　　例如為什麼要停損，為什麼要分批買進、為什麼要分散或集中投資，為什麼有人逢低買進、有的人卻選擇追高。在股市每一種動作都有其道理，作者這本書就是透過對股市的喃喃自語，用很多的短篇幅來表達自己對這些東西的觀點，很有意思。

　　投資書籍很多，但為何常常覺得讀起來有一種千篇一律的感覺，其實因為投資的精神是發源於西方，無論是技術分析的道瓊理論、趨勢理論、基本分析的杜邦分析、CAPM甚至是基本理論，都是西方投資圈早就探討的東西。

　　我認為大部分的新手投資人，都能透過這本書得到一些反思，更可以從書中去感受到這些投資理論是在甚麼情況下形成的，雖然書中舉的例子不是台股，但因為人們在股市卻總是出現永遠一樣的情緒，所以這本書並不會因為時間而喪失它的價值。

　　我也建議大家，在閱讀這本書的時候，更仔細的去翻閱他其中一些章節，例如比起分散投資，作者為什麼喜歡集中火力。作者強調平時最好要累積大量的現金，這代表了他認為好的投資機會並不多，配合剛才提到的集中火力我們可以發現，這代表他對於好的投資機會非常挑剔。

　　我常說進股市就是要暴賺，我一直強調，股市風險如此高要買進就一定要賺到翻過去是一樣的想法。至於怎麼賺到翻過去，你可以看到作者認為應該分批向上加碼，簡單說，一買進好公司並且當股價如預期上漲的時候，作者是不會輕易停利的。

　　這提醒了現代的投資人，不要執著於小打小鬧，不要迷信的認為自己能抓到相對高點，在這些章節，作者強調了「策略」的重要性。以台股來說，如果大家對這些策略有興趣的話，要挑選

的標的就是快速成長股、轉機股、而非安全股，甚至是所謂的獨角獸公司。

　　作者認為年輕人在股市應該大膽些，而到了晚年，藉由對市場的體會與理解更能執行所謂的多策略投資，作者提供了不同階段的投資人不同的投資方法與策略，21歲到35歲，35歲以上、甚至是即將退休的投資人都可藉由本書瞭解不同投資方法的優劣與心態。

　　這是一本經典書籍，是一個投資老手的喃喃自語，一般投資人如果在股市迷惘時，透過與本書的對話，可以很好的安定自己的情緒，看清投資真相，不再恐懼。

推薦序
比成為專家更重要的事

Mr.Market 市場先生

知名財經作家

網站每月瀏覽超過百萬人次

　　在投資領域，我們很少能看到接近一個世紀以前的書籍，如果有書籍能通過長時間的考驗被保存到今天，其中必然囊括了許多直指事物本質的智慧。而《投資人的生存戰役》就是這樣的一本書。

　　這本書最初出版於1935年，當時正好是1929年美國大崩盤之後的大蕭條時期，作者羅布作為股票經紀人，完整的經歷那段時期。

　　那個年代在資訊、產業、投資工具上都和今天有非常大的差異，當年產業以鐵路、礦業為主，電腦還沒發明，資訊流通主要依賴報紙，各種企業的財務會計程序也還不像今天一樣完善。因此當時最主流的投資方法，其實就是追逐熱門股以及技術分析，而技術分析即使想要畫圖，還需要自己在紙上慢慢畫出來。即使是價值投資，當時也沒多少人在使用，企業財報取得也相對不容易、也難以確保資訊的品質。而指數型基金當年也還沒被發明，

沒有ETF這類工具可以分散投資。

　　在這個歷史背景之下，作者提出了他的投資理念，如同本書的書名：《投資人的生存戰役》（*The Battle for Investment Survival*），意思是投資人首要目標應該是「生存」。

　　這個觀點，跟如今許多書籍不同。在今天，絕大多數的書籍都在告訴你如何創造合理的報酬，以及如何追求超額報酬。但今天這樣的投資條件，在當年其實並不成立，在剛經歷過1929年崩盤，經濟低迷、失業率極高的當年，許多人對投資抱持著強烈的恐懼，當時股市的波動也非常劇烈，道瓊指數漲回崩盤後的高點已經是30年後的事情了。

　　也因此，作者提出的方法，並非今天主流的「長期投資」，而是「投機」，這裡的投機並非負面或者靠運氣猜測的意思，比較像是今天的「波段操作」，並且「不要永久持有」。背後的理由也很簡單：也許這樣做，無法長期創造最好的報酬，但長期而言，投資人容易生存下來。而它的投機並非是沒有依據的盲目投機，實際上在書中作者不斷提到：不要去根據價格做決定。他不談任何當年最主流的技術分析，依然是強調在好的價格買到好的企業，這其實很像是「波段操作的價值投資」。藉由分散投入資金、選擇大型股、避開小型股、關注企業盈餘而不是股價波動、投入小額資金持續學習。

　　做到這些，不代表我們能有很高超的報酬。1929年的大跌程度史無前例，在後來百年內市場也曾經發生過數次崩跌，但幅度以及後續影響都沒有1929年那次來的嚴重。未來有一天，我們也都有可能再次遇到類似的狀況，到時候，比起報酬，也許你

我更在意的是生存。只有持續的在市場中生存下來，才有可能看到後面更寬廣的世界。

最後，在學習投資的過程中，我們閱讀到的許多資料書籍，絕大多數都是「教你成為一個專職投資人」，而不是「作為一個普通人應該如何投資？」。然而這本書十分難能可貴的是後者。

期待你能從中有所收穫。

推薦序

生存其實沒那麼難，是散戶把自己搞複雜了

安納金

暢銷書《一個投機者的告白實戰書》

《高手的養成》

《散戶的50道難題》作者

如果投資可以簡單，誰想要複雜？

人類隨著科技與時俱進，技術發展日新月異，金融市場確實以相對複雜，亦伴隨著不斷汰舊換新的模式行進著；然而，投資的道理卻依舊固守著大道至簡、歷久彌新猶如苞桑。走過2018年至2019年的中美貿易戰紛紛擾擾，市場終於在2020年開年之初，中美雙方簽訂了第一階段貿易協議，當人們樂觀期待市場即將迎來一段股市榮景的和平樂章之際，猝不及防COVID-19（新冠狀病毒）這隻黑天鵝來報到，疫情在全球迅速蔓延造成經濟急凍、全球股市閃崩，美股在短短不到一個月之內的創下最大跌幅一度高達38%。

有不少在2017年之後才初次踏進股市，或者近一、兩年才開始跟著市場熱潮信奉「存股」的投資人，在遭遇2020年3月突如其來的股災當中，以直線下墜的方式迅速慘賠到開始懷疑一

切、甚至懷疑人生！個人很喜歡一位老友（尊稱楊大）所說的至理名言：「那些發生在意料之外的，才是真實的人生！」在此我想引用並且轉換一下用法：「那些發生在投資人意料之外的，才是真實的股市呀！」

　　事實上，德國股神科斯托蘭尼早在數十年前就曾說：「暴漲和暴跌是分不開的搭檔」、「你不需要無所不知，但是要理解一切」，言下之意已充分表達出只要股市經過大漲之後，出現大跌是必然的，投資人並不需要執著於探究到底是什麼因素或事件導致了每一次的股災，與其花時間找尋那些細枝末節倒不如去理解，股市暴漲之後必然將跟隨出現暴跌，整個金融市場數百年來其實上演的都是同一齣戲，劇本沒什麼太大的改編（都是家喻戶曉的老梗），只是演員都換了一批新面孔、用當前最新的布景來上演這些老戲罷了；當然，觀眾普遍也換人了，卻被老把戲唬得一愣一愣的、嘖嘖稱奇。

　　《投資人的生存戰役》於1935年首發上市，後來經過無數次再版，堪稱是過去近百年來最暢銷的投資入門書籍之一，此書作者傑洛德・羅布也被《富比世》雜誌認證為華爾街當中「其言論最常被引述的人」。他不僅自己安然度過1929年大崩盤，而過去80年多來，他的著作也影響了無數知名操盤手。書中列出了77則令散戶受用無窮的投資心法，相信讀者會因個人投資經驗的不同、資歷深淺有別，對此書的體悟也會有截然不同的心得啟發，但不外乎「見山是山，見山不是山，見山還是山」所描述的三種不同階段。

　　舉例而言，此書第11則探討「金融資訊的好與壞」，不同經

驗值的讀者就可能會在閱讀過程當中，理解到從不同面向與角度觀察的解讀結果，往往會有迥然不同的差異性。市場上總有一些懶得自我思考的人，想藉由市場傳言、或者聽從他人的建議來快速輕鬆獲利，對於初入市場的新手來說，耳聞目見因為提早知悉並且買進某些有內線消息的股票而大賺，不禁心動倘若自己也能夠掌握到這些內線該有多美好！這是「見山是山」的第一階段。

然而，只要在市場待得夠久的人，就會知道這些內線消息通常未必有用，很多時候所謂的內線只不過是有心人士為了拉抬股價讓自己獲利放大、甚至「出貨」（拋售給晚進來買的人）所刻意粉飾與傳播的消息，因此，當能夠釐清真相不再追逐諸如此類消息，轉而開始憑藉自己解析財報、觀測價量進行技術分析、追蹤籌碼面以及法人進出時，這就是「見山不是山」的第二階段。

最後，往往在市場打滾了超過二十年以上的老手，哪些是有用的資訊、哪些是沒用的資訊大致已了然於胸，並且建立起屬於自己的資訊管道時，也就來到了「見山還是山」的第三階段。

因此，我認為在投資世界裡，真正的道理是大道至簡、歷久彌新的，就像此書當中所揭示的77則觀念，都是如此清晰、易懂，然而要真正理解其精隨內涵，那就需要累積一定的實戰經驗，才能夠從「看懂」到「真知」、從「了解」到「體悟」。

《投資人的生存戰役》是一本已經通過八十多年歷史考驗且內容普遍被驗證的經典之作，對投資心理素質的提升有很大的助益，我誠摯希望您也可以一起共讀此書，讓您和家人立足在投資理財的這條道路上變得很簡單！

願善良、紀律、智慧與你我同在！

推薦序
為投資而戰

肯恩・費雪（Ken Fisher）
費雪投資公司創辦人兼執行長
著有《投資最重要的三個問題》
《富比世》雜誌〈投資組合策略〉專欄作家。

　　《投資人的生存戰役》，是我最早閱讀的十本投資書籍之一。本書最初於1935年印行，後來經過無數次再版，直到1960年代我對資本市場產生興趣時仍是暢銷鉅著──所以它成為我最早閱讀的投資書籍之一。對資本市場、金融新聞甚或個人投資有興趣的人而言，這本書依然重要；尤其如果你還年輕，無法體會傑洛德・羅布的世界跟今日有何不同，或者60年代跟今日有何不同。或許就是因為羅布這位早期的金融專欄作家，我後來才會遊說《富比世》（Forbes）雜誌開設專欄。

　　我是經典投資書的書迷。你或許覺得，一個才剛寫書教人挖掘別人不知道的新事物來打敗大盤的人說這種話很奇怪。但若你不知道自己從何而來，你就無法挖掘新事物（你也知道大家是怎麼說歷史不及格的人）。沒有好的歷史觀點，你便無從得知什麼事超出合理的預期。

　　正如同主修美國歷史的學生必須研究南部聯邦（Confederate States）才能瞭解美國（假如你以為南部聯邦是壞蛋，那就錯過了南北戰爭之前，歷史最重要的環節），認真的投資人必須瞭解市場歷史。如果你想瞭解1930到1960年的市場心理，卻又不想看歷史書籍，《投資人的生存戰役》是一個絕佳的起點。

　　傑洛德‧羅布的這本書不但關乎投資，甚至是美國歷史的精彩片段。1935年的情況確實像是一場生存戰役。緊接著1929年美股崩盤後，發生嚴重且漫長的全球蕭條，美國及全球的貨幣政策失誤更是雪上加霜。國會通過的連串立法也引發恐懼，包括美國證管會的設置，當時很多人認為（今天有部分人依然認為）過度規範將損及股市報酬。在海外，就在本書付梓的前一年，希特勒自封為「元首」，納粹黨出動。更糟的是，在蘇聯支持下，整個歐洲的共產主義興起，動亂接踵而至。在美國本土，中西部的農民在塵盆時期（Dust Bowl）[1]幾乎無以為生，許多人搭鐵路向外謀生，而外地的狀況也好不到哪裡。

　　投資人雖然沒有挨餓，卻心灰意冷。日子似乎已了無生趣。此時，親切、禿頭、戴著眼鏡的羅布寫下這本樂觀的小書。在看似不太相關的文章或專欄集結裡，羅布寫了些平易近人的投資趣聞軼事。《投資人的生存戰役》這書名看來或許不像是樂觀的書，但你不妨這麼想：我們可以打贏戰爭，而這正是羅布希望他的讀者相信的。

---

[1]　1930年代美國水土流失導致沙塵暴現象，使得大蕭條時代的美國中西部飽受乾旱之苦。

　　對1935年時沒有什麼流動資產可以投資的讀者而言，最可怕的事情莫過於買進之後持有（雖然21世紀的讀者或許覺得這是理性的）。在那個時代，歷經大崩盤、納粹、史達林主義者、饑饉和家鄉的貧苦，羅布偏好的持續進出、密集式「投機」策略，不僅激進、新鮮，而且比買進之後持有來得安全許多。

　　現代讀者或許一想到投機就害怕。不過請記住，閱讀古老年代書籍的樂趣之一就是語言的演進。隨便挑一部1940年代及1950年代的米高梅電影來看，你會訝異一般用語在幾十年間竟有如此劇烈的演變。羅布以1930年代的風格寫作，一如當時許多其他經典書籍，本書充滿意義已失傳或改變的老式用語。所謂「客戶的人」（customer's man）是指經紀人、「初學者」（tyro）意指新手、昂貴的股票則稱為「高價的」（dear）。羅布帶領你進入時光隧道，因為他來自一個不同的時代。

　　重讀本書時，我看到一些好久不見的用語，例如他在股市使用「涉足」（dabble）這個字，讓本書格外有趣。他在寫作時像是一位想念你的老友，充滿詼諧的機智，至今依然有道理，例如：「別拿你的本金去學教訓。」

　　在1930年代，「投機」並沒有今日的刺激性，部分也是拜羅布之賜。現在，「投機客」被視為牛仔和擲骰者，冒著巨大的風險，或許不負責任甚或不道德。可是，當你閱讀本書，請記住羅布所謂的投機和今天的投機毫無關聯。對羅布而言，投機是在一個往往看似不可能的世界中的生存之道。後來這個字眼才有了今日的意義。

　　1935年（以及之後的數十年），投機是買進之後持有的另一

個好辦法，羅布稱後者為「長程」投資。「買進之後持有」對甫
經歷股災的讀者來說是不愉快的。在很多方面，羅布的方法是避
免1929年股市崩盤再現的另一個替代方案，一如班傑明‧葛拉
漢（Benjamin Graham）與大衛‧陶德（David L.Dodd）合著的
《證券分析》（*Security Analysis*），以及後來葛拉漢的《智慧型股
票投資人》（*The Intelligent Investor*）。

　　羅布倡導停損，以及從一小撮精挑細選的股票中追求短期利
得（動能投資人可以在羅布的文章看到他們策略的根源）。羅布
的說法是，把幾顆雞蛋放在一個籃子裡，然後嚴加看守。如果籃
子裡的世界要毀滅了，把籃子丟掉就好。它並沒有現在所講的投
機那種負面含義。

　　羅布還建議「換股」，對現代人而言，這聽起來就像是揩油
交易（churning），正經的投資人亦不贊同。[2]但是，以他的標準
和那個時代來看，換股是投機客該做的事。他特別叮囑不要把錢
留在股市外頭。羅布認為，如果你待在股市外頭的時間多於待在
裡頭的時間，你便錯過很多「危險的股市」，投資人覺得這聽起
來很棒啊，但羅布認為那就沒戲唱了。

　　這或許不是適合現代人遵循的穩健投資忠告，但這並非資本
市場學生一定要看這本書的原因。相反的，它描繪出那個時代背
景──美國出現證管會、全國證券交易商協會（NASD）、1940
年《投資顧問法案》（Investment Advisors Act of 1940）以及葛拉

---

[2] 反覆買賣交易，證券經紀人藉由為客戶進行過多買賣以增加佣金的不道德行
　為。

漢與陶德推廣的價值型投資。

　　羅布歌頌股市，努力恢復嚇壞的投資人對資本市場的信心。本書中，他告訴大家一個他最喜歡（以及不斷被傳誦的）故事，說他只做了三天便辭掉第一份工作，因為他被迫去銷售一種他不認同的債券（他的第二份工作也是一樣！實在太湊巧了吧？）。他還分享了他卑微的出身及早年做錯事的故事。那些是真的嗎？誰在乎呢！這些故事很棒，大家也都相信了。

　　在辭掉前兩份工作之後，羅布於1924年進入荷頓公司（E.F. Hutton），這時年僅25歲（年輕一輩聽到荷頓公司可能沒什麼感覺，但在我年輕時，荷頓的大名可是如雷灌耳啊）。羅布在30歲時已成為合夥人，這項了不起的成就證明他的銷售功力一流。荷頓明白晉升羅布的好處，他最後成為該公司的代言人，事實上羅布就等於荷頓公司。他對推廣業務很有幫助，具有可以引起共鳴及值得信任的性格（羅布最喜歡的投機策略為公司賺進的大筆佣金也很不錯）。後來荷頓公司拍攝電視廣告，廣告詞是：「我的經紀商是荷頓公司，他說……。」這裡的「他」，指的就是羅布。

　　在其他方面，他也是個開路先鋒。羅布是最早反對分散投資的人之一。他贊成集中在幾檔股票，或許六檔左右，跟我的父親菲立普・費雪（Philip Fisher）和巴菲特（Warren Buffect）是同一掛的。但我一定要說，巴菲特時常說是一回事，做又是另一回事，持有的股票檔數絕對不止於此（在我看來，他是一個很棒的人，但在這些方面常常被誤會）。不過，時至今日，集中型投資有復甦的跡象。羅布可說是最早的提倡者，在我父親因為提倡這

個方法而出名之前二十年，他就這麼做了。

　　羅布崛起之際，投資人周遭的環境發生劇變，而他明白該如何加以利用。本書的第一版就在1940年投資顧問法案之前發行。當時沒有什麼投資顧問，既有的業者都不受規範，也沒有什麼共同基金（他不贊成共同基金，和葛拉漢一樣）。投資人很難取得資訊和建議，更別說代價之高昂。股票經紀人是投資人主要的訊息來源。

　　現在的投資人或許覺得這難以置信，因為我們可以取得投資通訊、網站、有線電視新聞、投資顧問、部落格等資訊，無止境的消息來源。現在，大部分金融專欄作家都不是股票經紀人。他們可能是貨幣經理人、分析師、經濟學者，或只是記者。但在羅布的年代，股票經紀人雖然只是銷售人員，卻是主要的訊息管道。早在現代投資組合理論成形前，羅布便認為市場是有效率的，儘管他沒有使用這個名詞。

　　早在被動式投資開始流行甚或行得通之前，他便主張被動式投資比大多數人想像的更好。早在當時，他就知道大多數專業人士無法打敗大盤。早在《富比世》雜誌開始編列美國400大富豪名單前，他便證明了要維持在超富階級有多麼困難。在書中羅布還舉了許多其他例子，都是早在現代用語出現之前；我不在此贅述，因為你可以自己看。

　　羅布於1974年過世。和家父跟我一樣，他出生在舊金山。在20世紀前夕出生，父親是一名法國紅酒酒商，母親是一名倒楣的金礦工人，羅布從小家境貧困。1906年大地震震碎他父親的酒瓶，家裡便破產了。羅布的外貌像個蛋頭先生，他的頭又圓

又禿，戴黑框眼鏡，手指肥肥短短。他一直到1946年自己飛黃騰達之後才結婚。他沒有子嗣，慷慨捐助慈善機構，主要在紐約。

羅布的嗜好是攝影，汽車（他那一代很多人都是）和建築。我只見過羅布一面，1972年在舊金山，就在他過世兩年前，他來拜訪家父。當時在我眼中，他是個老人，年少的我實在很難看出他的偉大之處。一事無成的年輕人常常看有豐功偉業的老人不順眼，很遺憾，當時我就是那麼看待他。

由於他是在紐約揚名立萬的舊金山本地人，所以他在我的家鄉名氣十分響亮。或許也是這樣，我在早年時便十分注意他。有一回我寫了一篇模擬的羅布自傳，我對他不很厚道，但我錯了。當時我認為他只是一個在打書的暢銷書作家而已，但他絕對不僅於此。我這輩子時常犯錯，我不在意，出錯是生活的正常環節。但我確實惋惜當時自己未能看出這個人的偉大。正因為當時我沒有眼光，現在我才熱切地寫這篇前言。

羅布經歷了不可思議的時代，以正面方式影響了那一代的投資人，這是今日年輕人無法想像的。幸運的是，他到了1924年才進入紐約的荷頓公司，所以不能把1920年代後期的事歸咎於他。他在1929年成為合夥人，正值大崩盤前夕。我要強調，當年沒有人可以成為一家大型券商的合夥人，除非他的銷售能力一流，而羅布正是如此。1929年讓許多人失意喪志，但羅布並沒有。他的同行大多數都被淘汰了，但羅布沒有，永遠不會。

在早期，他便明白自己可以借助寫作來幫忙銷售。本書第一版賣出超過25萬本，當時已是嚇死人的成就。即使放到今日也

沒有幾本投資類書籍能賣出這麼多本。羅布光是透過郵購就賣掉了許多本。25萬本的銷售量，是家父於23年後出版他個人最出名的著作《非常潛力股》（*Common stocks and uncommon profits*）的十倍以上。家父的書如今更出名了，因為這個世界按照他的推斷發展，許多近代的傑出投資人表示家父的書對他們形成早期影響。但那本書卻沒有賣得特別好，正是因為羅布在那個年代實在太有名了。

羅布是美國近40年來最有名的投資人之一，這是個難得的成就。他將股票經紀人的地位提升到股市專家。他雖然在推銷股票，但其實是在推銷整個產業，以及為心理受創的美國人擔任癒療師的工作。他做得出色極了。

本書集結了羅布的建議。何時進場、何時出場、瞭解自己買進的、有充分的理由才買進及賣出，避開陷阱。有些建議還是很管用，有些則否，或許以前也不管用，但這不是重點，你會明白什麼才是有用的。閱讀現在的新投資書籍時，還是會看到許多自相矛盾和胡說八道，但羅布連胡說八道都是經過時間考驗的，相信你會明白及欣賞。為什麼？因為羅布一個人開創出一個全新書種──給普通人看的投資書。

本書充滿日常生活比喻，目的是要讓被大蕭條嚇破膽的散戶投資人更能接受投資。他教導投資新手先從小處著手，因為「一個人開始學作菜一定要從煮蛋開始，不能一開始就來道熱烤阿拉斯加（Baked Alaska）蛋糕[3]。」他還警告不要接近「冠上耀眼或

---

[3]　甜點，外層是香香熱熱的蛋糕，內餡是冰涼的雪糕。

浪漫名字的新股票，以及『鍋爐室』[4] 人員和『傻瓜名單』[5] 郵件的『保證免費』服務。」這是良心建議，而且是用今日商業作家一定會避免的戲謔、誇張方式表達。可是，這有什麼關係？如果你要人家聽你的意見，首先你得讓他們聽你講話才行。

大家確實有聽到羅布的聲音。《富比世》稱羅布為華爾街「最常被引述的人」，他很可能是。理由很充足——這位仁兄瞭解他的讀者，能言善道。新聞記者愛死羅布了，因為他妙語如珠。股票經紀人也愛他，因為他提升了這個職業的地位——不只推廣股票經紀，也倡導高周轉、高佣金的投資。

但本書是認真的資本市場學生必讀經典的主要原因是——羅布提供獨一無二的市場史觀。本書是闡述特定時代的經典書籍，並已成為不朽。它和當代其他經典都是闡述特定時代的書籍，例如：拿破崙・希爾（Napoleon Hill）的《思考致富》（*Think & Grow Rich*），戴爾・卡內基（Dale Carnegie）的《卡內基溝通與人際關係》（*How to Win Friends & Influence People*），羅伯特・雷亞（Robert Rhea）的《道氏理論》（*Dow Theory*），或是凱因斯（John Maynard Keynes）的《就業、利息和貨幣通論》（*The General Theory of Employment, Interest and Money*）。（順帶一提，現在有很多人批評凱因斯，因為他們不懂歷史，但股市的學生若沒有熟讀凱因斯以及研究他的傳記，就會錯過很多東西。凱因斯和羅布十分神似，遠勝於羅布與葛拉漢或其他現代理論的相似度。）

---

[4] 鍋爐室（boiler room），指不肖的證券業者成立一個專門利用電話提供投資人股票買賣建議的業務單位。

[5] 傻瓜名單（sucker list），意指可游說拉攏、容易上當受騙的對象名單。

　　本書讓你全面性的瞭解美國股市的歷史、社會學，以及1930年代、1940年代，甚至1950年代的投資人心理（羅布在最新版本收錄了更多文章）。在此之前，1920年代的成長股投資已經沒落；在此之後，羅‧普萊斯（Rowe Price）和家父才發展出現代的成長股投資論述。《投資人的生存戰役》是平衡葛拉漢與陶德的必讀書籍，是價值型投資的序曲。

　　在這個時間點，誕生了許多投資策略。價值型投資人與成長型投資人分道揚鑣，動能與基本面投資人各走各的路！後來，我們又細分為大型股與小型股、被動型與主動型等等。但是如果沒有羅布，你便無法瞭解這些投資策略出現的十字路口。沒有這個背景，你不但無法真正瞭解葛拉漢和菲立普‧費雪，還有新近的巴菲特、比爾‧米勒（Bill Miller）[6]、比爾‧葛洛斯（Bill Gross）[7]、彼得‧林區（Peter Lynch）[8]、約翰‧柏格（John Bogle）[9]，以及諸如我之類的眾多小牌投資人。

　　市場不斷在進化，去年的熱門發現已無法再作為今年的銀子彈，但這不會改變人類追求大盤報酬卻一再被偉大的羞辱者（我對市場的尊稱）打擊的原因。羅布十分明白這點。所以，歡迎進入羅布眼中的世界，為投資人的生存而戰的世界。希望你會喜歡！

---

[6] 操盤績效連續15年擊敗股市大盤的美盛價值信託基金 Legg Mason Value Trust 經理人。

[7] 太平洋投資管理公司Pimco創辦人，全球最大債券基金經理人。

[8] 前富達麥哲倫基金經理人，有最偉大基金經理人的封號。

[9] 先鋒基金管理公司 Vanguard Group 創辦人

作者序

　　《投資人的生存戰役》最新加長版出版的原因有二：第一版精裝版的需求穩定，目前已賣出20萬本以上，讀者美評不斷。精裝版上一次更新是在1957年，本書幾乎原封不動收錄其內容。有些地方，例如1964年的稅法修改，內文都有調整。基本上，本書的觀點已通過時間考驗。有些章節寫於1935年，在1943及1957年經過審閱，於1965年再次審閱，但當初所寫下的文字還是一樣有道理。

　　不過，這一版增加了大量的資料！

　　一位讀者問說：「你書中所寫的自己都試驗過嗎？」我的回答是，書中所寫的，其實都是我實踐的經驗總結。

　　收入大於支出的人，本身必然是一個投資人──不論他想不想，或者他懂不懂自己正在投資。

　　不論是以何種方式，將當下的購買力儲存起來以供未來之用就是投資。普遍的儲存方式包括現金、公債、銀行存款、房地產、商品、各類證券、鑽石以及黃金。

　　投資的真正目標，基本上是要儲存現今過剩的購買力作為未來之用。例如水泥工一天的收入有48美元，或許有時他會存下48美元，投資於未來。有朝一日他或許需要別人替他蓋房子，

他就必須用他存下來的48元請一位水泥工來工作一天。至少這是理想的情況。

現實生活裡，實際情況有些不同。貨幣的購買力變動不定。往後的年頭，僱用一名泥水工工作一天的薪資當然不會剛好等於48美元。可能少一些，但很可能是多一些。所以，光是一直持有48美元是不夠的。自從本書出版以來，勞動成本一直在上漲。

事實上，投資重要的考量就是保存財富的購買力，這和所謂對抗通膨、抵銷生活成本的增加或是彌補貨幣貶值的損失，都是同一個意思。

一般人願意為他們想保留到未來的東西付出儲藏和保險費用。但若是儲蓄，他們不但不願付費，還要求別人必須支付利息或股利才能使用他們的儲蓄。如果他們覺得有風險或可能無法拿回全部本金，他們還會要求額外的利潤，可能是更高的收益率或資本利得。總而言之，投資人總是期望太高但又把目標訂的太狹小。

簡而言之，我們必須以購買力、而非名目金額來衡量投資報酬。你必須得到足夠的額外金額來彌補物價上漲時所損失的購買力，或者在物價下跌時得到足夠高的本金比率。我用這種說法，是因為在物價上漲時投資，通常會有一些獲利（但通常賺不多），在物價下跌時會有虧損，而且通常虧很多。

1921年我開始投資時，這似乎是一份風平浪靜的工作。但在1943年時，我開始稱之為「戰鬥」，雖然在1929至1932年間，很多人或許早就用過這個字眼。1957年時，投資像是一場「戰爭」。風險日益升高。

在實際著手之前，便從各種角度研究問題，正確界定風險、目標和機率的人，已經成功了一半。

信不信由你，有些人總是能在股市賺到錢。當然，這種人少之又少。但我相信，這些成功的人大多採用本書所論及的模式之一。投資人的最終成果將取決於他們的能力、持有的本金、耗費的時間、願意承擔的風險，以及市場環境。我敢保證，本書提及的經驗、觀念、指導、準則和原則必定能夠改善讀者的投資成果（當然，這也取決於讀者運用的程度以及熟練度）。

我們先前提到，本書較早版本的內容至今幾乎都足以使人信服。不過，我增加了一些業已經過考驗，且同樣正確的新觀念；另外也討論了一些影響目前投資的複雜因素。

本書先前版本的讀者一再表示，他們認為作者在分散投資此一大前提上自相矛盾。但其實沒有，分散化是新手一定要做的事。可是，想賺大錢就得靠集中化。一旦你的經驗愈多，承受風險的能力愈大，獨立操作的能力愈強，你就愈不需要分散投資。

傑洛德・羅布 1965 年・夏

① 知識、經驗與天資

　　我認為，最困難的事莫過於持續在華爾街創造可觀的獲利。我不知道還有什麼比這更難學會的事，學校和教科書只能提供理論背景。雖然個人、合夥關係與私人公司都曾在股市操作資金而獲得很大的成就，但就我所知，一般大眾沒有人締造過永遠成功的紀錄。

　　局外人進入這個圈子，追求的或許是迅速輕鬆獲利、高收益，或避風港。一般而言，他們做得多，想得少，通常不在意諮詢的對象或者經手交易的人是誰。他們往往分不清偶然造成的結果與利用知識達到的結果。他們時常被「推銷」某個東西，而非自己決定買下，所以時常淪為詐欺的受害者。

　　如何獲利的解答，是來自實際經驗的知識；缺乏知識是賠錢的原因。知識即資訊，以及用市場角度將之加以詮釋的能力。可是，要在股市賺錢，你還需要很好的天資。萬一天生就不是這塊料，再多的研究與實習也不能讓一個人成功管理資本。

　　工程科系的學生會在學校學到一些應力與應變（stress-strain）的法則。在往後的人生，這些法則永遠適用。沒錯，某一個問題或許有好些個答案，有的人或許可以比別人更快或更聰明地解題，但答案乃是建立在正確的原則之上，這是永遠不變的。

　　世上沒有證券價值的所謂最終答案。一打專家就會得出12個不同結論。如果有機會重新考慮的話，幾個月後他們每個人都會改變自己的結論，因為環境改變了。市值只有一部分取決於資產負債表和財報；更大部分則取決於人類的希望與恐懼——貪婪、野心、天災、發明、金融應力與應變、天氣、探索、時尚，和其他無數難以一一列舉的原因。

　　甚至一檔個股在某個時間點的價位都可能影響它後來的市值。所以，低價可能嚇得股東賣出，嚇阻可能的買家，或者吸引逢低承接的人。高價同樣對於日後的股價有各種影響。

　　有哪個法人或個人可以保證成功投資？有多少人可以保持他們的紀錄？有誰能夠在一段夠長及不同的年間以高比例的投資獲得可觀報酬，同時維持住購買力，而且變現價值一直在成長？有人會站出來宣稱自己辦到了，不過正如同永恆運動（perpetual motion），是不太可能發生的。

　　一般人，通常在他自己的領域不是很成功，卻認為他可以輕易解決這個問題。在經紀商辦公室待上幾分鐘、債券銷售人員來拜訪，或者花點小錢給「顧問」服務，他就買了某種東西，或者任由某人賣給他某種東西。如果他的第一筆交易有賺到錢，他或許會以為自己是個聰明人，不然就是認為在華爾街闖盪其實很容易，這樣一來，自然會想要更多。假如他賠錢了，他賠得很快，以致於他認定可以同樣快速的翻本。他往往根本不認識那個經紀商或交易員或顧問。他們做這行多久了？他對於他們可能害他賠錢的千百種方法，只有粗淺的認知。

　　不論怎麼看，都沒有比在華爾街成功更困難的事了，然而對

這些裝備不足的人來說，所嘗試的事沒有一件會是容易的。

　　如此說來，我們能怎麼辦呢？假如這麼黯淡的場景有光明面的話，光明面在哪裡？華爾街的優點何在？這個主題究竟值不值得研究？

　　華爾街主要的美德在於它的持續報價，以及一些股票令人滿意的流動性。沒有其他的投資方式，例如房地產，能夠讓一般人享有輕易及低價的買賣、現成及持續的鑑價、高流動性，並且避開喊價市場（auction market）中活躍股票可能發生的詐欺。

　　所以，無論如何，不要避開華爾街；而是要儘量加以利用；了解其中的陷阱；別期望不可能的事。

　　華爾街有一些不變的規則，我的第一項規則是只買進每天報價、可以在競價市場每天買賣的股票。一檔股票的成交量愈大，市場愈大，其股價就愈可能接近合理價格。另外，知道某一檔個股是賺或賠很重要。能夠實現獲利或認賠殺出很重要。世上最大的保障莫過於以迅速和低成本的方式轉移資金。

　　沒有固定報價的股票也能賺錢，一開始怎樣都無法脫手的股票也能賺錢。可是，我的目的是要指出如何消除股市最大的風險及陷阱，在我看來，如果一般人避開沒有現成市場的股票，他就能避開許多他可能無法應付的危險。交易員比較不能對一檔報價活絡的股票亂出價，交易員比較無法收取不正常的費用或獲利率，交易員也比較不能對客戶隱瞞之後的虧損。

　　在沒有其他方法能減少風險的前提下，我認為上市市場是增加或保存多餘資金最好的地方。因此，大家愈是認識市場，就愈有機會。這跟人生其他事情差不多，只有少數人累積財富，只有

少數人成為真正厲害的專業人士，或者在任何領域真正的功成名就。而絕大多數人每天都是用不盡完美的態度在執行他們的例行工作，包括最卑微的工作。

我們每個人都還需要精益求精，投資如此，其他事也是如此。一個人對於自己距離完美還有多遠的理解程度，就是衡量他在華爾街能否成功的指標。重點是必須對危險有所認識，別像個傻子般向前衝，這在華爾街可是足以致命的。

除了華爾街，世界上沒有其他地方可以藉由真正的知識致富，或迅速取得金錢報酬。

②　基本的投機態度

　　人們對於投資有著太多的期望。他們誤以為一定得將金錢維持在「運作」的狀態。

　　假如投資只是像大多數人以為的，只是買進某種東西以獲得收益。那麼只須錢滾錢就可以極為輕易地累積財富。

　　以6%複利計算，只需12年資金便可增加一倍，若為5%則需要多一點時間，14年。已故的法蘭克・范德利普（Frank A. Vanderlip）[1] 曾在1933年1月《星期六晚間郵報》（*Saturday Evening Post*）的一篇報導中說明這個程序的奇妙結果。他指出，如果六百年前義大利富裕的麥迪西家族將一筆相當於10萬元的投資基金以5%的複利存起來，等到1933年時將價值517,100兆元。如果原本的金額是一個大約直徑九英吋的金球，最後的金額將是世上已知央行黃金存底的4,600萬倍。

　　但投資遠比以利息或利潤來增加金錢價值來得複雜。當你買的東西價格下跌時，虧損的主要威脅在於選擇了高風險的產品，

---

[1] 法蘭克・范德利普（Frank A. Vanderlip，1864－1937年6月30日），美國銀行家。1897至1901年間擔任美國總統麥克金利（William McKinley）第二任任期的助理財政部長。之後擔任紐約國家城市銀行總裁。1910年11月，他所加入的銀行家團體傑柯島（Jekyll Island group），起草聯邦準備法案。

或是為它付出太高的價格。若我們確定價格會下跌，套現就會是理想的投資。

但假如我們擔心價格會上漲，那麼問題在於不只要讓金錢價值增加，還要倍增。范德利普也用一種戲劇性的方式來說明這點。假設有一個投資人於1900年時在一家儲蓄銀行存入1,000元，並以複利方式累積；到了1920年他便擁有2,000元。但根據范德利普的計算，此時投資人必須從口袋裡另外掏出1,000元，才能購買他在1900年時用1,000元就能買到的物品。

這就是成功保存資本的最大威脅——金錢的購買力變動。還有許多其他威脅，像是課稅、法令實施（包括配給）、戰爭、新發明、政治變動及革命。氣候與大眾心理的改變亦具有強大的效果。

一般人的希望事實上是無法實現的。保存資本應被視為必須付出代價的一件事，它不應被視為租金或獲利的附帶物品。

要是有一個償債能力超強的經紀商保證，以規定的年費在一段很長的期間內保存資本的購買力，知情者必然會熱烈接受這項計畫，如果他們認為這家經紀商真的可以維持償債能力。

具備必要的天資以對抗成功投資的障礙，並具備必要的動力以透過教育、經驗和人脈等來培養擁有這種能力的個人人數，和其他領域中需要相似背景才能成功的人數是一樣的。真正一流的投資人不會比陸軍將軍、海軍准將、醫師、科學家、律師、藝術家、作曲家或音樂家更能言善道。有些人可以在投資和投機方面優於一般人，得以全面獲利。但事實上，只賠掉一部分購買力的人，其實已經勝過大多數人。

　　本章和後續章節的目的是要幫助冷靜的少數人賺錢，但若你無法將前述邏輯作為第一步，就無法達成。

　　投資人的目標也需要非常清楚的定義。為了成功，我們必須把投資目標設定的相當高。而且這個目標還必須是投機性的，因為唯有如此才能安全──許多人或許覺得這相互矛盾，但買家不能只想著在一段時日之後從投資金額獲得報償；他也不能太過擔心收益，無論它是以何種形式，在持有投資的期間伴隨而來的。計畫目標一定是為了取得足夠利潤以彌補所有投資的平均虧損、無可避免的個人判斷錯誤、貨幣貶值和課稅的效果，以及有時必須被迫提前結束的一項投資。

　　定義讀起來很枯燥，但我們對於時常被誤用、有關我們目前主題的基本金融名詞必須有清楚概念。首先，我們將這部分討論侷限於以證券或現金的形式，妥善運用資本。

　　保存資本的問題在於將今日過剩的購買力儲存起來作為日後之用，其方式必須要隨時能轉換為可用資金，而且不致於造成全面虧損。

　　此外，「投資」基本上是要設法向他人收取暫時使用資本的租金。

　　「投機」的意思則是運用資本，其方式不僅要保持還要增加購買力，藉由股息、資本利得或二者來實現獲利。

　　成功的投資，就是一場金融生存戰役。

③ 有所謂「理想」的投資嗎？

　　不管所有的理論怎麼說，我認為一般「投資人」追求的是一種永久的媒介，可以投入一定金額，以產生合理的收益，並且能在想要或需要的時候很快取回原始金額；這或許可以定義為正統投資的標準或目標。但這種媒介是不存在的，至少就我所知是如此，因為所有可能的投資媒介連至少一項要件都達不到。

　　不幸的是，即使這種「理想的」永久投資媒介真的存在，它也達不到另一項最重要的條件，也就是獲得相當於最初投資時之購買力的收益與本金的能力。這種要求沒什麼不合理。請注意，這裡唯一的要求是取回投入的資金外加獲利。這不像是拿銀行支票去購買「黃金條款」（gold clause）[2]債券，還要求拿到黃金作為償還。一般人常會爭辯道：「一塊錢就是一塊錢。」話雖如此，等嚐到苦果的時候，他自然會明白。至少目前就我的經驗而言，這種完全理想的「投資」是完全不存在的。

　　不難看出為何這只是一個理論方程式。沒有什麼是安全的，生活中沒有任何領域裡的事情是確定的。尤其這世上財富增加的

---

[2]　黃金條款是國際貿易常用的保值條款，在合約中明確規訂該種貨幣的法定含金量或黃金平價，並約定在交貨付款時，該法定含金量或黃金平價如有變化，合約價格也必須按比例調整。

速度並不足以支付現有「投資資本」的複利或者讓利潤不斷上升。公司破產或以其他方式減少債務以及貨幣貶值等常見的情況，將導致投資做出調整。這種情形可謂歷史悠久。

我認為這些都很自然也很正常，可惜我無法完整呈現各類「投資」管道的安全性，不只是股票，還有更大範圍的「保險」、「房地產」和「儲蓄與貸款」等。

這些年來，潮流不斷改變。當債務人佔上風時，「通貨緊縮」（deflation）的呼聲、反對「高生活成本」的熱門話題便全面升高，直到有人採取對策為止；然後等到債權人佔上風時，「通貨膨脹」（inflation）便佔據輿論，亦即大家不滿商品價格太低以及貨幣過於稀少。

所以為了貼近我們對於大眾在購買「安全投資」時真正想法的定義，我們必須「投機」。

我所謂的投機，主要是希望能夠預測潮流，然後從基本的角度，希望在通貨緊縮之際，藉由購買與持有固定利率及本金債務來保存購買力（包括「現金」，即政府保證支付的形式），在通貨膨脹時則購買與持有各種形式的股票。

所以，我們必須在一開始便承認及預期大多數人無法成功投資或投機，不管他們如何稱呼自己對資本的處理方式，很少有人一開始便成功保存他們既有的財富，或者是既有的幸福。

想要成功保存資本，還必須克服愈來愈多政府原意是為了幫助大家而設立的障礙。

顯然地，大多數人都不會贊同我的說法。眾人採行的各種投資策略到頭來都會失敗。所以，想要保存或持有資本的人，第一

步就是要遠離群眾。

　　我們必須以個人的角度來思考。我們必須考慮怎麼做對自己
最有利。與少數成功的個人相比，大部分人幾乎一無所有。因
此，他們總是想要奪取那些少數人的財產以作為自己的優勢。他
們可以輕易盜取的程度令人驚訝。但過了一陣子之後，勤奮節儉
的人終於受不了，他們開始向想像中的「反社會」手段尋求保
護。

　　綜觀世界史，我們發現儲蓄史基本上就是購買黃金、收藏寶
石和其他形式的「硬體財富」以作為儲蓄。未來在美國，我認為
大家學到這項教訓時將為時已晚。目前，這是個人私事，每個人
自行決定與執行，而沒有找人諮商。

　　奇特的是，反而是財富不多而需要這類保障的人，可能在沒
有真正感受到虧損時便遭受龐大的貶值，而非那些財富很多的
人。通常後者更能解決這個問題。

　　至於沒有囤積或運用在一般企業營運上，可做「投資」之用
的資金，大前提是深入了解以正確判斷趨勢與分析價值，因為你
要不斷轉移資金才能成功。

　　如果做不到這點，你至少必須能慎選誠實及幹練的專家指
導。這類指導雖然少見，還是可以找到。不過，像這麼罕見的指
導，卻沒什麼人能接受它，或者有信心徹底遵循。

④ 生手的陷阱

　　在開始討論這個主題之前，我們首先要瞭解這是針對一般的生手投資人或投機客。一個人開始學作菜，一定要從煮蛋開始，而不能從熱烤阿拉斯加（Baked Alaska）[3]下手，不論後者在好好料理後會是多麼棒的一道的甜點。同樣的，有經驗的讀者會說，他們在交投活絡的上市市場以外的證券亦有斬獲。在此，我們要先暫時刪除一些賺錢的方法。

　　就我個人來說，首先我認為一個人必須靠著交易經驗來學習成功投資股票的基本原則，尤其是必須訓練控制個人情緒、害怕虧損或是貪求更多利潤的能力，因為這都會影響大多數人的決定，而且後果慘重。之後，你可以離開我指定的領域（假如你執意如此的話，因為大多數人會留在這裡），專精於其他領域。可是，若你以為一般人可以成功涉獵金融和保險股、新發行股票、不知名的上櫃股票與其他流行的證券形式，那就太荒謬了。不過，大多數人都是在缺乏專精的情況下仍勇於嘗試；愈不專精的人，交易愈是活躍。

---

[3] 外層為香香熱熱的蛋糕，內餡是冰涼雪糕的一道甜點。

　　因此，一般人涉足華爾街必須決定的第一件事是——只買賣流動性佳的上市證券。這才是踏出正確方向的第一步。

　　首先，這樣做可以降低交易成本。這是一筆很大的費用，不僅包括買進／賣出之間的差價還有佣金。在券商下單，佣金是確定、固定及小額的。買進／賣出之間的差價，則因股票流動性不同而有所差異，但十分活躍的上市股票則相差無幾。

　　買進新發行股票的淨成本一定遠高於券商佣金和舊股差價，有些時候高得驚人。證管會公布的資訊往往顯示，新股有著可觀的「承銷」或「發行」費用。除非交易商能從原先股東手上以低價取得資產，否則為了讓散戶買家看到公司的獲利，新股首先必須自行吸收誇張的發行成本。

　　新股有可能賠錢，也有可能賺錢的另一個原因是承銷價格訂價不當。我想，雖然偶爾會碰到訂價過低的新股，但其實這相當少見，即使真有這種事，數量也很少，大家最好完全不要去碰。那些買進不知名公司、訂價過高的新股以及遇到詐騙推銷的人，即使買到好股票，數量也很少，卻得付出好幾倍的代價，而你只要貫徹不碰新股的原則，就可以避開這一切。

　　其次，跟繳納佣金來買賣高流動性的上市股票相比，所謂的「二次發行」（secondary offering）[4]以及特別發行等，對生手來說也很困難。二次發行是在交易所之外，由負責一批債券或股票的銷售人員進行。通常會參考交易所的價格，有時需要註冊。若

---

[4]　二次發行是指公司股東向投資大眾發行他們的持股，發行後的資金歸賣股股東所有，與股東所屬公司沒有關係。

獲得證管會准許協助發行，股票交易價格便可能「趨於穩定」。對外行人來說，這或許有些技術性，但這也是他們應該知道的資訊，或是乾脆只買賣上市、活躍股票的原因，後者通常不會做二次發行。

　　第三種發行股票方法是以淨值發行上櫃股票，其中包括一個賣價（ask price），及一筆佣金。

　　顯而易見的，一般人應該避免以這種方式以及在缺乏資訊的情況下交易。但換個角度來看，普天之下所有交易商的做法都是賣給人們他們現有的東西，或者他們可以取得折價的東西，或其實是他們名下持有的東西，而非賣給客戶符合他們需求的東西。換言之，最好自己去買，而不是讓交易商賣給你（不幸的是，幾乎所有東西都會賣到消費者手上），還有假如你需要仰賴他的建議，最好與公正客觀的人往來。別克汽車（Buick）的推銷員不會告訴你雪佛蘭不但符合你的需求，價格又便宜；也不會有偏向某一檔特定股票的交易商建議你去買其他股票，因為其他股票讓他無利可圖，但前者則是「有利可圖」。

　　流動性佳的上市股票有一個很重要的優勢，就是可以每天掌握其進展。特別及異常的下跌，就是個股出了問題的指標，而許多上櫃股票，或是沉寂的上市股票，等你發現問題時往往已經太遲了。以後者來說，報價操控在報紙手上，或者只提供「買價」，但沒有成交紀錄，讓人沒有機會察覺事態不妙。

　　在現行制度下，交易商和他們的銷售人員會有很多生意。他們的一些客戶，尤其對債券有興趣的，是代表專業人士的法人機構，他們可以用平等、合法的方式與他們會面。另外有一些是先

前曾成功管理基金，已經升等到更廣大領域的人。還有一些是精明的專業人士或資本家，他們可以挑挑撿撿，並在股票因為流行而上漲之前就以真正便宜的價格買進。不過這些都是額外的獲利來源，我建議還是留給專業的風險承受者就好。

　　不管是現代的哪一種職業，專業的價值都顯而易見。管理資本也是一樣。那些挑選及專精單一媒介的人，絕對遠勝於那些必須涉足房地產、外匯、商品、不知名未上市股票、外國債券等等的人。

　　除了在大型證交所上市的活絡、老牌股票之外，什麼都不要碰，如此便可避開許多陷阱。

　　我知道有些人會問說，假如大家都聽從這種策略，新的小型產業要如何募集資金呢？全國的小型交易商和他們的員工該怎麼辦呢？我的回答是，不會怎麼樣。因為只有極少數聽從策略的人，會靠著操作活絡的上市龍頭股而致勝。

　　那些成功操作上市龍頭股的人，將因此學會成功投資的一般原則。許多人後來會轉而專精一個旁枝。例如，有些人可能會去研究可轉換債，並且真正瞭解。總是會有法人和某些員工去調查新的計畫，並以適當成本提供資金給那些具有成功機會的產業。

　　我主要的目的是提出保存資本的方法。只有一些人會聽從我的意見，真正去實行的人又更少。如果採行「只操作龍頭股」策略的人夠多，就會造成它們的修正。受青睞的股票可能出現不合理大漲，結果抑制它的波動。不受青睞的股票可能下跌或落後造成價差，進而吸引逢低承接的買盤。「龍頭股」的需求可能會因為公司合併而使供給增加。大家無須為本書中的一些原則感到困

擾。因此，我們的第一條規則，就是把資金集中在活絡的上市股票上。

　　最重要的是，避開推廣人員、「水餃股」、有著耀眼或浪漫名稱的新股，當然還有「鍋爐室」人員以及「傻瓜名單」郵件的免費服務。

⑤　如何投資以求資本增值

　　決定一開始只投資較為活絡的上市股票後，下一步就是學習「投資增值」。每一筆買進必須完全以它所能帶來的收益及增值作為考量。以這個角度來說，拿1,000元去投資一檔保證每年配發50元股息，但在未來12個月漲幅不太可能超過1或2大點的股票，意味著它的預期獲利報酬為60或70元；另一檔股票雖然沒有配發股息，卻可能上漲一倍，其獲利報酬將為1,000元。

　　除非買進時預期股票將大漲，否則就不必奢望結果。與其為了「持續投資」或追求「收益」而買進，還不如將現金閒置。在我看來，單是這一點便足以彰顯出成功專業人士與失敗業餘人士之間最大的差異。遵守這項規則通常就能避開危險的市場。當然，我們必須小心評估下跌的可能性，如果機率對你有利，就要敲進大量部位。日常開銷所需的實際收入不會構成問題，因為你可以安全撤出預設的持股比率。有時你會有足夠的「收益」來滿足需求；有時股價會損害已實現或未實現增值；有時，它會損害資本。即使如此，我還是認為這比為了「收益」而買進來得安全多了。

　　入門唯一的方法是邊做邊學，這是大多數投資人最大的罩門，他們完全沒有經驗。遺憾的是，這些人大多都向沒有經驗，

或者是憑著經驗教他們不要理會市場、只要專注在券商或顧問或統計資料上的人尋求建議。

　　我認為，經驗對每一種市場都至關重要。因此，買進一檔股票以及成功或不成功地持有幾年，不能證明什麼。多年前，我思索著要如何取得寶貴的市場知識，但又不必付出昂貴的學費。我想出了一個學習計畫——隨時持有一檔中等價位股票，部位不超過數百股，不過隨時在合適的時間點做多或放空。這個計畫只需要少許資本，風險也很低，因為初學者要開啟新部位時，必須先結清另一份持股。通常新投資人會一檔接一檔地買進股票，萬一大盤下跌，他們將全盤皆輸，而後才明白自己經驗不足。在這個單一持股計畫下，想買進的人必須決定是要保留舊股承受虧損或獲利，或者換股。這跟許多新手喜歡的模擬「紙上交易」相當不同，而且在很多時候更能學習到市場技巧。紙上交易完全無法測試投資人對於害怕虧損或貪求利潤等重要因素的心理反應。這個方法亦可讓我們學會，如果當時沒有明顯的買進或賣出標的，我們就應該迴避市場。

　　這表示要不斷換股，我敢保證認為此方法太過困難的人大多會馬上改變主意。此外，這個方法可以強調與傳授時間點的重要性。如果股價一直保持低檔，單是以低價買進還不夠，我們必須在它剛要開始起漲時買進。我們必須選擇100股中等價位的股票，或是50股高價股，或是200股低價股，或是10檔不同股票各10股。不論哪一種，都可以在很短的時間內觀察到其優點和缺點，而再大量的閱讀也無法取代經驗。

　　這表示你必須每天花一些時間來研究投資。這十分合乎邏

輯,卻有許多人對此感到意外。他們必然花了數個月的時間,才賺到扣除生活開銷和稅金後,可供儲蓄的淨利,但往往一轉眼就失去大半獲利,因為他們把投資當作跟買電影票差不多的事情。你一定要花時間在投資上,如此一來,你的剩餘儲蓄便能成為增加財富的強力因素,而不是只按照過去的謀生方式生活,更不會成為未來棘手的資產。

初期的體驗資金應該少少就好,最好不要超過個人資產的10%;5,000元就夠了,沒必要超過這個金額。嘗試錯誤的學習期顯然需要一段時日,同時,你也需要自制力,不去管你的資金收益。假如正巧遇到資金購買力快速貶值的時期,你或許要付出很高的學費,但絕不會比你拿全部的資金去實驗還來得高昂。10%的比例或許會使許多讀者望而生畏,但實際操作起來不會有這種感覺,因為總是會有一些大膽的人冒險求取更大的成功。或許他們覺得至少自己有過機會,這樣就足以令他們心滿意足了。

另一個問題是讀者是否能抽出時間來操盤。你當然要每天從工作中抽出一些時間,不過,先前提過,只要投入時間,你很有可能維持或增加獲利,這遠勝於全心投入日常工作。如果你確定自己無法抽出時間,或者會「干擾」日常工作(假如保全剩餘財富算是「干擾」的話),那麼請你把投資委託給別人,不要親自涉入。閱讀這些章節將有助你決定要自行投資或者交給專業人士,若是後者,則是如何尋找專業顧問。另一個重點是,在親身嘗試過交易後,很多人可能認為自己不是這塊料,最好把所有時間都投入自己的工作。我想,假如你真的下定決心,那是很好的事,因為我認為一個人要不就投入很多時間,否則就完全不要花

時間，想要半調子是不可能的。

　　這一切都指向一個問題——我們學習交易是為了快速獲利或者長期投資？我們投資是為了增值，持有一個部位的時間長短並無大礙。除非扣稅因素不利於這樣做，不然基於許多原因，我支持超短期投資。

　　首先，這種方式更能快速累積經驗。一旦熟練後，短期投資會是一門可靠的事業，更勝於長期的大賺或大賠。如果不是「很行」的話，一個人不可能一直成功地買進賣出。沒有經歷一連串不同的交易，你無法確定自己的能力及日後的安全。經常進出更能讓你安心。你可以不斷有新的看法，可以避開令人煩惱、直到觸底前都沒有明顯理由的長期下跌，還有許多其他優點。或許很多人會說長期投資才會讓人安心，但根據我觀察1921年以來的數千個帳戶，這是一個流行的謬誤。

　　不過，我說的「短期」並非指只為了短期這個想法，便很快了結一次交易。除非有很好的理由，否則不該了結一次交易。可是，許多「長期」交易員忽視了趨勢改變的信號，因為他們覺得那是暫時的。他們通常是對的，不過到頭來他們會是錯的，而且往往得付出高昂代價。短期投資要了結一筆交易是要有理由的，如果日後情況有變，你就可以重新建立部位。有時會有獲利，有時會有虧損，你可以當成是繳學費。

　　長期買家偶爾碰上一筆好交易，就以為自己是很棒的投機者。但之後他往往會得到殘酷的醒悟，只不過幸運的話他還可以保住財產。

　　不論如何，長期部位有其用處，現在的稅率往往有利於長

期。但是，建立長期部位必須基於我所謂的短期原則。有些最佳長期買進，是源於一連串多頭短期指標。有些最後逃命關頭賣點，乍看之下則像是暫時的頂部。

⑥　投機 vs. 投資

　　一個人能在股市獲得多少報酬？想要從股息、股利或兩者得到3%、4%或5%的明確「收益」，這種單純的想法令人發噱。但是，大多數人的想法差不多都是如此──客戶和經紀人、債券買家和銷售人員、業內及業外人士幾乎皆然。

　　無疑地，一般人會毫不質疑地接受這種想法，集體行動，再把他的認同推廣給別人。事實上，如同生活中的許多其他層面，大多數人都錯得離譜。因此有自己想法的個人應該學會質疑多數人的集體行動，因為他們通常是錯的。

　　正是基於這些理由，尤其我個人完全相信，想要求取小額報酬的安全收益必然會招致虧損，所以我一直建議投機而不要投資，因為此種策略較能避免虧損，也比較容易獲利。

　　個人認為，一項旨在使資本增加一倍的「睿智」計畫，至少可以成功保住資本，或許還能大賺一筆也不一定。

　　低於這個目標的任何計畫必然都會失敗。

　　當然，其中很大程度取決於你想要加倍的資本是多少。管理合理的金額當然比管理鉅額累積資本來得容易，此處的討論並非針對後者。至於前者，假如一個人幸運地擁有一筆龐大到令其感到不便的金額，此時的重點則在於只運用部分他覺得可能「加

倍」的資本，其他部分最好原封不動放著，別亂無章法地冒險，直到他覺得自己有本事可以增加股市的投資金額為止。

舉例來說，我認為沒有受過華爾街的訓練，但有份工作或充裕的薪資以及數十萬元資本的人，一年投入股市的金額不應該超過100,000元。為什麼要拿剩下的錢去冒險呢？如果你在讓100,000元加倍的過程中，可以每年賺取25,000到50,000元的報酬，不管怎麼看，都已經夠多了。如果賠錢，只賠掉部分資本總勝於全軍覆沒。如果想從你那數十萬元或沒有用於投機的部分獲得6%報酬，你必定會賠錢，遲早的事罷了。

這些數字只是為了將例證具體化。實際金額是非常個人的事情，我是為了刺激讀者思考，而非將投機資金設定成以100,000元為上限。有些人可以安全地運用更多的資金，有些人只有在運用更多資金時才會開心；有些人則會擔心100,000元這個金額太大，或者根本也沒能力去處理。

多數人一開始根本沒有100,000元可以投入，我特別建議這些人擬定讓資金加倍的計畫。你或許無法達成目標，不過還是可以大賺一筆；但當你開始小有斬獲後，最細微的失誤都可能造成你的虧損。

許多人可能會擔心未動用的資本會有通膨風險，這種風險是很真實的。但是，在你真正瞭解自己的能力之前，通膨風險絕對不會大於市場投機的風險。

我同時說著你打算儲蓄的資金可能縮水，但你想加倍的資金卻可獲得25%到50%的報酬，看起來或許很怪。但事實上，只要稍微動動腦便會明白這一點也不奇怪。有多少人擁有那些賺到

錢後仍積極投入股市者的知識，而不是輸掉全部或大部分資產便決定放棄的人的知識？

　　其實這無從直接比較。想要從投資中獲得6%的報酬就好像想要退休一樣。在這種情況下，你可能是缺席（absentee）的債權人或共有人（part owner）。你應該讓自己放鬆，不再思考，任由金錢自行運作。想要讓資金加倍，你必須積極參與並付出許多努力才行。

⑦　穩健的投資帳戶

　　想要保全股票投資資本的購買力，我認為最重要的是釐清「收益」（income）這個流行的謬誤。

　　我認為，唯一穩健的計畫是定期以市值計算帳目（當然要自動加計上次結算後拿到的息票以及預扣稅金），然後付給自己一個預先設定的固定比率，例如每季帳戶持股的1.5%，或因應個人需求的不同金額。把我建議的每季1.5%當成平均標準，這個金額有時可以由帳戶裡的實際「收益」來支付，有時則不能。不過，就我看來，這個問題其實不足掛齒。我們應該注意的是，帳戶定期估算時，增值是否超過這個比率。增值可能有數種方式，例如帳戶可能全部投入股市而獲得6%股息，而本金維持不變；或者投資「收益」可能是3%的股息加上本金每年增值3%；又或者帳戶裡全是不配息的股票，但市值每年上漲6%。

　　不管帳戶是增值、貶值或不變，我都認為每年支領股票的6%（每季1.5%）是很合理的。若帳戶增值，支付的金額便自動增加，反之則減少。因此，100,000元的股票，支領的金額應為6,000元。若一年後股票增值到150,000元，屆時支領的金額便增加到9,000元；萬一股票跌到50,000元，支領的金額便只有3,000元。支領的金額要從帳戶裡扣除、減少本金，或者是賣掉一部分

的資本資產，但很少是靠擴大融資部位來支付。

　　這項計畫好處多多。首先，如此可以去除傳統「收益」觀念中的自我欺騙。舉例而言，一個人以面值購買一份票息6%的債券，一年後價格為70，他得到了6%的收益。但實際上這筆交易應該這麼計算：投資資金1,000元；利息收入60元；債券市值只剩700元；總計是淨損240元。換個方式來比較，如果當時找不到可以安穩獲得6%收益的投資時，就不要動用這1,000元，再由本金支領60元，年底時總額剩下940元，淨損只有60元。又或者在很誘人的投機時間點投入，雖然沒有配息，但一年內大漲了50%。這樣子，年底時用1,500元的市值計算，扣掉90元的「收益」，還有1,410元的淨值。

　　當然，我也明白投資可能造成虧損而不是獲利。但我們必須假設投資人是很明智地在操作帳戶。我不認為投資人在把收益當成前提的狀況下，還能好好地操作帳戶。以我建議的這種態度來操盤，便可消除人為障礙，日後還能開啟通往更高成功機率的道路。有時，這種定期估算帳戶的方法是妥善管理信託帳戶的關鍵。如果託管人將股票視為「成本」，他就會在發生無法避免的錯誤時設法迴避虧損。但若以「市值」計算，受益人便永遠能獲悉真相，而託管人也會毫不猶豫地換股。在考慮達成的結果時，散戶投資人的帳目一定要很健全，我建議要每個月計算股票波動，並且預扣一個整數，作為帳戶以市值清算時要繳納的稅金。如此可以預防你過度交易，預防你高估獲利，預防你猶豫是否要因為稅金之故而賣掉某一檔股票；還有許多其他好處。

　　此外，你還需要就已實現或未實現利潤及虧損預扣稅金，此

舉最大的目的是方便在年底時計算稅金。這樣還能降低稅後淨利的金額，以免一個年度裡的已實現獲利逐漸上升到較高的稅率級距。你應該在你願意冒多少險以及預期獲得多少的基礎上，去考慮每一次交易，這點很重要。所以，你在較低稅率級距時應該建立較大部位並承受更高的風險，大於你升到較高稅率級距時所建立的部位。

8　為什麼投資不能隨性

當你真正想進入股市時，基本上你應該要知道為什麼要做這筆投資，期望賺到多少報酬，持有時間多久，以及你願意冒多少險。就我而言，我無法明白一個人要如何理解一筆投資適合的規模或了結部位的時間，除非他在最初開始投資時便全然了解這些重點。

我認為投資部位不可以隨意了結，更糟的是，不能毫無理由的維持部位。例如有些人或許相信某一檔龍頭股可能出現快速波動，如果真是如此，既然這檔股票是因為預期會有快速波動而買進，那倘若它沒有按照你的預期出現波動，就應該賣掉。買進這檔股票時，你只考慮到要很快脫手，而沒有想到它的價值；因此，就不該把它當作「非自願投資」而持續持有。但另一方面，某人或許預期兩個月內要加發股息而買進一檔股票；我認為這種股票下跌時也沒必要出清了結，除非你相信預期中的加發股息無法實現，或者大幅改變的投機環境將改變你對加發股息的評價。

在考慮一項投資時，你應該對於要在何種獲利或虧損水準了結有清楚的概念。假如預期只會小賺，你成功的機率就很小。另外，如果你預期會賺1或2大點，卻去冒1或2大點的風險，這就十分不切實際，尤其是在加上佣金和稅金後。顯然，在這種情況

下必須有近乎百分百完美的判斷才能成功。但如果某人預期在一檔交易上冒3大點的風險可以賺到30大點,他雖然可能太過樂觀,但還是有可能做得很好。你也許會想,這種交易太少見了。這種交易確實很少見,所以我們才要去尋找,但不要過度投機。

我建議剛開始的投資規模要小,這裡指的是投入的資金相對於總資本的比率。你應該設法以小額投資賺大錢;換句話說,用一檔股票的100股去賺取10大點利潤,比用同一檔股票的1,000股去賺1大點更合理。手頭上有剩餘資金不但有助於急難之用,還可以幫助一個人判斷,讓他在開始與了結投資時都是基於金融考量,而不會受到急難、恐懼、貪婪或其他人性缺陷所影響,後者是股票投資獲利的致命傷。當然,管理良好的帳戶幾乎不可能發生「融資追繳」的狀況。

除了特殊情況,像是年輕人資金不足,但覺得自己有能力出人頭地時,我認為完全沒有必要去融資或用其他方式借貸。如果一個人的股票投資獲得良好管理,小比率的投資便能創造大報酬,就不會發生缺點多多的過度投機。反之,如果交易沒有效率,需要大筆投資才能創造成果,最終虧損將會抵銷初期獲利。我知道自己曾經主張在通膨時期借貸的優點,但在這兩種情況下,我都是以相對方式思考。因此在某種狀況下,有時或許需要借貸,但我確信自己永遠都會建議借款時要低於時下流行的融資比率。

另一方面,大額投資,亦即大量持有幾檔股票,勝於少量持有很多檔股票。這幾項大量持股或許只佔當時可用資金的30%,符合先前所提的比率。在很有把握時才投入很大的資金規模,這

對安全性及獲利性都極有幫助。你必須相當了解狀況才能建立部位；如果未能及時撤退將導致重大虧損，犯錯時更要迅速出場。你可能在不經意間買進了許多少量部位，然後又放任它們造成不同程度的小額虧損，完全忽略了加總後的虧損金額。因此，過度分散無法保護一個缺乏知識的人。

⑨ 股票投資的一些禁忌

儘管我們在前面幾章談過諸如貨幣購買力的波動、政治、戰爭、輿論以及個股的變化等種種障礙，但諸君不必期望在這裡得到保全資本的不敗方程式。假設諸多困難可以如此輕易地一語帶過，投資是一場金融生存戰役的論點就不成立了。

這些討論的目標是要影響你的投資思考架構，希望能增進你預期能夠獲得的成果。這是一個可以實現，並且值得花時間努力的目標。

前面已經說明過，基本上讀者必須對困難有徹底的了解，並且把目標牢記在心。

基本的實際操作策略是——除非選定的個股獲利機會很大，否則絕對不要投資。純粹只為了「收益」而投資、只為了「持續運用資本」而投資，以及只為了「通膨避險」而投資，這些根本連談都不必談。

根據這種策略，在任何狀況下都不應買進或持有任何股票，除非投資人經過深思熟慮，確信獲利的機會遠大於明顯可見的風險。而且，風險也必須經過縝密評估。

在進行一筆投資時，投資前景一定要十分良好，讓你在這種情況下投入大部分個人資產也不致於太過冒險。同時，潛在利得

一定要十分龐大，讓你只需投入部分總資本便能獲得期望的總資本增值幅度。

　　換個方式來說明，這表示一旦具備能力後，就沒必要分散投資。你只須買進1或2檔股票，最多3或4檔即可。這幾檔股票務必要精挑細選，買進的時間點也要極為精準，還要擁有極大的獲利機會，如此你就永遠不必冒險在這些股票中投入大部分的既有資本。

　　根據這種策略，投資人只在最佳時間點買進最佳股票。風險會從兩方面降低──第一，精心挑選；第二，持有大量預備資金。把投資集中在最少的個股，確保你有時間挑選每一檔股票，並了解它們所有的重要細節。

　　這項策略不只包括拒絕分散化，有時還必須長時間閒置資本。你必須尋找交易，讓投資績效得以超越發生淨損的平庸等級，晉升到賺取並保持獲利的卓越等級，這種好買賣是難得一見的。你還要明白，這種機會必然發生在大多數投資人因為害怕而不敢在低價承接的時候。股票很受歡迎、買氣超強時，你一定沒辦法找到這類機會。成功的投資人一定會在大家都過度投資和過度自信的時候閒置資本，只會在利潤與收益很容易到手的時候才出手。

　　任何隨時都準備投入所有資本的投資計畫，除非總數極小，否則一定會失敗。將所有錢都投入1到2支股票中，會導致失敗的成本太高；多樣化投資，則意味著對投資知識了解不夠。擁有的總資本越高，主動投資的比例就要越低。例如，在類似的市場條件下，有人可能會把100,000元全數投資在基金上，同時有人

會合理地將100,000元分散為50％的股票與50％的現金。

　　我完全不打算討論融資，這種事就留給交易員吧。

　　打贏投資生存戰役的另一個重要觀念，是投資人必須學習思考最終的結果，而非目前的結果。你不可能在一支個股或一個類股每一次主波段時都賺到100%的漲幅。假如你企圖這麼做，必然會導致整個投資計畫一敗塗地。如果在整理期透過明智的投資，在好年頭與壞年頭都獲得令人滿意的平均獲利，就是一項了不起的成就。

　　這整套理論，乍看之下或許極度投機，但實際操作便可證明它其實很保守及安全，勝過絕大多數投資人的策略。

⑩ 公司財報觀察重點

　　我一直認為，假如你想從大多數上市公司的公開報告裡取得足以獲利的結論，有些重點是一定不能少的。當然，某一產業的專家在檢視報告時，基於他的專業知識，會看出要使用哪些會計測試去檢驗。如果他十分明智地跟市場專家配合，就能產生會賺錢的決定。

　　可是，大多數投資人和一般顧問很少消息如此靈通。這種狀況，加上大家習慣把新聞標題視為正確的公司財報摘要，便導致大眾對公司的真實情況一無所知。大多數人長年下來買進與賣出的價位，跟熟悉狀況人士所買賣的價位有著很大的差距。

　　我在評估實際業績時，有個簡單方法，就是會特別審查那些如果不持續融資便無法提列足夠現金收益作為擴廠、增加營運資本或配息等處支出的公司。其中雖然有一些例外，尤其是年輕、快速成長的公司，但在我看來，大型成熟公司很少會這樣。這種情況顯示公司的營業領域不賺錢、管理不佳，或者不明智地過度發展。

　　我想很多公司都是靠著大量借貸或發行優先股，和不斷籌資及挹注新資金才能生存下去。拿別人的錢收購資產和補充資本，它們持續作為盈利資產（earning assets）的程度及時間都是個問

題。當然，普通投資人或統計學家都無法對此做出判斷。

　　其次，我覺得必須謹慎觀察存貨（inventory）公司的聲明
——這裡指的是經手大量價格劇烈波動商品的公司。許多這類公
司使盡一切招數維持營運，打廣告、僱用銷售人員等等，但從未
創造實際的交易或製造利潤。商品價格上漲時，他們就賺錢；價
格下跌時，他們就賠錢。為了減少經常費用，公司可以停業，單
是炒作他們家的商品就行了。在一段時間內，存貨公司的股價或
許非常吸引人。我的重點是，要知道你為什麼要買進以及買進了
什麼。不過，在某些公司，庫存是讓帳目維持保守的重要因素。

　　除非能在某行業成為獨佔，不然高獲利率往往會招致激烈競
爭。低固定資產，尤其是能夠以小額營運資本經營獲利的事業，
也會產生激烈競爭。要求股東授權減計固定資產，則顯示先前的
擴張失策，那通常是公司的污點。不過，公司偶爾會犯下合法的
錯誤，減計資產是合理的。當然，如果這種新聞是預料中事，不
妨考慮買進，但是不要持有太久，以免公司重新振作時又孳生出
不智的支出。我要找的公司是，不論有沒有盈餘，都還有足夠現
金收益可以滿足前述的重點，像是償還債務、補充營運資本、維
持或擴充產能和效能（如果有賺錢的話），以及配發股息。這些
公司是存在的，數量也不少，去比較資產負債表便一目瞭然。我
也會找出實際的交易和利潤，此外，在某些個案，已實現的庫存
利得也很重要，假如它們不只是僥倖，而是與正常業績有密切關
係的話。

　　我認為，美國的傾向一直是太過積極尋求新事業，而且通常
是在不恰當的時機點。如果能夠在蕭條的時候以便宜價位增加固

定資產，不失為一項好的事業風險。但是，在景氣繁榮時擴張卻是致命的，除非預期的稅後盈餘能在最短的時間內彌補剩餘的產能，最好是回歸正常的平均舊廠價值。舉例來說，一家擁有100萬單位產能的工廠，平均估價為100萬元，「正常」利潤為每年10萬，該工廠想增加50萬單位的產能，但在景氣好的時候，擴張50萬單位的產能需要100萬元，相當於平均估價的2倍。我認為，在擴張產能之後又提高房地產帳上的舊廠房價值作為再生產成本（reproduction cost），是錯誤的做法。假如景氣繁榮能夠讓第一年的獲利（稅後淨利，而非「正常」利潤）足以支付景氣繁榮時期墊高的50萬元成本，公司才能擴張產能。這才是正確的做法。因為擴張的產能在幾年後或許將被迫關閉。

設備成本上漲，以及稅法限制的折舊率，可能導致獲利能力被大幅高估以及現金短缺，但表面上看起來卻是一家欣欣向榮的公司。一些保守、高瞻遠矚的管理階層會因此提列額外折舊準備以支付稅金。這是例外，但投資人自己在分析時也應該考慮到這點。

「現金流量」這個賺錢或賠錢的簿記專有名詞，是另一個觀察公司財務的好方法。

在這個方面，有愈來愈多公司在他們的年報裡加上表格，說明一年內所有進出資金的來源和配置。這類公司包括一些大公司，像是紐澤西標準石油（Standard Oil）、海灣石油（Gulf Oil）、國際紙業（International Paper）和辛克萊石油公司（Sinclair Oil）等。

國際紙業公司年報摘要的標題為「財務合併摘要──淨營

運資金減少的細節」。海灣石油年報裡的表格題為「資金的配
置」。最有看頭的或許是紐澤西標準石油公司，他們提供合併營
運資金變動的六年摘要。

　　我在這裡轉載紐澤西標準石油公司六年摘要其中的兩年，以
說明這種表格的重要價值。我也轉載辛克萊石油 1963 年的表格
作為另一個範例。

紐澤西標準石油公司
合併營運資金變動的兩年摘要

	（百萬美元）	
	1963年	1962年
增加		
來自紐澤西股東的淨利	$1,019	$841
來自少數股權的淨利	47	39
折舊、折耗和報廢	584	586
出售房產和設備	74	36
乙基投資的一次性利得		75
增加總額	$1,724	$1,577
減少		
添購房產和設備	$886	$1,062
發給紐澤西股東的現金股利	592	538
發給少數股權的現金股利	31	26
長期債務的淨變化	15	(13)
買回股票的成本，扣除售股的所得	35	(4)
其他——淨值	69	(3)
減少總額	$1,628	1,606
營運資金淨增加（或減少）	$96	$(29)

辛克萊石油──1963年

	（百萬美元）
資金來源	
合併淨利	$178.1
發行 4.60% 債券	136.9
處置德州太平洋石油的股票	76.3
出售資本資產	8.1
	$399.4
資本配置	
補充資本	$149.2
股息	29.8
長期債務（一年後到期）	46.2
買回庫藏股	1.9
減少已分配的石油支付款項	14.4
美國政府和其他短期證券	89.6
其他雜項淨額	5.5
	$336.6
營運資金增加	62.8
	$399.4

　　這兩家公司每一個項目的數值都可作為範例。雖然公司往往隱瞞或混淆情況，但一份完整的「資金來源與配置表」便可讓投資人調查事實的工作簡單許多。遺憾的是，想要營造假象的公司必然會在股東報告裡拿掉這些數值。

　　紐約證交所與上市公司之間的協議應該予以擴大，納入這個部分。證管會（SEC）的規定也一樣。

⑪　金融資訊的好與壞

　　一般股票買家會決定買進一檔股票，通常是基於情勢的分析，或者是注意到股價波動，不然就是因為某種「消息」。

　　但是，很少有人可以分辨有價值的消息來源以及不實的消息來源。散播不實消息的人可能是笨蛋，或者不懷好意。即使消息本身是正確的，大家通常也不了解它對市場的影響力。事實上，由於前述情況全天下皆然，美國證管會和紐約證交所再怎麼努力傳播資訊，也無法削弱「內部人士」所掌握的優勢，讓他們和一般股票買家與賣家站在比較平等的立場。我回頭想想，大多數內部人士從來沒有真正消息靈通到能夠靠他們的「搶先」新聞來賺錢，除非那是很大條的事情。同樣的，投資人偶爾發現正確及重要的事情時，也不太知道該如何運用在股市上。唯有了解消息並實際運用，投資人才能靠著消息來賺錢。

　　順帶一提，州際商業委員會（ICC）[5]要求公布大量鐵路資訊，但是並沒有為大眾省下什麼錢。換句話說，取得誠實、公正

---

[5]　19世紀末美國鐵路運輸業發達，農牧業者要求運輸費率透明和公平，國會因此於1887年授權成立州際商業委員會（Interstate Commerce Commission）執行聯邦法律以實現上述目標。此為美國成立的第一個管理機構，乃獨立政府管理機關的原型。

的資訊固然重要，但若個人缺乏詮釋的能力或是無法找到具有詮釋能力的機構，也是枉然。例如，我知道有一家公司的董事祕密表決一項意外的配發股息，並且針對股市對他們行為的反應發表完全相反的意見。

各界已努力減少不實資訊。1964年證管會一項股市特別調查的結果，或許可提供大家一些思考的方向。不過，這份調查厚達數冊，得專心閱讀才行。即使如此，想要禁止不實言論及謠言的散播從來都不是一件簡單的事。

遺憾的是，總有一些懶得自我思考的人，想藉由聽從他人的建議、快速輕鬆獲利，於是濫用市場部分合法設施。不過，這是白費力氣的做法。最適者生存的古老法則往往會消滅這些「搭便車的人」。這種人和那些真心尋求財務協助的人是不一樣的，後者的行為可以證明他的認真以及願意為這類協助付出代價，未必是金錢費用，而是相信顧問的品德，有勇氣聽從他的判斷，以及在無可避免發生錯誤時對顧問保持忠誠。

這些人在取得專家意見或資訊分析時，或者經由特別研究，或者透過所謂的「內部」來源，但一定要牢記，雖然我認為有可能找到專業顧問提供如何在股市獲利的良好建議，但我覺得你絕對不可能得到值得參考的個股名單。你要明白，主動提供的意見必然優於詢問後得到的答案。如果你停下來想一想，基於個人立場，挑選時間與媒介去指導別人獲利是一回事；但隨時掌握任何一支股票有價值的資訊或意見又是另一回事。所以，我認為隨時準備好散播任何資訊的消息來源，應該受到懷疑。

根據我的經驗，好的消息來源從來不會持續散播資訊給一直

回來詢問的人，不論他們是認賠、不賺不賠或者有獲利，當然，若是他們的關係非常密切則不在此限。

　　以我個人而言，在稅負許可下，我認為手頭上只持有現金的人去尋求建議才能大有斬獲，那些持有原先喜愛的投資組合，或持有過去投資失敗的殘留持股的人，是不會有什麼收穫的。

⑫ 該買什麼以及何時買進

　　遵照理論只買進獲利潛力十足的股票的人，應該在什麼時候及什麼情況下投資呢？先前的章節曾提過，這套方法可能會長期完全不投資。

　　基於實際的理由，我們必然要做出妥協。理想投資的組成要素從來不會同時存在，即使真的有這種機會，也沒有人能夠察覺它的存在。但說明一下這種情況的條件應該會有所幫助，有時大部分的要素也有可能同時出現。

　　首先，大環境應該是有利的，我的意思是大眾心理偏空，股市賣壓沈重。景氣應該欠佳，或者群眾預期他們自己將變窮。

　　證券一定要是投資大眾極不看好，以致價格滑落而且評等很低的普通股，或是債券或優先股。標的公司應該出現營運赤字，獲利異常低。又或者，如果目前的獲利令人滿意，大眾預期未來獲利將下滑。標的股票必須是不配發股息的，或者股息低於正常，或者大家都不相信它能持續配發合理的股息。

　　股價一定要反映出大眾認定公司營運環境惡劣，或者不久將惡化，或是將維持惡劣。同時，買家必須持有與這些表象正好相反的看法，他的看法一定要具備正確的判斷以及可靠的消息來源作為依據。

通盤考量市場心理、預期及看法，以及股價所受的影響，是極為重要的。重要買進點時常出現在景氣尚未全面衰退之前。此時大家憂心衰退，獲利和股息可能是正常的，但是群眾對於未來的擔憂將股價壓低到一個非常誘人的水準，換做是其他時候，則可能代表公司陷入赤字。反之，大眾預期前景有利，可能導致股價出現投機性高價，但公司實際業績仍遠低於正常水準。

所以，股價所反映的獲利才是決定性因素，未必是你想買進時的實際獲利水準。例如，買進一家具有強勁成長趨勢的公司股票，但它目前的價位早已反映未來數年的成長，這筆投資就沒什麼好指望的。

重要的是挑選以往多頭氛圍之下交投活絡，未來預期也將活絡的股票。不過，在買進時它們一定要評等不高、不被看好、股價下滑，前景看似黯淡。

經過一段長時間，即使評等最高的股票也會下跌，此時的機會特別大。這在一家企業的整個歷史上只會出現一次或兩次。我們的目標是買進大多數人認為屬於投機級的股票，然後在大多數人認為股票已達投資級時賣出。這種策略既安全又可賺錢。此時價格是重要考慮因素，公司種類和特色並沒有什麼關係。

與前述理論正好相反的是，有人希望一有多餘現金就要馬上投資，這種人希望固定每月或每季投資。我從來都不贊成這種想法。想要採取這種策略的人一定要買最強勁最穩定的公司，屬於消費者領域的公司就很適合。公司銷售的產品或服務不能是重要民生用品，因為那會成為政治干預的標的。勞動成本必須偏低，而且要具有在盈餘之外融資擴張的能力。另外，實際現金收益必

須高於報告的盈餘金額。

可是，這些考量對遵循先前章節說明之策略的買家來說並不重要。事實上，這類理想投資並不常出現股價低得誘人的水準。很多時候，買進的標的公司負債累累，管理階層的持股也很少，這種可能比較有賺頭。如果我們可以正確判斷趨勢，買進的理由可能是公司將減少債務，或者最後將消除負債，而管理階層看到前景好轉，將大幅增加他們的持股。

除了恐慌或近乎恐慌的價格，投資信託大量持有的股票並不是好的買進標的，因為這類股票通常是高評等，很難低價承接。我們的目標是要買進不受青睞的個股，反而會希望投資公司現在不要持有，待日後價格上漲時，他們會感興趣，並把該支個股加入他們的投資組合。若是法人持股名單上的常客，意味著這些股票的價格可能偏高，而且萬一情況意外惡化時，會出現大量賣家。

願意並且能夠閒置資金以等待真正的機會，是在投資生存戰中獲勝的關鍵。大多數個股市值在幾個月內波動的金額，都相當於多年的股息或息票（interest coupons）。所以，這種股價波動更值得追求，勝過直接的投資報酬。

本章一開始我就說過，理論性的主張很少能夠付諸實行，也很難讓大眾接受。

我認為評估的獲利機會與虧損風險必須相等，才是最安全的投資方法。

⑬ 正確時機的重要性

　　一旦買進股票，買家就無可避免要做決定。他必須決定要持有或賣出。一個必然的結果是，做出正確結論的比率勢必會降低。因此，明智的投資人會預期自己在結束交易時犯下的錯誤遠多於開始交易時。

　　若手上持有現金，除非情況全然令人滿意，否則你無須做出決定。抑或眼前有了適合的機會，可以明智地買進；否則可能是利弊得失相互抵銷，你不必採取行動。

　　不行動最壞的結果是你因為太過謹慎而喪失機會，這是小小的意外。時機成熟時總會有其他機會，假如你遵照本書來培養投機和投資的態度，你一定可以兼顧最後的獲利或心靈的平靜。

　　在正確的時間賣出比買進困難的另一個理由是，建立只追求真正划算交易之觀念的過程中，往往會太早失去信心。衰退時期之後出現的股價偏高以及大眾過度自信的時期，通常足以讓人失去信心。相同的，景氣大好之後時常接續很糟的狀況。

　　在這種活絡時期，往往會出現極端的股價，所以股價上漲時常超乎很早及以超低價位買進之人士最樂觀的預期。一旦恢復正常價位或是一出現股價高估的跡象時，這些人便開始對自己持有的部位感到沒把握。

　　基於這些理由，我們不能只是簡單的以構成買進機會的相反因素來說明何謂高明的賣出。那些相反的因素反而比較適合用來討論融券放空（Short Sales）的時機。我們現在的重點不是要建立一個部位，而是要出清已持有的部位。很多股票都不適合長期持有，除非是明確的融券放空。

　　還有其他情況必須考慮賣出。像是買進股票時所設想的理想發展或許不符合原先的預期，或者是如果股票持有者賣出將導致虧損的話。

　　這種例子，可以舉一個機械式交易法則（mechanical rule）供大家遵守。運用良好的判斷與邏輯以及掌握正確的資訊，是所有成功投資的基礎，而非死守任何方程式或系統。但若價格下跌顯示當初買錯之際，此時出脫長期部位是妥當的策略。這是操作股票的一種自動程序，也是唯一不需要判斷的程序。

　　我們一定要「停損」，而且要快，以免造成任何財務後果。在用這種方式出脫一檔股票之後，你一定要忘了這筆交易。未來操作一定要完全遺忘它，這樣的話，如果這檔股票又很適合買進時，你要以更高的價位買進時才不會有情緒上的障礙。

　　停損是我唯一保證永遠都會正確的市場規則。以算術來說，這是任何小學生都可以學習的方程式。但在實際運用時，就必須完全抽離人性的弱點，而這是很難做到的。人們喜歡獲利了結，卻不喜歡停損賣出。他們也不喜歡用更高的價格買進先前賣掉的股票。若想避免失敗，唯有聽從邏輯、理性、資訊和經驗。

　　至於要不要獲利了結的問題，我很難明確描述合適的做法。一個合理的做法是以一筆大量部位的至少一部分去實現100%的

增值。這樣的獲利相當於連續以6%獲得16年的股息，未經稅率調整，也沒有累進。如果可以在6個月到一年內將一個人的投資獲利增加一倍，投資人之後便可以長時期閒置資金（直到出現下一個機會），而不致於讓最後的投資結果變得和平均水準一樣差，後者通常是淨損，而且是持續全額投資造成的。

我總是勸人把未投資的儲備資金放在手邊，以掌握意料之外的機會。為了在意外的機會出現時進場買進，可能會迫使投資人賣掉原本持有的股票。

或許說明何時應該賣出的最好辦法是從頭檢討一筆投資。若你相信一檔股票的價位適合買進，便可小量買進。若股票下跌，便應該在小賠時賣掉。但若股票上漲，而且有跡象證明早先買對了，不妨在你認為還算是超低的價位加碼買進。一旦股價漲到預估正常或偏高的區間時，你應該隨著股價上漲逐步出脫持股。

這是說明合宜的賣出策略最貼切的方法。

⑭ 統計分析、市場趨勢與大眾心理

　　一般人為了評估個股價值所做的統計分析有很大的進步空間。我認為大多時候他們考慮的數據完全不實用也不重要，而且整體方法太過學術及理論化，忽視了遠比個股統計數字還重要許多的基本趨勢。

　　我認為，保障股市獲利的主要因素在於判斷大趨勢。我們處於通貨緊縮或通貨膨脹的時期？若為通縮，我根本懶得去分析大部分的股票。我認識一些人會花錢取得一家公司的詳盡調查報告以及市場因素分析的完整摘錄，再根據報告而買進股票，後來卻因為市場研究報告建議迴避所有股票而賠掉不少錢。我還認識一些人並不怎麼研究個股，但因為狀況顯示貨幣將下跌而股票將上漲，於是買進領先股票，結果大賺一筆。所以，首先我們要判斷趨勢，其次再尋找最有利的股票。

　　我相信，跟隨上升或下降趨勢來賺錢的可行性，遠高於研判股價水準。我不認為有人真正知道一檔個股何時算是「低價」或「高價」，因為低價只出現在真正的市場谷底，而高價出現在真正的頂部。例如，有時股價在上升波段的初期看起來很高，但後

來漲得更高的時候，新的、意外的發展往往讓它們又看起來很便宜。這種事是說不準的。

　　我看過有時股市底部低到讓人不相信自己的智力，我也看過有時股市底部讓大多數人認為一些股票很適合放空。從來沒有人統計過對股市底部或頂部失去「感覺」的資金。如果可以統計的話，總額一定很驚人。當然，我們只關心值得討論的影響股價因素。永遠都能在底部買進、頂部賣出固然令人欣喜，可是由於我們不知道如何判定底部及頂部，而胡亂猜測會導致大賠，所以我們要把注意力集中在我們可以實際學會操作的獲利方法。

　　影響股市最重要的單一因素是大眾心理。這是我對用於判斷某檔股票是否值得的學術性計算不感興趣的另一個原因，尤其現在的複雜計算往往要運用電腦。個人對於未來六個月到一年半的發展，以及市場因素的研判，永遠比較重要。我認為，促使人們在一種情況下願意花本益比40倍的價格去買一支個股，但在另一種情況下卻不願用10倍價格去買同一支個股的心理，是十分強大及重要的股價波動因素，甚至可能勝過實際盈餘趨勢對股價的影響。例如，盈餘增加時常被大眾看壞該支個股中期趨勢給完全抵銷。換個方式說，股市時常暫時以20倍的水準預估獲利，但後來實際淨利反映在股市的程度卻沒有那麼高，反之亦然。

　　這種想法也會發生在同時間對於不同個股的考量。所以，我們可能看到某支販賣機股或相片股走紅，將股價推升到遠高於資產、盈餘、股息及未來前景應有的水準。等它們不再流行之後，上述評價標準或許反而顯示出更佳的優勢，可是大眾的心思已經轉移到其他股票了。有時，大眾會持續高估某些流行的股票長達

數年，跟理論性價值相比之下，股價高得不成比例。同樣地，有時理論性低估也會持續好幾年。一個人或許很有把握自己做空理論上被高估而目前正在上漲的股票，或者做多理論上被低估，但實際上正在跌價的股票，但這對他的投資一點幫助也沒有。

　　我們應該竭盡所能地判斷大眾的趨勢是對還是錯，然後從中獲利。我發現股票的名稱，雖然跟其理論上的價值毫無關係，卻是贏得或失去大眾青睞的一個重要因素。我確信，如果某些個股換成其他名稱，1929年的一些多頭投機根本不會發生。同理，不受歡迎的名稱會大幅降低大眾願意支付的價格，儘管它實際上具有良好的價值。

　　正如同股票分析，這些個股研究務必要實際，而且一定要和股市扯上關係。我個人有興趣的分析是判斷所有市場因素加總起來之後，會導致人們預期價格上升或下跌。假如我不是每天都看到跟這個基本理由毫無關係的分析，我不會說出這種大話。

　　在做個股分析的時候，我們很自然會想預測獲利或股息的趨勢，但是除非你在分析時加入過去市場對於在不同情況下的獲利能力及收益率的評估，否則這些數據的實用價值將大幅降低。假設你沒有用以往不同情況下的本益比作為背景，並作為預估目前市場對於預估獲利有何反應的參考，你去預估某家公司的獲利其實沒有什麼意義。收益率也是相同的情況。你不妨計算先前股票的贖回價格與股票市值的總額，來跟銷售額等數值做比較。

　　簡而言之，我認為凡是涉及特定股票的分析，一定要和過去的市場評估相互連結，並且以判斷未來的市場可能性作為唯一目的。

⑮　股價波動及其他市場活動因素

　　有關大盤走向，特別是標的個股的各種評估因素，我最推崇實際的股價波動。

　　我的基本理由是，現行市場價格（不論被視為「偏高」或「偏低」），才是個股的決定因素。舉例來說，1963至1964年，美國證交所的Syntex公司從20元漲到190元。然後在幾個月內，這檔個股又跌破50元。不論市場劇烈波動的原因為何，在上漲時放空或下跌時做多的人，都因為股價波動而身受其害。

　　因此，我們必須全盤考量投資人認為什麼是值得與不值得的，而不只是考慮其理論性價值。

　　有些人「看盤」以追蹤股價波動，有些人則看線圖。我覺得幾乎所有相關因素，不論重要與否，都可以從市場行為裡看出，而且在大部分環境下我們可以預測出市場的活動將刺激買進或賣出，其一致性足以讓我們正確地在新聞發生之前就預測出來。股價與成交量的變化不但可以驗證我們依據分析或內幕消息所做出的市場預期，更能提供重要線索，讓我們注意到值得追蹤的不熟悉個股。

　　受股市活動影響的股票買家與賣家可以分為三類。第一類是「大眾」，時常因為可觀的股價與成交量變化，而形成集團買進或賣出。在1934年證交法案之前，這些波動往往是由專業人士合法地推動與展開，但有時是不合法的。很多時候，大家看到先前買家或賣家的行動，便一個接一個地進場，自行造成股價波動。撇開最初的獲利，我想這類交易員或投資人長期下來大概只會有虧損而已。

　　第二類是熟稔線圖或看盤的投資人，他們只相信自己從線圖或盤勢看出來的東西。如果他們真的只運用理論來做結論，我猜想他們長期下來大概也會虧損，因為很少有人專精到單靠著這些指標便能獲利。

　　成功型的投資人是這種高度專業化分析的箇中高手，他們知道市場活動因素之間的關聯，尤其明白股價波動不僅反映出好的買進和賣出，還包括隨意、胡亂及輕率做出的投資。他還能辨別特定市場活動是「利多」或「利空」，並且明白他必須考慮指標背後的原因與動力，以及指標是否正確。這是一個簡單而漫長的程序，得列舉出無數可能的投資原因，而那些運用呆板的規則來分析市場活動及缺乏過濾能力的人，往往會受到誤導。

　　所以，雖然我覺得市場活動在評估股票的各項因素中應該最受重視，但我們必須明白我們很有可能因為分析市場活動不夠專精，或者忽略了統計與經濟影響、技術線型、尚未公開周知的公司發展等輔助因素，而得到錯誤的結論。

　　在考量市場指標時，最重要的一點是時間因素。明顯的強勢和弱點在不同時間點可能具有正好相反的意義。例如，某一檔個

股持續的強勢表現和高成交量，如果發生在長時間大盤下跌之後，通常是這支個股的超級多頭指標。但是，如果後來其他重要個股也跟漲，這或許是整個大盤要起漲的信號。反之，在大漲擴散到原先不受注意的股票以後，這種遲來的個股強勢表現和活動不僅可能是曇花一現，甚至可能顯示大盤漲勢已近尾聲，尤其如果最初的領導個股已開始停滯的話。還有，對於股市行動的判斷也必須考慮到大眾已知及未知的消息。在不同的消息情況下，原本被視為弱點的或許是強勢指標，反之亦然。例如，小跌時成交量放大如果在原本預料會打擊市場的重大利空消息之後才發生，或許是強勁多頭指標。反之，如果市場對於原本應該是強大的激勵新聞反應平平，這可能是重要的空頭指標。

個股的波動或活動應該要和整個類股的波動和活動一起判斷。例如，假設前述的時間因素有利，投資人應當把注意力放在技術性下跌時跌幅最小，或是大漲時最為強勢的活絡股票，一般的強勢或弱點沒有任何特別意義。

大眾參與的程度愈高，得到的結論就愈準確。我認為，一個受過訓練的觀察家很容易正確猜出一定狀況下的群眾反應，但在一個由少數個人或團體把持的專業市場，很難只用傳統的市場行動分析就得出足以獲利的結論。然而，一如股價波動的其他因素，非常精明的人可能設想到市場的特點，然後反其道而行賺上一筆。例如，他會在多頭指標下賣出，因為他預測在特殊情況下市場將下跌。

時下流行的市場活動理論獲得證實，例如一個受到高度矚目的阻力點被突破，往往會誤導投資人，尤其是暫時性的。通常這

方面的專家只是在理論上對這種事感興趣，因為他早就察覺有跡象顯示可能有測試性阻力點，他甚至可能對於能否成功突破阻力點很有把握。假如投資人真的想要跟隨這類指標，最好等到第二次證實，即使必須因此墊高一些成本。

　　說穿了，所有技術市場研判時援用的理論都大同小異，主要差別在於對實際市況的詮釋手法不同。不過，要有很敏銳的判斷力才能看出買盤或賣壓疲弱的幅度。例如，在長期下跌之後，第一波大眾參與往往是利多徵兆，有時意味著參與的人數將更多。市場部位、綜合前景、資金規模和許多其他因素的看法都要有所保留，以免遽下錯誤的結論。在「柯立芝」⁶股市剛開始的時候，券商貸款擴增到以往視為危險的高峰，導致賣壓提早出籠；但其實後來在股市崩盤之前，券商貸款又增加了很多。雖然上述事件發生在20年代初期，不過同樣的道理仍適用於今日。

　　「大眾」的買進或賣出力量一旦一面倒便難以估計。他們最後可能付出高昂代價，但這個事實卻無法讓他們不盲從以減少損失，或者彌補不加入潮流可能賺取的利潤。

　　理論家或許會根據他們個人不同的看法，而宣稱「股價太高」或「太低」。但真正的股價是根據當時大多數人的評估，如果把大眾的筆記本都攤開來，他們的估價都只維持一下子而已。假如理論分析師有足夠資金買進低於他們估計之理論價位的所有股票，並在理論價位以上賣出，那麼他們便能修正根據市場狀況

---

⁶ 凱文・柯立芝（Calvin Coolidge），美國第30任總統，任職期間為1923年－
　1929年3月。

而得到的股價。但除了某些影響力大到可以影響他人的分析師外，通常他們在實務上並不構成影響因素，重點是，我們不能說1932年的股價太低，而1929年的太高。當時股票就值那個價格，不多也不少。從務實的觀點來看，想要成功投資就得摒除這類想法，並讓人浮現買進或賣出股票的慾望和能力，或缺乏此種慾望和能力，以決定合宜的市場價值。

　　讀者可能會覺得，這本書誤導人的文章多於獲利方程式。但我認為，買賣股票並不是可以用半調子態度快速做完的事，你必須明白投資事實上是最不精準的科學，特別是大眾心理其實是決定股價的重要因素。成功投資法則的前提是要完全了解其中的困難，不要在脆弱的基礎上或根據看似合理的單一想法就莽撞進場，我的建議是質疑其正確性，從各種可能的角度測試其結論，再提出綜合意見。

⑯ 進一步的技術性觀察

　　在我們簡短的討論中，並不適合提供在上升波段買進（或在
熊市賣出）的成功選股原則。

　　這些理論的實際運用重點是投資人要有天份，知道何時該相
信指標，何時不該相信；要有直覺，能夠正確分辨同一種情況下
的兩種相反說法具有什麼意涵。當然，經驗是決定一個人能否培
養出正確決策能力的關鍵。

　　舉例來說：在牛市時，下跌最少的活絡個股有九成的機率
會在下一波漲勢時大漲到新高。反之，一旦股市真的反轉成為
大熊市，抗跌性佳的個股常常只是延後無可避免的下跌。它們
「與市場脫軌」是因為有時一些在漲勢中落後的個股只是「落後
大盤」，但有時落後的個股顯示出它們缺乏成為牛市領先股的動
能。到底是何者呢？

　　你必須運用這種判斷來思考規則，這也是為什麼快又有效的
成功方程式根本不存在。

　　不過，有一些綜合觀察我想應有助於作為閱讀背景及實際測
試。

　　我比較贊成利用價格波動來預測。我認為這是成功的基本因
素。若我相信股市將走高，往往會追蹤最強勁的活絡個股，也就

是下跌時跌得最少，上漲時漲得最兇的個股。它們的交投一定要十分活絡，才能減少你根據無關緊要的指標做出錯誤結論的風險。這些個股最好是上漲時比較活絡，而非下跌時比較活絡，谷底的時候例外；下跌時略為疲軟有「洗盤」（shake-out）的作用，讓該支個股奠定更強勁的上漲動能。這裡也是要靠判斷，而不是規則。

例如，股票有可能在上漲時變得太過活絡，形成一個頂部，可稱為「噴出」（blow-off）或「頂點」（climax），正好和「洗盤」的情況相反。說到這點，便可看出上櫃股票或在小型交易所掛牌的股票、甚或是紐約證交所的呆滯股票，沒什麼事可幹。沒得看盤；沒得判斷；沒得預示。沒有晴天訊號；也沒有犯規。

所以，投資人其實要努力買進很難入手但容易賣出的股票。意思是，在買進時，標的股票只比活絡股票稍微強勁一點點而已。但我指的是股市初期階段的股票活動，或牛市陷入短暫衰退時，或是股市正要脫離疲軟時期。

我說的強勢，老練的交易員一定也看得出來。這種誰都看得出來的強勢有時是利多，但更常是警告訊號。我所能提供最萬全的建議是，如果股票的表現在消息不靈通的大眾「看來」很好，那麼其強勢是一項危險訊號；若股票的表現讓條件不好的人想要獲利了結或放空或靜待反應，那麼這支股票通常值得追蹤。不過，即使這項說法也需要驗證。消息不靈通的買盤，就其本身而言，並非一定是觸頂訊號。事實上，它常常是大漲的訊號，最重要的還是時間點。

真正的空頭訊號發生在消息不靈通的買盤耗盡之時，說起來

簡單，卻是世界上最難準確拿捏的事。你可以觀察買盤的效果做為輔助，如果股票大漲，那就還好，萬一大眾買盤堆積，股票卻還是原地踏步，那就要小心了。假如在這種買盤持續時，股票下跌，接下來可能就有大麻煩了。

我一再強調事情發生時，不只是事情本身，還要多加考慮時間因素；要比較一檔個股與其他股票的活動，而不要只追蹤其個別活動；要注意新聞對股價的影響，而不要太在意新聞本身；要同時觀察供給與需求，而不是一次只注意到市場的一邊而已。

對於很多名詞和表達方式，大家都還是使用得很籠統，尤其是形容好的與壞的買進時。在聽華爾街人士發言時，有時你或許會以為當天所有的下單不是買進就是賣出。1932 年時，「沒有人」持有股票。1929 年時，「所有人」都有股票。很顯然，這種說法並不正確。以比較近的時間點來說，買盤頂點出現在道指於1961 年升破760 點時，而賣壓頂點出現在道指於1962 年跌破530點。不論何時，所有股票一定會由某人持有，問題在於是哪些人持有？當然，每一張賣單一定會撮合到一張買單，反之亦然。問題是，買賣雙方各是哪些人？我想不妨將市價單（market order）跟限價單（limited order）區隔開來，前者重要許多。[7]

說到在某些情況下很難買到但容易賣出的股票是好股，我的意思是，它們可以大量買進，而把它們歸類為很難買到的原因是你必須用略高於當時其他活絡股票的價位來買進。我指得當然不

---

[7] 市價單，指不限定價格買進或賣出之委託單；限價單，指限定價格的買進或賣出委託單。

是不可能買到的股票。舉例來說，A股，整個股市的典型，由50元跌到45元。交投也很活絡的B股，則由50元跌到47元。B股在47元出現需求，但在這個價位上方有大量股票等著要賣；事實上，可能要等到它漲回50元以上才能消化掉賣壓。這就是我所說「很難買但容易賣」的股票。C股由50元跌到43元，算是隻軟腳蝦。D股由50元起跌，現在買進47元，賣出49.5元，賣單1,000,100股，我根本不予考慮，因為沒有股票掛在買進價附近。

一些讀者可能聽說過「上漲帳」（up-book）和「下跌帳」（downbook），意指專業會員（specialist）[8]在交易廳的下單帳冊。過去這些「帳冊」有時可以拿到，但現在規定不得公開。不過，這些資料值得一讀，因為其中教導的原則依然適用。即使現在人們可經由一般觀察以及一些未禁止的消息來源，如經紀商的經驗等得知，但對於買單或賣單何者較佔優勢，也只能有大概的了解。

「上漲帳」意指專業會員帳冊上的公開限價買單與賣單，顯示特定股票呈現上漲；而「下跌帳」意指某檔股票的跌面較大。大多數人認為，專業會員帳冊上的買單較多，而賣單較少時，股票便有良好支撐，上漲機率高於下跌，反之亦然。[9]

---

[8] 專業會員具市場專業且受雇於專業會員公司，是紐約證交所公開競價市場內買賣證券商之間的接觸點。他們被指定在交易廳的交易據點依所分配的特定股票進行交易。紐約證交所的交易廳設置20個專業會員的交易據點，專業會員站在據點外，而其助理則在據點內執行交易。

[9] 專業會員帳冊（Specialist's Book），是證交所的專業會員用以記錄其股票庫存，以及其他會員委託的放空單、限價單和停損單的簿子。

　　但在實務上，大多時候是正好相反。因為股市通常一定會和最大筆的限價單背道而馳。你不能買沒有人要賣的股票，沒人出價時你也賣不掉股票。當然，凡事總有例外，不過上述大多屬實。外行的公司主管或大股東想要拉抬自家股票時總會弄巧成拙，當他們需要「賣單」時，卻總是引來「買單」。事實上，重要的是讓買進與賣出的價差盡量接近。在製造行情時，你得把股票賣給很多人，好讓他們有興趣買進更多或是告訴朋友也去買，這樣便能開啟一波廣泛、自然的行情。

　　當你買進一支股票時，會希望以更高價轉手；因此，你一定想要一支容易轉手而且有自然行情的股票。你一定不想要一支要以人工創造需求才會上漲的股票；你也不會想要一支得花錢聘請蹩腳的股東關係顧問，去華爾街散播利多消息的公司股票。

　　這些藉口幾乎不會發生在永遠活絡的個股上，而是比較容易發生在較不活絡或暫時活絡的股票，尤其後者務必要迴避。我再說一次，在多頭市場，不妨用貴一點的價格買進似乎「很難買」或者略微領先其他龍頭股的活絡龍頭股，通常很划算。寧可追逐有限的股票，也不要坐等下一檔普通的股票。

　　在觀察大盤、線圖或股價波動指標時，最重要的因素是時間。單憑股價創新高或突破阻力點就說一支個股可以買進，卻不提及其創新高或突破的時間，那就是胡說八道。簡而言之，在一個循環中愈早出現這種指標，就愈重要，如果很晚才出現，就沒有任何意義了。所以說，在經歷大盤漫長下跌之後，通用汽車的股價出現多頭指標，比一般股票提早數星期出現，或許是一個極為重要的多頭訊號。但若多頭市場走了幾個月，一些落後股終於

越過了先前的頂點，那麼我認為這通常不是什麼買進訊號，甚至是空頭轉折點。

所以重點是，要比較一支個股和其他股票的活動才能知道相對強勢和弱勢、相對活躍和呆滯、相對的達成時間。唯有與其他股票比較，一支個股達成某些基本條件才有意義。

除了股票交易資料之外，你只需要有評估龍頭股前景的常識便能挑到「對的股票」。看盤大致上就夠了。

既然談到這個話題，我就得說說一檔股票最可靠的危險訊號，也就是在大盤經過一連串上漲後，股票爆大量急漲然後吐回所有的漲幅。例如，一支股票如何在交易區間內來回波動，這當然很正常。但若它急漲，就應該守住50%到99%的漲幅。一旦股票起漲，就很少有第二次上車的機會；萬一股票回跌，有了第二次上車的機會，那你最好放棄。因為這種股票已經不再是很難買到的了。

有趣的是，它或許很容易賣出，因為在真正反折點的初期，通常會有大量的人在下跌波段買進。

事實上，聰明的交易員會在新的高點逐步加碼；消息不靈通的人則是「平均」買進。在新手眼中，新的高點看來既陌生又危險。當一支個股首次賣到20，25，30，35，40，45，50，55元時，看起來很危險。但突破55元後，49元看起來就很安全可靠。所以，大多數的「配置」是在「下跌波段」進行的。

有一些人很重視成交量、有誰買進或賣出。這也是專家的工作。例如Xyz這支股票在50元掛出10,000股的賣單，可能有很多不同的意涵。有些聰明又多金的交易員或法人可能想買這支股

票、先前某位大廳交易員或許買了一些、某個證券商的沖銷交易員或許當日買進又賣出，或許有賺，或許有賠。

我先岔題一下，此時一些股市主管機關認為這些交易應該予以管制。當然，這是「市場單方面想法」的範例，我已經討論過。50元掛出10,000股的賣單或許是全國各地小筆賣單累積而成。這些小賣家在這種環境下或許得以用千載難逢的好價錢將股票脫手，專業買家或許日後會賠錢。凡事總有兩種觀點。

大家不太了解的是，某個急著買進一萬多股的人，假如他很行的話，可以在不引起騷動的情況下買到這10,000股，而且可能讓實際成交量低於10,000股，他只要在交易大廳儘可能「停止」這支股票即可。「停止股」（stopped stock）[10]不會出現在成交報告上。當然，這跟「停損」買單或賣單毫無關係。

當然，經紀商的名稱也很重要。如果J.J.史密斯是J.J.史密斯汽車公司的總裁，而J.J.史密斯二世是紐約證交所的會員，J.J.史密斯如果不想太張揚的話，可以叫他的兒子下單給另一家大廳經紀商買進或賣出。他的兒子透過另一家經紀商的交易成本只佔總佣金的一小部分。當然，一個大廳交易員如果付得起錢的話，可以將買進J.J.史密斯汽車的單子下給J.J.史密斯二世，也有同樣效果。我提出這些個別例子，是想證明股市有很多層面，並不如表面上看來的那麼單純。

目前，這類資訊很難取得。現在很少有大廳經紀商肯花時間

---

[10] 停止股（stopped stock）是由大廳經紀商下單給專業會員，由專業會員保證用一個特定價格或更好的價格執行。

在收盤後報告他們公司的人員做了些什麼。

從另一個不同的角度來看，在你決定做什麼之後要立即執行委託單，有些人執意要爭取到每一個公平的優勢，他們甚至會把某些委託單下給他們有興趣的股票交易商以及靠近某些經紀商電話的大廳據點。走路穿越證交所的大廳要花一些時間。如果一個人真的交投活絡，只要懂得這種技術性細節，便可省下不少時間。

委託單執行的方法亦有不同。我認識一個交易員有一支下單電話專供快速服務，另一支電話則提供慢速服務。透過第一支電話下的委託單會立刻成交，第二支電話的委託單則有可能等到時機都耽誤了。

17　市場技術性立場──分析與意義

　　股市的技術性立場理應是決定進場、出場或觀望的主要因素之一。就長期投資觀點而言，它是一個重要的考量，而不只是一個短期交易指標。

　　大部分真正重要的技術性資訊都不是現成的，可是熱心的交易員會提供，當然這代表他的判斷，而非任何可引用的數據。

　　我們會說股市呈現技術性「疲弱」或者「超買」，反之是「強勁」和「超賣」。每一支上市股票隨時都會有人持有，所以這是指持有狀況。正確評估形勢對投資人來說是很重要的，要正確及高明的分析多種指標才能辦到。

　　例如，零股（odd lot）[11]交易商的部位資訊便極具技術性價值。他們通常以限價部位履行經紀商的委託單，仰賴買方和賣方自動相互抵銷彼此的交易。所以，連番的小額普通零股賣出委託單往往會暫時迫使零股交易員做多股票，這通常是很好的短期多頭指標。不過要注意，這種理論的基礎是小額賣出委託單大增顯示暫時性的賣壓高峰，反之亦然。

---

[11] 零股指證券交易量低於正常交易單位，數目無法滿足正常交易單位的股票。

　　許多日報財金版現在都會刊登零股委託單的資訊，很容易統計、製圖及研究。多年前，老派觀念認為零股交易員（或稱大廳專業會員）可能跟普通股委託單反其道而行，但許多因素已使得這項理論不再正確。[12] 以零股方式買進的股票時常被分割，然後以整股方式賣出。我個人並不認為小額投資人已變得更聰明，只不過最後結算日被延後而已。

　　從務實的賺錢觀點來看，零股交易商有時配合客戶，有時保持中立，偶爾背道而馳。它們的作用是以最經濟的方式履行委託單，其立場是這項結果必然的偶發事件。

　　就我們來說，我們只在意這些公開的零股交易能否幫助我們判斷買進或賣出的品質，進而對整體技術性立場產生有用的推論。具備零股分析能力的投資人，便可據此推論股市的風險程度以及可能的趨勢。

　　我認為，公開的零股數據提供了寶貴的技術性線索，可說是最實用的技術性因素。除非股市已經反轉，並已朝新方向前進一段距離，不然只根據市場活動進行的技術性市場預測往往不可靠。追蹤市場活動的人士往往無法取得資訊，除非股市已從底部大幅翻升，或者從頂部大幅下跌；前者可能是多頭跡象，後者可能是空頭跡象。

　　比較重視零股數據所提供的買進賣出品質資訊的人士，更能

---

[12] 即零股理論。這種理論認為，零股交易一般可代表小額投資者，即散戶的投資行為，由此可推斷投資大眾的動向。由於小額投資者的判斷通常不準確，成功的投資者只要在零股投資者大量買進時賣出，在其大量賣出時買進，就可提高勝率。但現在零股理論已不太流行。

洞悉未來的趨勢。例如，追蹤市場活動的人士等到指數脫離交易區間後，才會知道大盤要上漲或下跌，即使如此也可能是假的趨勢開端。但正確的零股買進賣出品質分析，更能先行預測下一個動作，例如區間交易是「累積」或「分散」。我說「更能預測」，是因為沒有能真正確定的預測方式。例如，零股交易可能顯示六周的不良交易區間買進，但脫離區間後可能是向上，而不是向下，因為不良的買進數量與力道增強。可是，零股數據即使在這種情況下也能正確顯示風險。若是個股的零股部位，只有一些數據會公布，而且一個月才公布一次。不過，優秀的大廳經紀商通常可以查出目前的狀況。

　　想要靠著零股數據來賺錢，要具備由少數人掌握的大量資料和資訊，不過大多數人很難取得。

　　話說回來，我在其他地方談過，我認為幾乎不可能知道股價是「便宜」或是「昂貴」，但市場趨勢已經較為公開，可供預測。同樣的，我認為很難只憑著規模來判斷疲弱的買盤或賣壓是否為股市轉向的指標。顯然，以外部考量來說，危險點各不相同，也必須全盤考量。但是有個非常實用的指標，那就是股市對於股票所有權形式快速變化是否有反應。

　　所以，假如大眾賣出股票、股價下跌，亦或融資減少，股價下跌，這似乎是一個很自然的趨勢。不過，要等到趨勢持續，股市停止盤整，才是反轉已經確立的強力指標。簡言之，無效的疲弱買進或賣出，或不良品質的持股擴張或萎縮，才是真正的危險信號。「大眾」的買進或賣出力道一旦爆發，幾乎無法估算。即使明白他們可能做出蠢事，也無法叫他們反抗趨勢來減少損失，

或是彌補錯失機會而損失的利潤。

　　另一個技術性立場的有趣和實用短期指標，是買方與賣方限價單的比率。有趣的是，股票通常順著大量委託單的反方向移動，意思是，當大量限價買單一路向下買進，以及小量限價賣單一路向上賣出的同時，它們往往下跌，反之則上漲。這種出乎預料的波動理由，在我看來似乎是一定要有股票可以賣才能讓人大量買進，同樣的，要有很多買單才能讓人大量拋售。

　　例如，決定要買一支股票的考慮原因之一是要能夠快速買進，而且不致於過度影響價格。如果只有在漲停板時掛出少量股票，單是這點就會成為決定性因素，讓原本的買家改變心意去買其他股票。關於此點的一些理論解釋，為何在某些情況下，股票會因為執行一張重要的賣單而上漲，然後因為某個價位存在大量買盤時而下跌。許多沒經驗的企業主管先前透過計畫，試圖支撐自家股票，實際上卻是不智地提供了大量脫手的管道，而這原本是不該發生的。相反地，想要推廣及拓展自家股票市場，以及希望看到股價上升的內部人士，時常無法明白為何他們必須出售一些持股來推升股價。他們對於刺激股價上漲的想法就是進場買進，但在這個情況下是錯誤的。

　　技術性立場的最後一個面向是，考量股票所有權的形態以決定是否要加入長程投資評估。有時，要注意到股東名單的改變。很難為這類事件訂出一個規則，但為了長期投資，我喜歡最能做好所有權管理、股東很少和大量持股的公司。

　　這個規則在大量持股被緊密持有的不利情況下自然不適用，因為無法處置掉股票。假設股價上漲，一開始或許會出現緩慢分

佈，大量持股有部分轉移到經紀商手中。最後的投資分佈可能是進一步轉移成許多以現金購買的零股，造成龐大的股東人數。這個方面值得一提的是，《財富》（*Fortune*）雜誌有一次曾形容美國伍倫（Woolen）公司是「美國產業界的企業大輸家之一」，這只是許多案例的其中之一。很有可能這些股票在股東人數擴增到最多之時，便開始獲得法人買家評為「最受歡迎」股票的高評價。

　　通常到達這個階段之後，實質獲利能力減弱就會反映出缺席所有權（absentee ownership）和貪圖錢財的管理階層的存在。意思是，管理階層或許只持有規定的最低股數，主要報酬來自於薪資，而不是大量持股以共享風險與利潤。可是，這種情況的惡化不會立刻變得顯而易見，因為這種顧慮會隨著動能而增減。剛開始市場下跌是很緩慢的，因為公司聲譽卓著且所有權非常分散並牢固；但是下跌仍是無可避免的。凡事總有例外，但在挑選最佳的股市媒介時，這種思考角度應該更受重視才對。

⑱ 換股的好處

一位評論家認為，短期持股比長期持股更難叫人心安，並且也更加困難。他想安心地持有會增值的股票，而不想擔憂（他是這麼說的）進出。

當然，大家都想持有一檔在任何循環都非常突出的個股。但在現實中，很少人可以挑到這種個股，並在正確的時間持有它。更何況，一個循環裡的優勢股很少會是下一個循環的首選股。大多數人持有的股票在牛市一動也不動，他們看到自己心愛的股票毫無動靜，別人的卻狂漲，這種事一點也不叫人安心。當然，大家在漫長的熊市裡做多股票時都會擔心，這是常有的經驗。

我認為短期持股才會心安，因為我覺得，跟威脅相較之下，領悟一件事反而會讓你解脫。你可能買進一支個股，而它可能用緩慢而漫長的下跌來折磨你。一旦你認賠賣出，就成了潑出去的水，不值得惋惜。

短期持股可以讓人以務實的方式買到合適的股票，因為它是以市場波動和現價做基礎，而不是基於錯誤的預期。如果做得好，短期交易絕對是最安全的投機方式。

我們有必要重新定義「短期交易」（short-turn trading）。多年前，它可能是指數小時、數日或數周。現在，以投資角度而非

以稅務角度而言，它是指六個月到一年半。

　　正確的短期交易方法是向上分批買進。假設我有能力買進1,000股。我認為 Studebaker 會上漲，我先買進100股。結果，它該漲不漲，或者更糟的是，反而下跌。所以我把它賣了。不妨將這筆虧損視為保險，或買經驗，或是正確起步的必要成本。接著，我買進100股克萊斯勒，它一如我預料的起漲了。於是，我又加碼買進200股。它繼續漲，所以我又買了一批。諸如此類。首先，假如這是一支好股，我就持有一堆合適的股票，而且初期風險很小。我只在100股的 Studebaker 賠了錢，剛開始我也只在100股的克萊斯勒冒險而已。後來我向上買進股票的風險主要是帳上獲利的風險，而不是把整筆資金賭在最初的買進。當然，還有其他危險。有時我們會失利，意外的災難性新聞一夜之間冒了出來，也會造成麻煩。不論這種事再怎麼罕見，或令人吃驚，如果你一直遵守這些原則，就能夠一直持有合適股票的合適數量，因為要買什麼股票以及買進多少都是由市場活動來決定的。

　　我說的買進是指建立一筆交易，所以我所謂的賣出就是結束交易。事實上，投資人可能是先賣出再買進，不過，原則是一樣的。當然，好好地結束一筆交易遠比建立一筆交易來得困難許多。當你建立一筆交易時，你是自願的。當你考慮結束時，則是被迫要做出這項決策（持有或是脫手），即使你根本不知道該怎麼辦。你可以永遠待在場外，但你一旦進場，就必須知道要留下來或出場。

　　我覺得賣掉股票的最佳理由是因為它不再上漲，或者更糟，它開始下跌。當然，原因會更加複雜。光是這個題目便可以寫一

本書，但邊做邊學比讀書更有用。我們很可能在賣掉股票後看到股價又漲上去了，沒有人規定你不准把它們再買回來。同一檔股票由40元開始，來回買賣12次，最後以100元脫手，總勝於買進和脫手時都是40元。如果股票開始跌了，而你是在40元買進的，你不會急著賣掉。但若你最後一筆是在100元買進的，你可能會跳腳。假如你是向上分批買進而不是平均買進，萬一股價開始大跌，你留在場內的時間也不會太久。40元買進、100元賣出的人，最後得到的均價很可能是60元。

很多時候，一開始乍看是極小的反應，後來卻演變成由高點大幅滑落。我記得數年前我在8元或9元買進某支股票，在12元及17元分批加碼，後來上漲時又不斷分批買進。有一天到了25元，這支股票看起來好像要噴出了。於是，我又加碼。當天下午2點15分到收盤之間，整個股市好像沸騰了。但這支股票爆大量後收在平盤。翌日，我全部賣掉，我打算幾天後再買回來。結果這支股票再也沒有好的表現，後來就破產下市了。

有些人靠著來回操作一些最喜愛的個股而賺了一大筆財富。但這不是問題。有多少人是靠機運賺到錢，又有多少人是仰賴判斷？我認為他們大多是靠著機運，外加一些其他條件，但絕對少有人是靠著判斷。你很難找到靠判斷賺大錢的人，甚至更難在當中找到有能力在公司達到巔峰時換股的人。每個人都會面臨到的一個實際問題是——換股之後會賺更多，如同我建議的；或是把一切寄望在長期？答案顯然有利於換股。事實上，藉由我的方法，你很有機會成為贏家，若遵循傳統方法，你可能一點機會也沒有。

　　我再補充一點，每當有人告訴你，他在一檔股票賺了一倍或二倍，你就問他花了多長的時間。六個月內就讓本錢翻一倍是很棒的事，但若十二年才讓本錢翻一倍，每年只不過是6%的速度罷了。

⑲「急驚風」遇上「慢郎中」

　　我們在追求現金或者最好只投資「安全」的股票時，總會聽到「安全性」（safety）這個字眼。我個人向來認為這些想法在實際操作時都是錯誤的。

　　所謂「安全股」，人們指的經常是波動非常緩慢穩定的股票，或是價格偏低、顯然不會崩潰的價位。當股市上漲、其他股票都在急漲時，持有這種安全股可能會讓你氣炸了；當大盤下跌而你做多時，安全股的緩慢波動可能又會讓你產生安全感的錯覺。這種股票之所以安全，是因為它們又慢又低價，通常慢慢地上上下下，毫無進展，而所有驚人的交易幾乎都發生在累積一段時日之後噴出的個股。

　　我認為如果你想快速獲利，就一定要專注在有所行動的個股。安全性不應來自挑選一支慢郎中或是低價股，或者更糟，是一票這類個股。安全性應該集中在一支突出的急驚風，漲勢躍進的股票。算準時間點買進一支急驚風，當你拿到成交報告時，賣出價格已經高過你的買進價格，這才有更多安全性及更多獲利。我看過有些這類個股大漲了一段，都沒有明顯拉回。

　　操作急驚風型的股票不允許出錯，比起操作慢郎中，你在進場前對自己的看法必然會更加肯定，而且你一定會更注意，一旦

這支個股表現不如預期或出現反轉時就迅速出場。我認為，這才是真正的安全性。如此你也有機會累積一筆獲利，作為日後犯錯的安全基金。

　　就這個角度來看，持有一檔股票的大量部位，即使融資買進（如果你個人需要的話）也是安全的；勝過於買進股票後動彈不得還自以為很安全。我們在建立融資部位時通常比較謹慎，也會比較注意股票的進展。簡言之，確定自己是對的之後再行動。假如你有任何疑慮，就不要進場。

　　這個問題其實又衍生出「高價股」與「低價股」的問題。通常，如果把股價乘以流通股數，再跟總獲利能力等其他數據相比較，股價最高的公司代表他的總價值最低。我通常喜歡股價高的股票，它們比較容易進入急驚風的階段，後續發展往往也比較好。大多數人會想到「點數」和「股數」，除非財力不允許，通常會傾向於買進1,000股高價股和1,000股低價股。它們也可能同樣試著讓兩類股票上漲五大點。

　　事實上，你應該以百分點的方式來衡量自己的獲利，而不是點數；你也應該用同樣的方法來衡量上漲的力道。因此準備一張對數表是很有幫助的。從5漲到10是5個大點，沒錯，可是沒有人會認為由125漲到130是相同的意思。交易員不認為低價股漲一倍到10有何危險，不過他們卻會避免、害怕、有時甚至放空一檔由125漲到175，相當於50大點的股票，即使同類型的股票實際上漲了一倍到250。對數表可看出股價波動的比例，有助你做判斷。

　　有時，在很多年間會出現一次，向來高價的股票可以用低價

買到，例如1932、1938、1946、1957、1962年。假如當時我們有資金又有先見之明，顯然就賺到了，不過這不需要討論，實際上我們連想都不必去想。

　　有時我們可以買進低市值公司的低價股，然後實現相當驚人的獲利。不過，我們必須明白，挑中一支好股，而且在適當的時間選中它的機率微乎其微。

　　市值龐大的低價股通常是很不理想的投資標的。

20 判斷「好的」買進或「好的」賣出

　　依我來看，決勝華爾街最重要的一件事就是股價條。人們可能只憑著閱讀股價條就賺大錢。如果你懂得如何閱讀它，它會是一個安全閥，自動檢查你所做的每件事。

　　我堅信這點，這也是我早期堅持只操作活躍上市領先股的主要原因之一。目前根本沒有其他更好的判斷工具。操作那些不在活躍的報價標售市場交易的股票或債券，就像打開一座沒有安全閥的蒸汽機，或駕駛一列信號系統故障的火車。我很佩服這麼做的人，但事後想想才明白，他們不明白自己有多危險。我是憑著經驗說話，我看過數千個帳戶的起起落落。

　　閱讀股價條得邊看邊學。一次操作一支股票，部位少少的即可。很少人認識看得懂股價條的人，大部分的書和課程（除了極少數之外）都是理論性的。有一次我在向一群學生演講時，我試著讓這個話題貼近現代。那次的討論，可參見本書第309頁〈再論研讀股價條〉（More on Tape Reading）。

　　我們必須了解，閱讀股價條和線圖以及所有利用股市本身活動以預測未來的系統，在今日已十分普及。我是說，差不多每個

人對它們都一知半解。當然，他們知道的東西並不值得了解。

　　股價條上出現的每一筆交易，都會對市價做出小小的貢獻。當某人看到一筆交易，心想它總有個原因才會出現在股價條上，便不去理會它，或是做出和該筆交易意義相反的舉動。另一人或許認為他了解它的特性，但覺得買盤強勁，值得追蹤。第三人則是除了想買或想賣的時候，一概不知道有什麼交易發生。他又得出另一種結論，而公開的資訊與隱藏在股價條字裡行間的含意是十分不同的。

　　閱讀股價條時第一件要學的事，就是看懂好的買進與賣出指標之間的差異，以及輕舉妄動的後果。這不是簡單的事，卻很重要。只要你能看懂，任何人在股價條上的舉動都將無所遁形。在1934年被視為違法之前，所謂的「操控」（manipulation），意指促使買家與賣家以常見的方式做出反應，是很普遍的。好的操控者知道他在股價條上做出想吸引買盤的假象，會引來真正看得懂的人賣出。

　　有時我們會看到「壞的買進」（poor buying）。但若是才剛開始，你或許可以立刻跟進，因為有時要花上好幾個月的時間才能履行所有的外部買單，大眾才會吃到苦頭。反過來說，等到所有電梯僕役都在買股票時，那麼這種「壞的買進」就不值得跟進了。

　　我的重點是要培養實際的態度；99.99%以上在華爾街打滾的人都認為自己是對的，而股價條是錯的。但融資公司和國稅局看得都是股價條。高價而且還在上漲的股票是好的買進標的，「便宜」且還在下跌的股票引不起我買進的興趣。上述的統計數

字有時有用，也有其地位。有時股票動也不動，統計學便可派上用場，與其他因素一起研判股票脫離盤整後的走勢。我認為股價條是最重要的，來自經紀商和銀行有關買家、賣家、融資種類及金額的正確資訊次之。第三才是統計數字和其他。

1929年時，我何其「榮幸」地看到一份上市公司的綜合報告。我想那份報告號稱價值10,000美元，封面是皮革製的。持有這份報告的人買進許多裡面分析的股票，然後賠了一大筆錢。為什麼？因為他們強調個別統計數字，而非股價條；因為它們犯下了一些常見的錯誤，例如忘記正確「時間點」的重要性。

1929年時，凡是看得懂股價條的人都不會犯下這種錯誤。我記得，我替一位客戶在110買進10,000股Radio。我想它會漲上去，但是沒有，我們便在109賣掉。

我在1929年看到股市頂點，所以及時把股票賣掉。就我記得，事情大概是這樣。當然，股票不會同步達到他們最高的價位。我們交易的個股在那一年不僅換了，數量也減少了。所以，當這支股票或那支股票開始變糟時，我就轉換到其他表現良好的，單是這個方法就會讓我們完全出場，但是還有其他跡象。一般統計數字完全沒用。鋼鐵類普通股每股盈餘超過25美元，250的價位看起來夠便宜了。當時流行投資信託，有一家公司操作這類股票尤其出名。我不太記得了，不過我想那是他們發行的第三檔股票。如果有任何新股（或舊股）大成功的話，這就是了。但發行後不久，它就出現「聯合出價」（syndicated bid）的情況，如果有跡象顯示市場超買，這就是了。如果人們不想或不能買那支股票，他們想買或能買什麼呢？當然還有其他的。有的經紀商

阻止客戶買進更多股票,因為他們的財力不足。這類事情顯示股市已經觸頂。觸頂之後,1930年與1931年時,當名嘴說股市還要跌的時候,股價條卻顯示市況又恢復正常。

　你不必回溯到1929年去找範例。

㉑ 好的投資人或投資顧問的特質

　　在先前的章節，我試圖簡短說明真正理想的永久投資媒介是不存在的。我的結論是，那些目前有多餘購買力、想要加以安全保存資本以供日後使用、並在這段期間得到租金的人，他們真正成功的機會很小。聰明的存錢以及經過良善規畫的投機是比較有希望的替代方法。

　　在這個國家，存錢既不流行，也沒人了解。它未必適合大眾。它的概念是，定期視需要花掉一部分的存款反而會讓剩下來的存款更有價值，勝過在通膨時期債券加利息的購買力貶值，或者是通貨緊縮時期投資失誤造成的後果。

　　另一個替代方法，「經過良善規畫的投機」甚至更令人不滿，因為安全的投資通常是從事一般職業的人為了追求真正多餘的資金，或退休或能力不足的缺席投資人為追求保障與收益所需要的。但這些人不是不願意就是沒有能力保持良善規畫的投機策略所應具備的密切專注。

　　我認為，沒有什麼方法可以全面性地解決這個問題，以後或許也不會有。我曾說過，我認為少部分這類人唯一的希望就是自

行培養能力，或者取得誠實與能幹的專家建議。這類專家協助或許是由朋友提供，也或許來自專業人士。我覺得，願意付錢的人也不是隨時都能找得到。我認為這種事很講天份的，並非一堆統計或經濟設施、或人員龐大的機構就能辦到。那些因為一次大成功便引起群眾跟隨的公眾人物，也無法提供好意見。如果有瞎貓碰上死耗子的運氣，真給你找到了，你也未必能得到意見。因為真正成功的投機客或投機經理人了解其成功取決於他們部署的資金金額。況且，他們的成功讓客戶支付的金錢報酬變得微不足道。

　　我打算列出一些我認為值得尋找的好顧問特質。顯而易見的是，絕對百分百的誠實，加上道德規範，是第一項條件。我說過這種事很講天份的，所以還需要靈活的腦筋，別找一個死腦筋的人，當時代跟他同步時就一帆風順，但是當時代改變了就變得一籌莫展。這個人必須真正了解風險，過度自信通常是致命傷。實際情況顯示只適合一次好交易、他卻成功了一百次的人，通常是個差勁的顧問或經理人。他或許是一頭衝向智者不敢去的地方，或者處於情勢一面倒、而他的單方面想法又剛好符合的好運之下，或者他就是「厲害」。無論如何，這種情形很少能夠重複。這個人的想法必須沒有偏見，沒有拘束。如果他有一些必要的目標，就會扭曲他的判斷，因為唯有正好碰到機會才能安全獲利，而不是因為他們正好有需要。如果他有一些強力的外在利益，導致他對該做什麼以及何時該做產生偏見，就不會有真正成功的結果。這個人一定要聰明又勤奮，股市一定要是他的最愛。

　　讀者或許會問，根本不可能找到這種人吧，那為什麼要提起

這個話題呢？答案是，雖然近乎理想的人選幾乎不存在，但我認為心思細密的投資人可以訓練自己投機，或者請人指導而大大改善自己的操作績效，從而勝過一般人。他的過人之處或許只在於他「少輸」，但即使如此還是值得努力。

22 停損才能獲利

接受虧損是確保資金安全最重要的投資工具，這是大多數人最無法理解，也最不願意去執行的。我從1921年開始研究投資，提供投資建議也實際投資。但我迄今尚未找到真正的成功之鑰，也不期待找到，因為在我之前也沒人找到。不過我學到很多事，最重要的一件事為——立即接受虧損乃第一把成功之鑰。

我看過數萬個帳戶與數萬份投資組合，最常見的案例是分散化投資組合。其中一些持有的證券顯示為獲利，一些約與市價齊平，還有一些是虧損。那些偶爾出現鉅額虧損的才是問題所在。投資人很可能會說，虧損只是帳面數字，他在乎的是股息和資本利得；卻忘了資本損失是無可避免的，應該在預期之中，而且當你要實際結算帳戶時必須將虧損從利得中扣除。

以為跌深必反彈的想法，是大錯特錯。我可以舉出好多案例，他們年復一年持有爛股，而且每況愈下，不管有什麼更好的機會都忽略掉了。典型的案例當然是1929年之前購買的紐約中央公司（New York Central）及西聯匯款（Western Union）。比這兩家公司更糟的例子依然存在，他們的股價已經復原，並恢復發放股息。過去人們總是談論跨區捷運公司（Interborough Rapid Transit）的債券和紐哈芬（New Haven）的股票，後來他們開始

討論克魯格與托爾公司（Kreuger & Toll）。這些已下市股票人盡皆知，還有大家忽略掉的數十次小型災難，但它們對投資組合的影響是相同的。

另一種典型的虧損會在無數的交易帳戶中出現。每當帳戶所有人有小額獲利時，他們就了結；每當發生帳面虧損，他們就抱住股票，希望股價反彈，直到最後整個帳戶都被凍結。

第三種典型的「虧損」其實不是虧損。如果一個帳戶一直以市價計算，上漲之後又下跌的股票應該減記價值才對。這種案例是獲利減少而非虧損，但它也會面對到相同問題：「該怎麼辦呢？」

如果說有什麼事讓我厭惡，那就是把機械化公式套用在任何事情上。人們應該用腦，運用邏輯和理性，而非僵硬的規則。我在這裡所說的，嚴格來講不是公式，比較像是指南，像一記警鐘讓人們停下來思考：「我接下來該怎麼辦？」我想要把它變成一套真正的公式：「無論如何，賣掉什麼東西吧。」

首先，凡是發生實際虧損，我認為說若是一項新投資縮水了10%，就該停、看、聽。通常應該把它賣掉停損。如果投資了10,000元，而市值縮水到9,000元，我一定會把它賣掉，重新再試。

之後你或許又會把同一支股票買回來，可是你會發現自己有了截然不同的想法，賣掉股票後，你的想法會更加客觀。或許你不會把它買回來，或者你發現可以買別支股票。主要問題在於全然冷靜地看待一項投資，不能放任情緒參與其中。十次中有九次最好賣掉一支已經下跌的股票，因為此時你才能公正客觀地思索

自己的部位。

　　許多看到本章的讀者，手中的投資縮水比例可能是10%的好幾倍。這種情況該怎麼辦呢？假設買了一支股票之後下跌，淨值只剩買進價格的50%或25%或33%。我必須違反自己的規則，提出某種公式。我的意見是賣掉其中一部分。我不知道應該是四分之一或三分之一或二分之一，反正就是賣掉一部分，以後等到市場適合買進時，你再考慮是否要把那一部分買回來。你或許會發現你不想把它買回來了。

　　下一次當你有理由看空股市或站在賣方時，先留下一部分，賣掉四分之一或三分之一；或者你第一次先賣掉二分之一，下次再賣掉剩下的。這樣，你才有自由資金可以運用。

　　那麼，已經大漲、帳面獲利可觀的股票該怎麼辦？本章的重點不是要探索股價頂點，而是在於「停損」以預防獲利大幅縮水。我建議跟虧損採取相同的做法。如果股票由高價下滑10%，考慮賣掉一部分。之後，每當你覺得有理由賣出時，再賣掉一部分。有時，賣出的理由或許是你以為大盤要上漲，結果沒有。有時，可能是你的持股表現不如一般水準。又有時，你以為股市應該要走強，結果卻走疲，那麼這就是賣掉部分部位的理由了。

　　當然，我了解很多人的部位很小，他們或許認為賣掉一部分也沒什麼用。通常來說，這種做法適用於持股部位在500股以上的人。我想零股交易員或交易100股左右的人，最好一次賣掉全部。可是，零股交易員或投資人還是可以運用這項原則，假如他持有股票投資組合，便可賣掉一些股票，保留其他股票。如果你要這麼做，請務必賣掉最弱的一部分，而不是獲利最好的。

　　事實上，我還有另一個公式。我想，不論什麼帳戶，我每年都會賣掉10%。雖說10%，但或許應該是20%或更多。我的意思是，我會常保帳戶不斷更新，持有當時活躍的個股，而不是一大堆落後墊底的股票。要這麼做最好的方法就是每年賣掉一部分，而且是自動的。假如你沒有理由這麼做，那就為了賣而賣吧。

　　很多人因為繳稅的緣故而不願獲利了結。程度上這也是出脫持股的好理由之一，尤其是當你那可觀獲利開始萎縮的時候。我寧可每年繳一些稅，也不要一直累積，直到日後得面對龐大的稅金。

　　或多或少繳些稅金有很多好處。很多人無法享受1942年的豁免稅，因為他們那一年沒有獲利了結。他們有很多帳面獲利，卻沒有實現獲利。假如他們聽從我的勸告將部分獲利了結，每年就會繳差不多的稅金，便能享受到豁免稅的好處。

　　說不定在未來，你過去所繳的稅可能會決定以後要付的稅。我很確定即使我們無法預見其原因或運作方式，但假如你每年繳納一定的稅金，對你會有好處。這絕對勝過今年繳一大筆稅，隔年卻沒繳稅。當然，我們無法一直安排這種事，但在許多帳戶，這是可以辦到的。

　　我認識有些人會注意他們的虧損，並且停損；我還認識一些人會注意他們的獲利，並且在獲利開始萎縮時部分了結。這種人長期而言會獲利最多，這是我所知最重要的投資原則。

　　從繳稅的觀點來說，停損也是個好主意。一般而言，六個月是檢查的關鍵時間，因為此時的虧損仍屬短期。

　　天下最困難的事莫過於接受虧損。這點尤其重要，因為你一

定遇過賣掉某些股票之後，結果它就止跌回升的事情。

　　這種事只能用一個角度來看待，那就是把出場時間點不理想的成本視為保險的保費。

23　你不能預測，但你能賺錢

　　那些年復一年努力想要賺錢的人，跟那些老是賺錢的人之間的差別不完全在於選股高明或者時間點抓得好。反之，差別在於懂得如何掌握成功及減少失敗。我在1920年以前首度涉足股市，此後我一直投入大部分時間去鑽研投資賺錢的關鍵。我有次讀到，在一場經濟學家的會議上，眾人同意假如他們的預測有33.3%的準確度，在他們那一行裡就算是高標了。

　　當然我明白，假如你完全依賴判斷來挑選合適的股票以及買進的時間或價位，時運不濟時，你不可能成功投資股票。但我曾經看過某人形容一名經濟學家像是「一個仍是處子的解剖學教授」。我想，一般而言，這樣的觀察也能運用在股票分析師身上。

　　我以自身經驗證實了這些看法。首先，我很快就發現，你必須實際操作才能學習。所以，我的股票學習之路才會那麼早便開始。這也是為何在經過多年聘用、管理及使用「研究人員」之後，當我被要求教導舍弟時，我採取了一個實際的做法。當然，我叫他閱讀有關這個主題每一本該唸的書（速度快的讀者只要花幾個晚上），當然我也帶他跑遍金融媒體、顧問服務、銀行和公司會議以及券商研究部門，並建議他閱讀主要的金融期刊。

　　可是，我的指導重點是我為他設立了一筆10,000美元的基金，叫他買進任何他認為值得買進的股票，看他要怎麼做。只有一個附帶條件：他一次只能在一種情況下買進，不論是賺或賠，他必須先行了結他的部位，才能進行下一次操作。當然，他應該要保持帳戶活絡，不斷轉換。我想不出有更好的方法來學習金融業的真相。事實證明我是對的！經驗讓你明白，即使在最佳的環境下，自己是多麼才疏學淺。

　　舉個例子來說，1949年的預測報告送到我桌上時，我拿出1948年的預測。成堆報告的最上層是一份重要報告，點名一支上市的無線電股是當年最不受歡迎的標的之一。事實上，1948年1月時大家差不多都抱持這種看法。結果，這支在1948年1月「不受歡迎」的無線電股，到了同年12月竟成為受歡迎的電視股。他們是相同的股票，股價還賣得更高。

　　這些費用高昂的研究人員，在進行「田野調查」之後，怎麼會錯得這麼離譜？他們確實錯得離譜，因為我可以舉出無數個這樣的例子。經濟學家「33.3%」的及格標準是否也能套用在預測市場？還是說這些人員忙於研究，而沒有時間自己做投資？

　　比較可能的是，他們的研究結果完全正確，可是他們和我們一樣，不明白自己從事的，是不可能的任務。莫洛（Dwight Morrow）[13]曾說過，有一次他被問到知不知道30年代的通貨緊縮何時才會結束，他回答：「我會在結束之後六個月告訴你。」這是實話。我自己的預測並非缺乏實際操作或經驗，但卻達不到科

---

[13] 美國律師、金融家和政治家。

學可以接受的準確率。長期的預測尤其如此，可是我每次都成功抵達彼岸，為什麼？

答案很簡單。我的天資不在於挑出更多的致勝股票，也不在於更常掌握準確的進場點，而是清楚自己的長處與短處。

在前一章我談到減低虧損，這裡我要補充一句，它是成功投資的一環。另一環則是追隨獲利。我的意思是大量持有你的最佳選股，給它時間進一步上漲。至於判斷大盤走勢，意思也相同，亦即你看對走勢時持有較多股票的情況，多過你看錯的時候。

當然，你一開始冒險時，並不知道自己會發現什麼。通常如果你希望機率對自己有利，買進部位時你得知道合適的時間和價位，還必須知道哪些是最好的股票。你不久就會明白自己是看對或看錯走勢。如果自己好像看錯了，一定要儘快脫手。假如你好像看對了，就要擴大部位。當你這麼做的時候，也會明白你買進的個股不會全部都有相同表現。此時，你要開始丟棄你認為失去吸引力的個股，集中在表現最好的個股。若處理得宜，你最後或許只持有一檔股票。

根據我自己的實際經驗，成功投資的道路並不在於學習如何比一般人擅長選股或掌握時機，而是學習如何運用自己最棒的想法，並且把最糟的想法降到最低。

（24）獲利策略

　　依我之見，謹慎規劃的投機，是提高一個人保存資本購買力或是在不虧損的情況下將資本兌現的最佳與最安全方法。那些以為自己只對「收益」感興趣的人，是有意或無意地忽略事實，之後他們資本縮水的幅度，可能會大於這段期間獲得的總收益。

　　部署或保護資本的聰明方法只有一個，那就是用資本來追求獲利。「獲利」是指投資資本以現今買進價格計算的市值淨增加，再加上股息或股利。如果市場貶值超過收益，就會產生淨損，完全沒有實現獲利或收益。

　　大多數人學會相信確保收益是很神聖的，並且以為如果注意投資價值的波動，他們就是「投機客」。過去多年來配發股息，並不保證未來不會減少或停發，進而導致收益減少或消失，外加已實現或未實現的資本損失。然而，有人持有很多未上市股票，誤以為他們看不到持股的每日價格變動，股票的價值就不會波動。當然，這種想法是徹底錯誤的，實例是包括1929到1939年間私人不動產抵押貸款、抵押貸款債券和其他未報價或鮮少報價的投資工具價格下跌。

　　以下表格列出一些廣為人知、較活躍的紐約證交所股票1964年時的最高價和最低價整數區間，再比較它們配發的股

息，交易每支股票各 10,000 美元的成本。我的目的是強調波動的相對重要性（資本利得與虧損），相對於股息或股利（收益）。表 2 列出不同價位的交易成本遠低於任何其他買進股票的方法。這凸顯出根本不必花太多心思決定何時買進及賣出。

　　成功投資或投機的策略，首先在於有能力定期誠實評估投資結果。如果賠錢了，單是了解你已經賠錢這件事，對於決定未來的策略就有莫大助益。

表 1　全年價格差距 vs. 股息

股票	1964 年區間	點數差距	1964 年股息
德州灣硫磺..........................	65-21	44	$0.40
克萊斯勒	68-38	30	1.00*
無線電公司..........................	39-30	9	0.60*
美國電報電話	75-65	10	1.95
杜邦	294-226	68	7.25+
全錄	132-70	62	0.40
通用汽車	103-77	26	4.45
泛美世界航空	38-27	11	0.60
福特	62-49	13	2.00
西屋電器	47-29	18	1.20
美國鋼鐵	65-51	14	2.00
賓州鐵路	43-25	18	1.25
布倫斯威克..........................	12-8	4	缺

* 配股。

＋ 加上通用汽車 36/100 的股票。

表2 買進與賣出的成本

股票	1964年12月31日 收盤價格	每支股票買進價值 10,000美元的成本[a]	「來回一趟」 的成本[b]
德州灣硫磺..............	51.125	$85.00	$181.59
克萊斯勒.................	61	81.09	172.54
杜邦........................	240.25	104.46	224.76
美國電報電話..........	68.25	78.19	166.33
無線電公司..............	33.875	46.89	99.56
全錄........................	98.625	48.86	105.88
通用汽車.................	97.875	54.79	117.79
泛美世界航空..........	28.5	117.92	235.60
福特........................	54.375	83.84	178.94
西屋電器.................	42.5	99.18	211.64
美國鋼鐵.................	51	84.93	181.52
賓州鐵路.................	38.625	102.93	220.19
布倫斯威克..............	9	173.21	372.12

[a] 包括紐約證交所手續費。

[b] 包括紐約證交所買進、賣出手續費，聯邦和紐約州的稅金與註冊費用。

　　本章是寫給一般投資人看的，他們的日常生活都忙於其他工作。在我看來，這類沒有受過訓練的股票投資人如果遵守以下六大原則，就會比較容易成功：

1. 僱用經紀商下單，協助取得資訊和決策。
2. 只買主要的、上市的、活躍的、每天在大型報紙報價的股票。
3. 考慮價格波動，而不只是配息率。
4. 不要過度分散。

5. 不要一直百分之百投資。

6. 停損。

好的證交所經紀商受到證交所以及華府證管會（SEC）的規範。現在有許多經紀商也擔任交易商，有時會得到特別酬勞。就字面上來看，經紀商本身是沒有股票可以賣的。事實上，股票買家支付他一筆公開的佣金之後，任命他擔任經紀人，所以代表他自己的利益。他的建議和資訊是公正的，不僅是關於不同股票的好處，還包括此時間是否適合買進、賣出或採取行動。買賣收取的手續費很低，讓你在未來情況許可下換股、獲利了結或停損。有人或許會指責經紀商胡亂交易以賺取佣金。很遺憾的，這種事偶爾會發生。不過，只要你小心挑選一個真正合格的人，他必然會是個正直的人。你可以直接告訴他，你要他扮演經紀商、你的代理人及信託人的角色。

交易商或股票經紀人，是為了賺取特別酬勞，就像是推銷員，主要呈現他手上可以賣的股票其誘人特性。交易商和股票買主之間的關係，和其他行業的買主、賣主關係沒有兩樣。好的交易商是我們這一行的必要環節，具有提供新資金注入這個產業的重要功能。他們的客戶包括可以了解他們提供之優勢的專業人士。

對非專業人士而言，只買活躍、廣為人知上市股票的好處是說不盡的。它們在標售市場的買進價和賣價之間的差距為證券業最小。買賣價格可以在證交所即時看到，稍晚也會刊登在報紙上。銀行總是樂意以最低利率借最多的錢給活躍的上市股票擔保

品。

　　注意這類股票的每日股價變動，若是仔細比對與大盤的關係、與其他同類個股的差別以及新聞，就可得知關於該公司現況的寶貴線索，偶爾還會得到危險訊號。公開價格向來是評估投資資金的正確指南，這類股票通常可以得到大量資訊，大型知名企業的事業是比較安全的。

　　因此，聘請經紀商的兩大原則，以及只買活躍的、領先的上市股票，可讓你掌握優勢，讓你每年在增加獲利或減少虧損上出現頗大差異。

　　第三到第六項原則難以言傳，只能自己領會，沒有精確的規則可以套用。

　　大家應該明白，真正的好股是相當出名的，因此，一般投資人應該把重點放在時間點。大家都曉得通用汽車是一家好公司，但這無法阻止其獲利、股息和股價出現大幅漲跌。我認為，試圖在正確時間買進及賣出無庸置疑的好公司，絕對比鑽研公司分析或者企圖挖掘日後會成功的新公司來得安全。最好把你的心力專注在判斷市場時間點，或者挑選一名專注在時間點上的經紀商。

　　如果時間點對了，你只需要買一支股票──最好是領先股，如果你找得出來的話；或是不同風險等級的幾支股票，比如兩支或三支。對中等或大型股票帳戶來說，分散到數十支股票的做法實在太可笑了。假如分散投資得被迫買進零股的話，買賣成本又會墊高。沒有雜牌軍勝得過大型領先股，但有些人誤以為那樣比較安全。我們可以針對幾支股票得到很多資訊，卻不可能對分散投資的每一支股票都瞭若指掌。所以，分散化會提高誤判的機

率；況且要注意一大堆股票比只注意幾支股票來得更加困難。

　　鎖定實質獲利，排除任何無法大幅上漲的股票。假如你找不到夠多的這類股票，或是這種股票的每股股價變得太高，寧可持有現金。為了追求高獲利而買進的股票或許早在達成原先目標之前便得賣掉，但要是你聰明地管理帳戶，一些好的股票漲幅一定遠遠超過4%到8%。只會配發股息或者股價看起來好看的股票，通常下跌速度會超過上漲潛力雄厚的股票。所以，除非遇到特殊時機，不然不要投資。這種策略通稱為「投機」（speculative）。事實上，只有在機會對你有利時，你才會投機。買進一支股價預期會漲一倍的股票，卻看到股價下跌，這種判斷上的錯誤遠大於把資金「投資」在一支希望獲得穩定收益的股票，卻看到它削減或取消配息。

　　不過，人總會犯錯。發生錯誤時，迅速接受虧損是最低廉的代價。這是撤退戰術，而不是全面投降。我想，一名投資人如果連番在每筆中投資虧損，假設5%到10%，他大概會檢查自己的失誤或全部中止，而不會持續虧損下去。另一方面，不論什麼利空消息都行動或死抱不放的買家，可能會非自願地被鎖死在他的「投資」好些年，而且通常不管再等多久都無法讓他脫離困境。你一定要用開放的心胸去考慮情勢，不要受到糟糕的爛部位影響，而且你一定要能夠在每次有堅定信心的時候採取行動。除非停損，否則你無法擁有這種態度和採取這種行動。

　　這些規則亦適用於債券和優先股。我只建議購買三種債券：

1. 明訂附買回價格的美國政府公債；

2. 非常高等級、非常短期的債券；

3. 因為投資賣壓以投機性低價出售的活躍債券，整體形勢或
   個別前景強烈顯示即將翻轉上揚。

如果有人懷疑債券波動不如債券票面利率來得重要，只需看
看過去幾年高等級低利率的債券價格，你會注意到很多債券的價
格低於票面價值30、40或50個大點。這種債券下跌，有時是因
為等級變差，但更多時候是因為利率上揚。未來一定會有許多高
等級價位的債券和優先股，因為上述其中一或兩個原因而跌價。

隨時流動的帳戶

　　有一種投資哲學，最簡短的形容方式就是「隨時流動的帳戶」。

　　這個名稱純粹是敘述性的，以這種方式操作，你的資金隨時在流動。簡單來說，在實際運作上，隨時流動的帳戶通常保持完全不投資，亦即持有現金或相同產品──「相同產品」意指流動性高的短期證券或商業票據。票面價值與市場價值是永遠相同的。收益是實質收益，亦即利息、股利、已實現與可實現資本利得，扣除帳戶中已了結或未實現的資本損失，永遠與市價齊平。投資與投機合而為一。

　　我在這種投資哲學中得到的經驗是，它可以讓一些人心安。它在通貨緊縮時期似乎比較有賺頭，其它時候就沒有賺到什麼。我認為它在某些投資人心裡佔有一定地位。這年頭凡事都愈來愈不安全和不確定，這種方法可以認清事實，不會誘導人們產生虛假的安全感。事實上，由於現階段的報酬愈來愈少，這種哲學反而可以預防那些總是「完全投資」的人將來可能蒙受的重大資本損失。

　　隨時流動的帳戶要取得收益和升值，就要在買家認為大盤和趨勢已經確立時才進場，所以一旦買進就馬上會有帳面獲利。為

了保持帳戶真的隨時在流動，你必須設定一個心理或實際的關卡，讓所有投資等於總金額的一定百分比。有人設在3%，其他人則高達10%。當然，除非一個人確信趨勢已經確立，反轉的機率降到最低，否則他不會買進。不過，這種事偶爾還是會發生。

決定買進什麼股票及何時買進是很個人的事，標準各有不同，只有投資人自己才明白。通常我會利用各種資訊來源，包括廣泛瞭解經濟學、統計學研究等，加上與公司主管親身接觸蒐集到的資料，以及觀察買單與賣單的特點。不過，最後中選的股票一定是流動相當高的活躍市場領先股，或者有希望在不久後將成為那類股票者；為了買進及持有或增加手上的個股檔數，它的價格一定是在上漲。某種程度上，技術性因素很重要，不過它們大多只是附帶因素。

這種投資哲學會讓你集中買進個股，而不是分散化，因為它的主要因素之一是你必須知道且確信所做之事的合理性。個股與投資型態的分散化只是在避險（hedging）──這是平均分攤錯誤或掩飾缺乏判斷力的方法。

這種隨時流動的方法很少會要你在底部買進，底部與頂部實際上是無法簡單判斷的，可是，趨勢在確立之後及進行當中，是可以辨識並加以利用的。

這種方法也是金字塔型操作，意思是有獲利就追高，在虧損之前便撤退。這種帳戶若操作得當，即使有虧損也是小虧，不會大虧。當然，「向下攤平」完全有違這種理論。

在正常的市場（此指有各類人士參與的活躍市場，而沒有意外受制於突發新聞的發展），一個有才華的操盤手會十分確信買

進某支領先股的時機已經成熟，並且毫不猶豫地立即建立該支領先股的龐大部位。這個部位會比分散化投資中的一部分更大，但是又比正統投機或投資部署的資本百分比來得保守許多。有時，投資人或許會用20至25%的資金買進這樣的一支股票，但這個百分比不適用於資本很大或很小的特殊個案。資本金額、特定個股的市場廣度以及帳戶所有人的稅率級距之間通常有一定關係。

　　如果股市上漲一如預期，你或許會加碼同一支股票。如果市場狹幅盤整，高度依賴新聞推動，那你就沒什麼事可做。你能做的事可能是把該支個股最初買進的部位減碼，如果股票下跌，虧損不大；如果股價上漲，你可以加碼。這種理論追求的是高獲利，如果成功地小額操作，即使大部分的資本原封不動，你的帳戶還是可以獲得令人滿意的平均報酬，而且你能一直保留雄厚的實力，即使虧損，下次也能再試一下。

　　這種操作可以提供萬全的保護。假如你持有的投資就所有已知事實來看已萬無一失，卻還是下跌，那麼在小幅下跌後，不論其他事實如何，隨時流動的操作方式可強迫你出清部位。大盤下跌這個事實，就是主導整個情勢的事實。很多時候，要等過了很多個月、跌掉很多點數之後，那些「轉移到名下後就鎖死」的買主才會明白真正的下跌原因。

　　當然，有時候股票會由於某些原因暫時下跌，然後展開一段真正的漲勢。隨時流動的帳戶沒有規定不准在較低或較高的價位重新買回。事實上，以我的經驗，用高於原先或第一次出清的價格買回，比平均買進更能恢復獲利。導致這個現象的原因是，股市在大家預期走跌後反而走強之際，實際上是發出超級買進訊號

給那些看得懂又不怕追隨的人士。不過，隨時流動的帳戶在停損及退場之後，處於更有利的地位；因為帳戶所有人只會在合理情況下才會買回相同股票，他並沒有被鎖死、只徒然抱著希望。在這段期間，當恢復上漲後，另一支股票或許更具吸引力，其中有許多油水可撈。

這種程序需要傑出的才華，它並不容易。孤陋寡聞的人很快就會露出馬腳。這跟運氣一點關係也沒有，這種帳戶會反映出真實情況，當持有的股票「低價到不能賣」以致於產生龐大的未實現虧損時，人們不會拿應稅所得去跟股息和獲利開玩笑。

隨時流動的帳戶是成功投資或投機的決定性考驗。當然，要在股市賺錢還有很多其他方法，但就我所知，沒有一個無須依賴運氣或機會，或以會計的角度才能更加準確地反映出投資成果。

我也料得到有人會說「通貨膨脹」。事實上，流動性和機動性才是對抗改變的安全盟友。聰明的資本要像狡兔三窟。固定投資，例如固定在地面的不動產，就不夠彈性，無法防範任何風險——不論是稅負風險、戰爭風險、政治或形式風險，或任何你所面對的風險。

所以，我推薦「隨時流動的帳戶」。

26 債券的務實評估

　　高等級短期債券，若是完美無瑕的等級，就等同於現金。在某些情況下，投資人持有大筆金額等待股價下跌時，這種高級債券就值得暫時持有。你可以輕鬆挑到最高等級的，而這種債券一定會獲得償付，否則它就會被分到其他類別；所以，你不必追求略高於目前平均殖利率的債券，這可能也是唯一的風險，僅次於在通膨時代持有過多現金或等同於現金的物品。

　　討論債券其實不太符合本書主旨，因為它強調達成資本利得而非收益。事實上，這類債券大多由法人購買，而非散戶。

　　回到主題，唯有在有利的殖利率水準買進，以及它們的票面利率和投資資本的購買力在賣出後創造真正的報酬時，高等級長期債券才值得買進。我的意思是，當預期基本利率會上揚時，不要購買這類債券，因為利率調升會導致價格下跌，但債券的安全性並未改變。舉例來說，3%的20年期債券在3%的利率水準可以賣到100，但若類似證券的殖利率調升到4%，其價格會下跌13.625%，成為86.375%。接著說明第二項買進條件，假如生活費用大幅上漲，以致拿回來的本金和利息只等於當初購買債券時的本金甚至更少，那就沒必要去賺取4%的資本利得。

　　中級和低級債券，不論長期和短期，可用股票的方式加以判

斷。最好直接用升值的可能性來評估它們。它們鮮少以相當龐大的金額買賣，所以最能吸引小型投資人。若由專家挑選，它們實際上比許多流行的高級債券來得安全。因此，我寧可購買公司評等可望升級的所謂「B級」債券，也不想買評等可能被調降的AAA級債券。這也是購買高等級債券務必要十分挑剔的另一個原因。如果它們已達最高等級，唯有利率走勢和資金購買力判斷正確時，價格才會上漲，但是若誤判這些因素，還有萬一評等有誤時，這類債券都會下跌。

　　以數學角度而言，務必要仔細避免對於債券利息費用次數模稜兩可的說詞。你應該全面考量，包括先前的費用（如果有的話），還要考慮全部的費用俾以正確掌握整個情勢。和股票一樣，你應該設定實際的現金收益以及預估的現金需求，包括貶值的現金以及其他下跌的投資等。比較一下你在考慮的債券與之前產品的票面價值、贖回及出清價值，以及比較低級債券與股票的市值，通常會十分具有啟發性。

　　本書稍後將刊出的利率與資金貶值比較表，對於債券也很重要。

　　在恐懼通貨膨脹，進而恐懼現金、銀行帳戶和固定資本與利息產品（像是債券）的年代，這裡有一點值得一提。研究債券沒什麼用，倒是要研究貨幣貶值。很顯然，在極度壓力的時代，確定償付的高級債券比持有美元來得安全。例如，在1920至23年的德國，馬克大幅貶值，許多債券還比現金好。重新評價及重新申報的法律有很大助益。以普通的商業債券而言，甚至有些有良心的公司董事覺得不應該完全以流通貨幣來償付他們的債券持有

人。沒有人可以保證以前發生過的事情，未來不會再發生，或是某個地方發生過的事情，不會在另外一個地方發生；所以這個主題值得深思。持有高級工業債券，像是德國奇異公司（German General Electric）的人，歷經過超級通膨恐慌，本金最多留下15%，視他何時買進、持有多久以及何時賣出而異；因此他以為自己血本無歸的想法是錯誤的。

先前提過，通盤考量這些事情的社會與政治層面，偶爾包括道德層面，應該是有好處的。

近年來真正受到投資大眾歡迎的債券，是可轉換債券以及保證可以購買股票的債券。

判斷可轉債的買進時點

假如你問一個債券銷售人員，散戶投資人在債市有什麼特殊興趣？他會回答你主要在可轉債。如果你進一步追問，他會告訴你，三不五時私人證券買家會針對美國長期公債的超薄利差進行投機。

事情不完全是如此。1921年我開始寫金融專欄時，購買債券以追求收益是最流行的個人投資。現在債券的買氣主要來自法人機構，部分有錢的私人投資人買債券是為了免稅。有時當投資人看空股市，一些人會暫時轉進高收益債，一方面賺取收益，一方面等待股價回穩。美國公債當然是全球最廣泛持有的債券。

可轉債受歡迎的原因在於，在某些情況下，它們似乎結合一定程度的資金安全性和獲利機會，你可以用比股票更加寬鬆的信用條件購買債券。實際數字各有不同，但銀行往往只對好的、溢

價不高的活躍可轉債收取20%的利潤。但根據現行規定，銀行對購買活躍的股票要收取70%的利潤。

如果你去看紐約證交所的債券報價，你會看到一些報價，像是1976年全國航空6年期可轉債報價在440以上；1977年梅西百貨5年期可轉債價格超過300；1977年通用電話（General Telephone）4.5年期可轉債價格為225。這些債券原先的價格都在100上下，這說明只要謹慎挑選、判斷價格和時間點就可以獲取利益。你也能找到一些高票面利率的可轉債，卻以低於票面價格的折價出售。這反映出它們基本的投機天性。

可轉債的市價結合了現階段真正的投資價值，以及轉換權的現階段價值之溢價。溢價的部分視獲利的機會、轉換權的期間長短以及其他因素而異。

購買可轉債得要特別注意，尤其你是融資買進的話。最常見的錯誤是太過注意溢價幅度，以及債券轉換價格是否貼近可轉換股票的現價。我會建議你先注意債券可以轉換的股票。如果你想獲利，股價一定要上漲。首先你基本上要看好該支股票，然後才去注意可轉債價格的其他數學因素。

有的投資人以5%的融資率向銀行購買政府公債。舉例來說，以這個條件，5,000元可以買進市價10萬元的公債。扣除手續費，每上漲1個大點就等於賺了1,000元。波動最大的是低票面利率、長期的債券，例如1990年到期面息31.5%的債券。1958年這類債券的價格在106以上，1959年便跌到85以下。近來，長期公債市場一直狹幅游移。1964年，這些公債的低點在88以下，高點在90以上。有人認為未來波動幅度將擴大。

　　你會發現投入債市是有利可圖的。然而，如果你投入債市是因為融資條件寬鬆，買債券可能比買股票更加投機。

　　請參考32章〈投資與稅〉有關免稅債券的部分。

27 礦業股的優點

礦業股是特殊類股，它們的報價幾乎總是高於平均股價。這是因為大家習慣把股息視為部分的真正收益，其餘的才是資本報酬。這很合乎邏輯，就像從礦坑採礦應該視為消耗一般。

奇怪的是，在實際運用時，我們似乎有更多理由將這種會計方法延伸到一般企業，而不只是礦業。我想如果我們仔細地檢視數據，我們會發現好礦坑存活的時間遠超過許多企業。我們比較希望能延長礦藏的壽命，而不想尋找新的獲利來源，以支撐一個快要衰敗的產業。

在我看來，透過能幹與誠實的礦業工程師的檢驗去評估前景，其準確性絕對遠勝於其他產業的評估。很顯然，唯有超大型投資人才能負擔得起這類技術性協助，但昂貴的工業調查也一樣。小型的證券買家必須求助於有能力僱用這類專業服務的資訊來源，可能是業務量很大的證券商，或是由客戶群分攤費用的統計機構及投資顧問。

除了投資價值獲得確認和已知最短壽命的礦藏之外，當然還有許多純粹的投機。這類礦藏的風險很大，一般小型證券買家最好別嘗試分享只有那些熟悉技術的少數人才能獲得的暴利。「鈾」、「稀土」這些字眼，在那些不疑有他、時常被詐騙的人聽

來有如神奇字眼。確實是有一些好的鈾礦，就像其他行業有好有壞，但在這個領域你必須格外注意。

當然，礦業投資的根本和礦藏以外的因素有關。包括和每座礦體有關的因素，例如生產成本；也和整體礦業有關，例如金屬或礦物價格、稅和政治。

生產成本各不相同，視每座礦體、採礦深度以及現有的勞工條件而異。全國及地方的稅制也很重要。

有時，政治會影響價格。黃金和白銀的價格受到人為操控，鈾價則由政府設定。礦物價格通常由供需決定，但儲存設備也時常會影響價格。通常，戰時管制也是影響因素之一。政治因素也會導致補助增加以推動生產，例如鋁。

儘管有這些影響，但大多數時候金屬和礦物的價格通常都由供需決定。

雖然十分複雜，礦業股對於可以取得正確資訊與評估的人而言仍極具吸引力和價值。一如石油，很多人因採礦而發大財。畢竟採礦的稅率上限大約只有資本利得的25%。

我們有一個相對保守的方法可以投資礦業，那就是礦業投資與融資公司。美國有家出名的公司叫紐蒙特（Newmont），該公司有最優秀的管理階層、營運紀錄和海外名聲。這些公司有自己的工程和探勘人員，並開採新礦。他們負擔原始費用，但成功的探勘可獲得融資，日後可以資本化，部分再分配給大眾。我覺得這類公司中最好的，將比一般投資信託更具吸引力（以及更加投機），部分理由我已說過，即評估礦坑遠比評估產業或鐵路前景更加準確。況且，他們的專業化可望成為額外優勢。礦業融資公

司的股票選擇權通常是暴利的來源，時常與風險不成比例。

最後，談談黃金股。它們向來在思羅克莫頓大街（Throgmorton Street）[14] 得到很高的評等。許多年下來，它們已是保持購買力以供未來所用之方法中近乎完美的，例如以合法手段囤積黃金。

相對於一般公司得設立龐大又昂貴的銷售部門，黃金公司不必太過麻煩就能找到市場。此外，數世紀以來金價已大幅上漲。

黃金股是貶值的避險工具。普天之下人人都想要黃金，而且人類的商業本性乃是根深柢固的。

一般而言，高品質礦業公司的主要威脅是苛稅，勞工偶爾是利空因素。良好的建議可以去除因為礦藏消耗所造成的嚴重風險。儘管黃金有時會損失購買力，但在我看來是不可能失去價值的。

如同其他礦業，所得報酬都很高，資本報酬是一項優勢，只是有時乍看之下會被忽視。永久的投資到頭來總會消失，金礦的自動攤銷往往會釋放出可供一個人一輩子開銷的資金，而非交給收稅員。它們提供現金作為不斷的再投資，這點本身就是資本的重要保障。

然而，長久以來，主要由於政治規範，部分由於黃金跟任何東西一樣都有周期，目前並不利於黃金。它們是展示投資時間點之重要性的完美範例。毫無疑問的，金價必將再度上漲。事實上，在某些情況下，金價可能在一夕之間上漲一倍。但這對於太早進場，以致於忍受多年的投資人來說，可能是沒什麼用的安慰吧。

---

[14] 倫敦證券交易所所在地的街名。

(28) 投資分散化

　　本章是寫給老手和專業人士看的，新手還是等到熟練以後再來提分散化吧。至於那些老手，我認為大多數人的帳戶都分散到錯誤的類股，正確的類股並不夠。把很高比例配置在石油股、汽車股或鐵路股，我認為一點道理也沒有；我也不認同以品質的角度而在「政府」（governments）上做太多配置，以此類推還包括很糟糕、很投機、不配息的普通股。大型基金或許適合某種程度的地區分散化。

　　當資本總額十分龐大時，這種事是必須的，或者在不可能有合理監督的地方也需要。否則分散化只是表明了你不知道該怎麼辦，以及試圖達到平均水準。明智與安全管理資金的方法是集中化。如果狀況不明確，就什麼都別做。一旦發生事情，就要一路跟到底，再視之後的程序方法而定。如果這件事不值得一路跟到底，那就根本不必理會。當然，我說的是一開始就有大筆的現金準備；接著，由單一個股小量入手。如果沒有進展，就脫手，換回現金。但若股價如預期中發展，就分批買進擴大這支個股的部位。在它由你最高的買進價進一步上漲之後，你再考量第二檔股票。

　　最安全的方法是把你所有的雞蛋放在一個籃子裡，然後看緊

籃子。你不能疏忽大意或出錯。因此，你的行動必須十分謹慎。當然，腦袋清楚的人不會買太多，以免他想賣的時候，市場不想買。所以現實的考量會迫使一個人只買上市的領先股，聰明的交易員也不會把自己所有的資金投入差勁的擔保品。

很久以前，當券商的貸款高到不行時，銀行總會審視他們的貸款組合以了解券商的財務狀況。如果擔保品全是大型活躍領先股，銀行的評價就會很高。但若其組合是新的、陌生的特別股，他們會說：「某某人要賠光了。」為什麼要買一些你的券商想要藏起來的股票呢？對那些不介意在組合裡冒險嘗新的人來說，分散化是一罐鎮痛軟膏，他們在其中找出好的，然後達到不錯的平均水準。

所以，只買績優股，那種「不在拍賣之列」的股票。我腦海裡浮現的是男裝，各式各樣花俏的領帶、西裝和襯衫，在當季一開始便大打折扣，因為到季末它們也就只值這個價錢。但某些顏色的領帶、白襯衫、素面藍色和灰色西裝，剪裁保守的，幾乎永遠不在拍賣之列。股票也差不多，所以記得只交易那些因為本質或流通，永遠具有剩餘價值的股票。切記，在分散化的時候，不要去買當時流行、市場很小的類股，因為那肯定是有特定人士企圖要拉抬它們。

當然，我們一定要記得「人各有所好」。我說過，有能力的人最安全的做法是把所有雞蛋放在一只籃子裡，然後看緊籃子。初學者以及那些投資不成功的人，則一定要遵行正統的分散化。

我總覺得股票愈不活躍，市場愈遙遠，我愈需要看到其潛在獲利才會認為它值得買進。如果某人認為他在一檔活躍的紐約證

交所領先股看到100%的潛在獲利，那麼他必然要看到更多獲利才會投入某個地區性交易所或店頭或外國市場。這是基本及邏輯原則。

　　另一個分散化的角度是基於原子彈轟炸及財物可能受損的恐懼。基於這種恐懼，投資人會尋求地理分散化，不然在平時，純粹追求獲利的動機會讓你集中化。投資人若認為追求免於被轟炸的安全勝過獲取投資最大報酬，那是他個人的事。

　　還有一種分散化我好像從未提過，但很重要。這種分散化是考慮公司處於其景氣循環的不同階段，或是股價處於市場循環的不同階段。這點很重要，因為在同一類股循環的三種或四種不同情況之間分割一個人的資金可能很危險。畢竟，最後決定投資成功或失敗的因素是市價。例如，處於興盛的最後階段、獲利與配息急速增加、股票可能分割的產業，通常股價很高，而且還在急漲之中。理智的投資人有充分理由在這種情況下買進，尤其是為了短期獲利；但是把所有資金放在三檔或四檔這種情況的股票可能很危險。換個角度看，我們都想撿便宜貨，但這種股票在底部徘徊的時間通常會超乎我們的預期，如果我們持有的每一支股票都屬於這類，我們在行情很好時績效反而可能會很差。

㉙　旅行是投資人的教育

　　以前我看過一部關於逃難難民的新聞周刊影片，背景是他們的家園遭到焚燬。我記得逃離那場天災的難民，很多人失去了一切。因為很少人投保地震險，大多數人都投保火險，但「建築物倒塌」的條款卻使他們得不到理賠。即使是土地的價值也會變動，好的地點會變差，差的地點也會變好。

　　我曾經去過莫斯科，看到通膨和財產充公對人們造成的影響。我們登陸的碼頭有一家國營的「外匯交易店」（Torgsin）[15]。裡面販售以前貴族的私人物品——毛皮、珠寶、家具、藝品，賣掉後賺的錢全進了國家口袋。車子行經列寧格勒的街頭，我看到整座城市一排又一排的房子都塗上一層油漆。國家擁有這些房子，所以它們的外觀一模一樣，就好像街道清潔部門會把我們的街道整理得一模一樣似的。

　　1932年時，我開車到西部一些老舊礦業城鎮的「鬼鎮」。昔日繁華的街道釘起木板，荒廢了，至少在當時是一文不值了。

　　此時，有人想知道普通股是不是戰爭避險，或是最佳的通膨

---

[15] 蘇聯三〇年代的一種商店，Torgsin是俄文「與外國人交易」的縮寫，但持有強勢貨幣及金銀財寶的俄國人，也可以進去購買市面上買不到的食品、衣物等商品。

避險？但沒有人問起地震避險、火災避險、水災避險或是因經濟變動而改變價值的避險，雖然這些也都合情合理。我想到俄羅斯、德國和西班牙，這些流行的「避險」根本沒有用。

如果有什麼有效的天災避險，那就是結合地理分散化、保留流動資本以及個人持續接觸活躍的事業，包括本地和外地。

我們一定要保持個人活躍、警覺並跟上潮流。在我認為，退休的商業人士沒什麼搞頭。我們不能把所有個人資產都投入在家鄉或不流動又容易變動的東西上。有太多人在自己家鄉經營小生意，住家也在同一座城市，如果他們有任何股票，其中或許還包括了本地的公營事業。同時，他們的朋友和事業夥伴都在方圓10到15哩內。

我真正的想法是，一個人最大的資產，是他能做一些有用之事的心智能力以及他的人脈。因此，要在遠離家鄉的地方建立一些緊急聯絡關係，在家鄉以外的地方設立一筆或多筆資金，既可「以備不時之需」，又可幫你維持外國投資。

例如，我認為到倫敦旅行是一種教育，假如能學會如何儘量利用的話。認識合適的人，等你回家後，保持聯繫。

現在很流行結合公務和休閒，不僅為了其中的好處，也為了減稅。為了減稅，一定要有真正的事業。我談到這點，因為旅行未必都屬於個人開銷，分析師們現在會成群地飛往歐洲和日本。

多年以前，一位很聰明的投資人告訴我，時間由格林威治開始，然後向西行；其他事情也一樣，包括創意。影響英國的投資與生活之社會狀況，無疑是我們幾年後也必須面對到的狀況最正確的預測。預先警告便可預先防範，前往倫敦和銀行家、券商、

律師談談，觀察他們的情況以及他們如何因應，應可使廣大的美國投資人十分受用。

你不妨多在美國境內旅行，做一些防範天災的分散化並發掘一些好的投資。德州或許是美國最值得參觀的地方，還有華府，當然，最重要的，紐約市。德州的領導人很積極，追求資本利得，也知道如何開採石油，不論是在德州或其他地方。華府是影響每一項投資的政府決策的消息來源。紐約市仍是萬事萬物的中心和交換所。

我們應該要在美國和世界各地旅行，結交知心朋友，獲得協助展開新生活，手邊備妥足夠資金以供奧援。你自己思考你能去多少不同的地方，在生活中成功地重新來過。

旅行是一項美妙的教育，對那些懂得利用的人來說，教育將是一項美妙的避險。一個人可以得到上述的所有好處——真正的假期、更懂得享受生活，並且超越家鄉的土包子對手。

(30) 投機總論

有些讀過這些文章的人會提出下列問題：菜鳥如何成功地投機？他怎麼會有時間？老闆看到怠忽職守去看盤的員工會怎麼說？那些學不會技巧的人該怎麼辦？以上問題的答案呢？

首先，我想如果有任何看過這些章節的讀者確信自己無法掌握市場，他就已經有了一番成就，因為大多數人都會在股市中失敗，花再多錢去了解這點也值得。

在前一章我談到，好的投資或投機機會總是不夠多。因此，在精算的基礎上，當一個人大膽地去進行任何投資或投機時，機率總是不利於他。這不比搭地鐵去市中心、開車兜風，或者動盲腸手術；以上這些活動，人們通常可以準確到達目的地或恢復健康，但想增加資金時卻不是這樣。每個人註定會用兩種方法輸掉資金：第一，一般人都能理解的，因為這些年來貨幣貶值，或者換個方式說，因為你買的物品價格上漲；第二，因為你買的證券價格下跌。所以，你一定要動腦筋來解決問題，你一定要成為例外才能成功。

只要有可能，我都會勸人親身嘗試。這表示你必須保持年輕，因為老狗學不會新把戲。你必須有本錢去嘗試。你可以決定把自己的錢花在許多事物上，你可以把多餘的錢拿去喝酒或

抽菸。別的人可能輸在股市裡，但他賠錢是在「繳學費」，日後將獲得終身的優勢和保障。至於需要的時間，一定會有辦法的，你可以努力工作，在正常上班時間把工作做完，然後有空涉足股市。大多數人總是把一個小時的工作拖到兩個小時才做完。

你可以輕易把這種論調延伸為老闆不喜歡員工們「玩股票」。就銀行、保險公司、證券公司、經紀公司和其他貨幣與股票相關行業來說，理由很明顯也很正當。但在其他行業，我不知道這是不是公平的態度，我想重要的是找個有開明想法的老闆。

不入虎穴焉得虎子。我聽過有些人說他們「從來沒借過一毛錢」，我也聽過有人說他們借錢是為了給自己一股強迫往前衝的刺激。假設借錢的時候還年輕，而且是為了事業、為了擴張，而不是為了支撐已經失敗的景況，贏家通常是後者。

一如任何事情，人的能力各有不同。因此，或許有的人覺得他們無法勝任本書所說的完整課程，不過他們或許覺得可以判斷普通股的趨勢。只要有適當輔助，這點應該可以辦到。假若如此，我建議不妨嘗試，購買最好的投資信託，真正持有股市交叉類股的那種。購買那些有最佳最誠實的管理階層，以及竭盡全力幫股東賺錢的投資信託。管理階層最好擁有完全的自由。接著是所謂的封閉型（closed end）信託，資本額固定，有公開報價，有時是資產價值的折價，有時則是溢價。我通常偏好這類，勝過開放型（open end）信託或共同基金。後者的資本額可能會膨脹或萎縮，因為主持他們的商業機構可能會找到新股東，或既有股東可能會要求贖回。重點是當你覺得牛市正在展開時就買進；當你認為趨勢偏空時就賣掉及持有現金，不要預期信託與基金會主

動幫你轉換。

　　至於那些持有鉅額資金，但自認連判斷趨勢都做不到的人，我非常推薦銀行的投資管理部門。你或許可以找到大批熟練的投資顧問以及員工，他們的想法往往十分開明及現代。有的部門可能是以一個人為核心；有時，這個人是個天才，在他的一生中，他的理財能力是無價的。不過，這個人若死了，就應該重新評估形勢，遺囑裡千萬不要提到這類公司。

　　所以，我們又回到本書主要的論點：想要成功的話，一定要下許多個人判斷。如果不是判斷股票，那就是判斷人。可是，若你不想動腦筋，我偏好銀行，勝過一般的顧問。銀行比較正統，如果一個人無法百分之百突破正統而且一路獲勝，那麼就反其道而行，不要卡在中間。選一家紐約市的信託公司，最好是擁有一些大客戶，而非一票小客戶的。

　　最後，有人問我法定代理人的權力？要不要試試找個經紀人來管理自己的投資？跑單幫的投資顧問跟大型顧問公司有什麼差別？關於這點，我們要回到挑選合適人選的心理。你一定要讓他覺得很自在，他可以做他認為最好的決策，而不必擔心引起你的不悅。就我個人而言，我認為有些人可以做到這點。

　　我試著根據自己的觀察和經驗寫出客觀的結論，我在1921年以前，以私人客戶的身份進行投資，之後以專業人士的身份代操，經手龐大的股票。我想我踩到了別人的痛腳，但絕對也踩到了自己的痛腳。本書敘述內容大多來自實務經驗，不過，我明白在我看來很容易、很自然，也很合乎邏輯的事，或許在別人看來是壓根不可能；但同樣的，不同天性與能力的人或許可以採用全

然不同的策略，而且成就遠超出我的想像。你可以決定徒步旅行、騎馬、搭乘由動物拉動的交通工具、騎自行車、搭火車或汽車，船或飛機，然後抵達相同的目的地。所以，我對這整個主題抱持完全開放的心胸。

　　過去40年，我在華爾街學到最重要的一件事就是：大家懂得太少，自己也懂得太少。幸好我在1922年及1923年便了解這點，而不是1929年到1932年這段期間，否則勢必要繳出昂貴的學費。我認識的一名精明投機客曾說過，如果有什麼超自然力量可以保證他這一輩子都保有他的現金和股票目前購買力的四分之一，他會雙手奉上另外四分之三的價值作為報酬。但他惋惜地說，這是不可能的。這是務實的人對我們今日情勢的務實看法，而不是說什麼「6%和安全性」。年紀大了、見識過大風大浪是一項優勢；我們的子女，要面對的是不確定的年代。

　　讀者從這些章節中所能學到最重要的事情是，投資與投機都很困難，並不容易；很不確定，而非一清二楚；很吊詭，沒有邏輯。股市是幻覺的國度，事情並不像表面看到的，2加2並不永遠等於4。「股票是用來賣的。」貨物售出，概不退換──「顧客請務必小心。」

㉛　投資與支出

投資的目的是要日後有資金可供支出。支出這個主題有兩個層面和投資政策直接相關。第一是我們想要買的東西之成本與供給的變化。第二是立即與未來支出的資金分配，換句話說，就是投資與支出的資金分配。

每個人都會儲蓄以供養老與消費，主要是讓我們自己這輩子花用。留給後代子孫固然不錯，但遺產有一大部分會被課稅，交給政府。在這種不確定年代，分配太多資金給未來並不划算──課稅、立法、戰爭、配給等，會摧毀一部分的儲蓄價值。現在的成功人士，把房地產、事業或房子留給子孫就夠了，但大筆的累積投資最好在累積財富者的一生中花用散盡。

我懷念起一位已故的友人。他生前覺得以他的能力，他這輩子只需要250,000美元的流動資本就夠了。於是，每逢好年頭，即使這樣遠超過他所認為的一般生活水準，他還是會花掉他賺到的每一分錢。若遇到歹年冬，他就動用流動資本來維持生活水準。這個人花錢如流水，但他很會賺錢，當時的稅也比較低。我說這個故事是要說明這個原則，而非建議實際的資本金額。

我們應該記住，貨幣貶值的幅度並不只是以購買力來衡量，還包括物品成本或受到銷售稅及配給改變影響的供給。1913年

在英國買汽車的人不必付「購買」稅，這是他們的說法，最多也只付一點點。幾年後，車主不僅要支付相當於汽車成本的購買稅，還得等上好幾年才能買到一輛車。現在，有錢裝電話的日本人也不能裝電話，他們得到黑市付高價去買別人的門號。銷售稅調漲以及產品與服務無法取得，往往造成儲蓄價值貶值，如同物價上漲一般。

大多數有本事賺錢的人，都想愈賺愈多。如果一塊錢永遠值一塊錢，就很容易預估需要的退休金，避免過度花費或過度儲蓄。可是，我們都害怕生活成本上漲的速度超過我們的退休與急難預備金。這種恐懼是很真實的，許多領年金的人都十分清楚。

我曾去過中南半島暹粒（Siem Reap）附近的吳哥窟，和這個濕熱城市裡飯店的法國籍經理聊天。他告訴我，他已在這裡工作多年，過著將自己從祖國放逐的生活，他想存下一大筆法郎，好讓他回國安穩地退休。不用說，等他達成目標，法郎貶值的程度已使他的儲蓄損失大部分的價值。他的犧牲全都白費了，還不如住在法國，省著點花用，享受人生，而不必枯等永遠不會進港的大船。

人類享樂的能力會快速衰退，隨著年齡不斷減少。一杯咖啡對又冷又渴的人來說很享受，但億萬富翁喝兩、三杯咖啡也不滿足。同樣的，三十歲比六十五歲的人更能享受坐船航行全世界的樂趣。可是，通常人總在六十五歲時才有比較多的閒錢，也更有時間。六十五歲時享受的或許是搖椅及種花蒔草。

我的哲學是早年放棄享樂、累積財富，日後讓財富維持生產力，然後花掉多餘的錢，而不是放任它一直增加。到最後，財富

或許會損失價值，或者讓遺產稅徵收員拿走了。

　　至於適當分配資金以供立即與未來消費的問題，儘管大家未必有這種認知，但毫無疑問的，人生不同時期的花費金額往往成為投資的決定。首先，當一個人開始工作，儲蓄和支出的金額必然受到個人經濟因素所左右。在收入增加到可以讓人做選擇之前，沒必要討論什麼要做，什麼不要。一開始的收入可能只夠糊口，甚至不夠。即使如此，在很多情況下，還是有基本選擇。例如，時常會有父母資助或繼承財產。

　　這些選擇應該要加以客觀評估。由於我對投資有興趣，又想儘早成立一筆資金開始投資，我當然力勸人們年輕時要節制消費。然而，在現實中，我們剛開始都會投資自己，準備賺錢，然後才用我們的儲蓄或繼承的財產去投資。所以，當我建議你節儉，我指的主要是休閒娛樂。投資在自己身上的錢，不論是教育、外表、人脈關係或健康，又是另當別論。

　　所有支出都會在消費者的人生盡頭留下痕跡。一位成功投資人奢侈花費的成本可能很高。例如，如果一項物品在三十歲時價格為1,000元，這筆錢可用來作為投機性投資，如果買下這個物品，它的實際成本會與年俱增。物品本身逐漸貶值為零。另一方面，1,000元成功投資之後會變成2,000元，2,000元變4,000元，諸如此類。這就是我所謂支出會在消費者的人生盡頭留下痕跡的意思。

　　只要用別人的錢作為資金，就可以加速建立一筆投資資金。例如，年輕人在仍需要投資資金以及尚未達成財務目標之前，便挪用資金去買房子是很傻的事，除非他認定自己無法達成財務目

標。就讓房東賺租金好了，反正你可以住在房子裡，再拿你的錢
去獲利。當然，如果政府以長期貸款資助購屋資金，那麼購屋者
就能夠房子與投資資金兼得。事實上，由於他的投資目標很高，
而政府利率很低，以及房貸與十分慷慨的社會福利政策幾乎不會
讓房子被法拍，買到就算賺到。不過，每個案例的狀況都要仔細
計算，才能確定買屋是否比租屋划算。

　　以上這些段落的用意是為了幫助讀者規畫自己的投資和支出
計畫。我們每個人都得在支出與儲蓄之間做決定，如同我們必須
在工作與玩樂之間做出決定一樣。年輕時往往花費過度，老年時
則是消費不足。一般年輕人多為未來著想會比較好。老年及成功
人士有時卻好像上了跑步機，不斷想製造更多獲利，而忘了隨著
他們變老，日子與享樂的能力也將不斷減少。

㉜ 投資與稅

「1964年營收法案」（Revenue Act Of 1964）是多年來聯邦所得稅第一次大幅調降。可是，基於現今的高聯邦稅率，不論是大戶或散戶，投資人一定要了解課稅原則。如果不能正確評估稅的影響，任何獲利預估、可能虧損的風險，或淨報酬的預期，都沒有意義。

在美國的現況下，稅負與通膨是習習相關的。想要成功迴避通膨的投資人，一定要考慮實際獲利、收支帳價值，與稅後淨值。例如，大家都知道目前的公司折舊率不足以攤平重置成本。這是因為攤銷必須建立在成本的基礎上，且這些資產必須是在數年前購置的，以美元現價來計算的成本相當不切實際。其影響將迫使公司高估稅前盈餘。這會墊高公司稅金，也會降低公司保護普通股東不受通膨影響的能力。

最重要的是，要隨時仔細評估稅負因素相對於投資因素的重要性。投資人一定要確定一項投資的吸引力不會被差勁的稅負給破壞。如果要繳很多稅，再好的通膨避險也沒有用。可是，投資人一定要小心，也不要因為太過重視稅負的優點而去購買差勁的投資。

完全免稅債券

投資稅率的研究層面相當廣泛，基本上可分為兩部分，其一是公司本身能否節稅，其二是投資人的個人稅率。首先是證券種類。這個種類裡最重要的是流通的，以及美國各州、郡、市與稅區仍在發行的免稅債券。這些債券是「免稅」的，亦即持有者獲得的利息不必繳納聯邦稅。它們會因貨幣利率以及不同發行者的信用狀況而改變。

儘管免稅，這些證券並不像它們乍看之下那麼誘人。由於稅率升高，它們變得十分搶手，以致於售價偏高、收益率偏低。購買者通常會計算自己的稅率級距，再比較課稅所得的收益以及免稅收益。

所以，假如一個人一年的應稅淨所得大約為 50,000 美元，申報分離報酬，按照 1964 年的稅率，大概會超過 40% 的級距，每年要繳納 20,000 美元以上的稅金。他的 2.75% 應稅所得，就相當於免稅債券 1.5% 的報酬。那麼最高收入有一部分可能接近 60% 的級距，3.75% 應稅所得才等於免稅債券 1.5% 的報酬。如果這是一個關於應稅債券相對於免稅債券的問題，數學計算的結果是正確的。

但若這是一個關於投資策略的問題，那麼證券種類的所有特性都應該列入考量。息票（interest coupon）的稅後淨利變成只是數個因素當中的一個而已，絕非決定因素。

免稅債券，如同應稅貨幣利率債券，不具備任何通膨避險特性。因此，即使他們的股息淨所得在扣除高級距的稅率後，剩下

的淨所得和投資免稅債券差不多，許多有錢的投資人在感覺到金錢的購買力減退時，會偏好普通股，希望資本利得可以和購買力減退的程度相抵銷。

節稅股票

還有一種暫時及部分免稅所得。由於先前虧損而具有高額抵扣稅額的公司股票，有時可產生這類所得。有時，在恢復獲利後，便可以支付所謂的「免稅」股息。我說「所謂」，是因為實際上這些股息通常不必繳納一般所得稅，但必須繳納資本利得稅。由於後者較低，其優勢視購買者的稅率級距而異，但通常相當可觀。還有一些礦業公司支付的股息高於現階段的獲利，他們的年度股息部分視為應稅所得，部分則視為資本報酬，無需課稅。

選股

礦業和石油股的稅負優勢是很重要的。依據現今法律，它們有高達27.5%的獲利可以免稅，作為探勘和開採更多資源的獎勵。這個金額被視為消耗，因為原料一旦被開採就不再是生產性資產了。他們也可以扣除開採到乾井或探勘不成功的成本。換句話說，這表示這類公司不但可以節稅，還可以利用他們的獲利來增加財產價值。精明的投資人喜愛資本利得，勝過股息。

此外，投資普通的成長型企業，即股息低、獲利再投資到新產品研發或提高生產的公司，也是有利的。

這類投資重要的是要考慮買進價格。通常，大家都明白持有

這類股票的好處，以致於市場溢價變得太高。

受管轄投資公司

持有某些所謂「受管轄投資公司」（Regulated investment company）股票的個人，可以將此類股息的資本利得視為個人資本利得。所謂受管轄投資公司，就是支付九成以上股息及獲利的公司。假設這個信託的管理階層很能幹，這是賺取高股息，同時讓部分股息免扣一般稅率的方法。

小型企業投資公司

小型企業投資公司（Small business investment corporations，簡稱 SBICs）可享有減稅優惠。如果你持有這類公司的股票而產生虧損，你可以從綜合所得中扣除這筆虧損。

優勢稅基

在徵收超額利潤稅的時代，投資人應該找尋投資資本（invested capital）令人滿意或平均盈利稅基的公司來節稅，俾以確保最大的超額利潤信用。近期的鉅額虧損可以展延到未來的公司通常很有趣，但未來前景能否改善才是重要的投資考量，而不是只要能節稅就好。

資本利得稅

可是，大致上，證券所得須全數課徵綜合所得稅，而稅率會按照等級上升，直到天文數字。

　　通常只有在證券持有一段明訂的時間後，交易獲利才適用於優惠資本利得稅。不論一個人的總獲利有多大，這種稅只針對一部分利得課稅，通常設定為最高稅率。

　　因為資本利得稅低於一般股及利息所得的稅，大型投資人偏愛有最大成長潛能的公司。他們偏愛盈餘再投資到業務中的金額最多、付出收益最少的公司。長期而言，收益支付能力具有一定的市場價值，穩穩配發股息的公司股價也因而比較高。小型投資人購買這種股票是為了收益。對於稅率級距高的投資人來說，購買年輕、不配發股息的股票以求取最大獲利，並且一直持有直到它變成一家穩定配息的成熟公司，絕對勝過持有一檔穩定收益、毛收益率高的股票。

　　很多時候，高股息的股票也具有最大的資本利得潛能。這種情況會發生在投資人錯誤質疑一檔高收益率股票的安全性，或者當一家公司變得很強，其交易地位准許盈餘再投資及配發高股息時。在這種情況下，低稅率級距的投資人購買可獲得收益和利得，高稅率級距的投資人則要忽視他大多收益都要扣稅的事實，專注在資本利得前景。股息的稅後淨利或許時常低於免稅債券，但若具有獲利潛能，這就會是決定因素。

　　有好多年的時間，在美國適用長期資本利得稅率的法定持有期間是六個月，課稅的利得比率是50%，上述情況下的最高稅率是一半的利得課徵50%的稅。這表示申報「長期」資本利得的個人，大多數情況下最高稅率為25%。這對稅率級距很高及很低的人都很重要；前者意味著最高稅率是確定的，後者則是只有一半的利得要課稅。

　　所以說，聰明的投資策略應該以稅法為依據。投資人務必要仔細研究投資或結束一項交易之際的法律。我在1965年寫作本文時，要考慮的是一整年的稅，而不只是12月最後幾天的稅。短期虧損，意指不到六個月，尤其重要，假如它們可以用短期獲利來打平的話。如果持有獲利超過六個月，稅通常比較低。法律規定，直到全年最後一個交易日的虧損都可以扣除。可是，獲利則必須在年底前的四個交易日建立。如果你拖太久沒有建立獲利，你可以叫經紀人賣掉股票「求現」。這項獲利可以計算到最後一天，但通常會被打一點小折扣。

　　有些人為了稅務目的，利用賣空持有股（short sale against the box）[16]來達到延後登記獲利。本人強烈建議投資人先諮詢高明的稅務顧問，再進行任何複雜的交易。

　　不論本身的稅率級距高低，如果市況適合的話，在新的日曆或納稅年度一開始就進行短期交易都是有利的。若是成功，這項策略所建立的獲利在日後節稅的價值遠大於獲利本身。日後，你為了長期資本利得而進行的操作或許會失利，這些虧損就可以用先前的交易獲利來抵銷。

　　此外，如果你的部位和市場適合大額帳面利潤，而不適合累積利潤，你還應該考慮接受每年一定平均金額的資本利得。稅法的趨勢大多數時間傾向於調高稅率。雖然1964年調降過，但大多時候都是調高。或許沒多久稅率又會再度調高。帳面獲利可能

---

[16] 賣空持有股即賣空本身持有的股票。投資人為了投資避險或納稅規畫，而借入手上已持有的股票，再放空借來的股票。

來得快，去得也快。稅法的立法都會溯及既往，而且沒有人能夠預測未來的立法。因此持有平均部位，持續每年繳稅，一定會有幫助的。

了結應稅獲利的邏輯

投資人稅務政策的一大謬誤是誤以為稅金太高，所以不能獲利了結。在大多時候，投資人會以為，除非股票市價跌掉跟稅金差不多的金額，不然獲利了結就白費了。

事實上，所有帳面獲利都只是上漲金額扣掉可能的稅。所以，如果一檔股票是在100元買進，上漲到140元，持有人便賺到40元。他得用這40元去扣稅。假設稅率是25%，他的實際利得只有30元，看他要變現還是如何。

萬一稅率調高，他的利得就會減少。萬一市場崩盤，他的利得或許就會化為烏有。

可能的缺點

就優點來比較，如果有的話，定期了結獲利可能的缺點很少。例如，假設是年紀很大的人，死亡時就不必扣資本利得稅。這時，個人遺產稅還會更高。替未來節省的優點將傳給繼承者，而非證券的實際持有者。

還有，決定貸款價值的相關法規往往會降低獲利了結之後，附買回所能質借的金額。

的確，就某個層面來說，持有一檔未實現利得及未付稅金之股票的人，只要他不賣掉股票、實現帳面獲利的話，可以動用他

最終要拿來納稅的錢。因此，在了結獲利以及繳納稅金之後，除非賣掉的那檔股票下跌超過稅金的金額，否則售股的所得所能買回的股數必然比較少。但這是假設的缺點，而非真正的缺點，有時反而是優點，因為這種情況通常發生在股價很高的時候。當然，萬一賣掉的那檔股票下跌超過了稅金的金額，這時投資人想把它買回來，他所能買回的股數就多過原先持有的。目前的法律允許在有獲利的情況下，賣掉又立即買回同一檔股票，但要求30天的等候期以免發生虧損。若在30天內買回同一支股票，其虧損是無法抵扣的。

以上的討論可以看出，諸如此類的複雜狀況很容易讓人誤解。不過，重點是稅金愈早繳納愈好，大多數人都犯下不肯賣掉股票的錯誤，因為他們認為如此一來就可以避稅。但遵守投資原則的人一定可以獲得更好的操作績效。

抵扣虧損

再談稅法的另一個重要角度，抵扣虧損的方法和金額是很重要的。法規已經修改了。目前，大部分的股票虧損首先都是從其他股票獲利來扣除。如果還有剩餘的話，第一筆的1,000美元可以從綜合所得中扣除。依照現行法律，虧損餘額可以無限期遞延。遞延的長期虧損首先必須由未來的長期獲利扣除，短期虧損則由短期獲利扣除。多餘的金額每年可以從綜合所得中抵扣1,000美元。虧損可以遞延，直到被扣光為止。假設手頭上已有獲利的持股前景不錯的話，當然可以了結獲利再立即買回。這是為了爭取獲利與虧損相抵的節稅功能，並透過買回來擴大稅基。

好的與壞的避稅

　　三不五時，有一些自以為精明的投資人會設計出看似合法的避稅計謀。本人反對這種事情。有時，這些計謀撐得過一陣子，但漏洞總會被防堵。不過，有些做法似乎既合法又合理。例如，購買拖欠利息但即將支付的債券，然後等上漲了再賣掉獲取資本利得，還可扣掉拿到的利息。

　　投資人請務必明白，所有投資案例都需要正確了解稅務因素，在有些例子中，這甚至比了解投資因素還來得重要。這兩方面的知識欠缺其中之一，都會影響投資績效。

其他稅務注意事項

　　最佳稅務策略有許多形式，而且法律不時在修改。所以，稅務專家和最新的法律手冊都不可或缺。

　　目前的稅法增添了一個新元素，使你必須考慮數年間的影響。在不同的年度了結虧損往往可以節稅，而非了結獲利。集合不同資本交易的系統又讓事情更複雜了。

　　1964年的法律納入一條比例分擔條款，如果有大額短期暴利，有時可用以節稅。你應該了解州轉移稅是否可以抵扣，以及要如何申請融資帳戶的利息抵扣稅金。

　　購買投資信託股時，要注意比較投資成本及最新市值。如果是清算價值，未實現獲利通常沒有免稅額。因此，你很可能是買到稅務負擔。尤其是從來沒有折價出售，總是以清算價值出售的共同基金，不僅未實現獲利沒有免稅額，還要支付銷售費用。

持有高稅率級距股票的人，在這些股票即將支付高額股息之前，不妨趁著除息前賣掉，就可以把股息當成資本利得，而非綜合所得。如果持股會支付大額拖欠股息，這個做法更可以節稅。

慈善捐款

現行法律規定，針對某些公立慈善機構的捐款可以扣稅，但不得超過調整毛所得的30%。捐贈給獲得許可的民間基金會之比例不得超過20%。對高稅率級距的人來說，這表示你可以捐贈高額善款，但所得只減少一點點，這是因為節稅的緣故。

捐贈的形式包括以低價買進的證券。捐贈以市價計算，但無需繳納資本利得稅。

慈善捐款可以遞延五年。所以，如果有一年的捐款達到你所得的40%，其中30%可以在該年度扣稅，剩下10%在翌年扣除。

資本利得並非所得

資本利得稅本身就不正確。它已造成很大的傷害，以後還會有更多傷害。它是造成許多美國投資人有錯誤想法的原因。想像中的資本利得被視為實際所得，在這種錯誤假設下，個人支出大幅增加。資本利得稅造成股市漲勢力道過猛，期間太長。由於課徵這項稅，造成稅收出現不必要的變動。

我看過有人以為他們在股市賺到1萬元，因為政府稱之為「所得」，他們就把它當成所得，而在不知情下花掉一部分資金。

已投資的股票資本，只要升值速度比美元慢都算是貶值，不僅購買力流失，還得繳「所得」稅。

即使以市場標準來看，一個人真的有獲利，那也不是「所得」，不該被課所得稅，亦不該被視為現在支出的資金來源。在大多數情況下，那絕對是「非經常性」（non-recurring）的。

投資原則

為了節稅，投資人應該保留多少原本想賣掉的股票？

就我個人來說，我想賣的時候就賣，並不去管稅的問題，而且我會從其他角度來考慮節稅，而不是為了實現獲利。

從一般投資人的觀點來看，我不認為有可能在谷底買進、高點賣出。相反地，我認為大多數人在谷底時持有的股票最少，高點時的持股多於平常。所以，在實際操作上，即使後來的跌幅小於先前的漲幅也會抹煞所有獲利，因為一般投資人發生實際虧損的股票多於產生帳面獲利的股票。1929年的情況就是這樣，將來還會再度發生，而且會更加劇烈。

不要考慮節稅便了結獲利還有兩大優點：第一，獲利是真實的，取得獲利的方法是規律的實務操作，而不是碰運氣。沒有真本事，是無法多年在股市持續獲利的；很多人是剛好碰上賺錢的股票。賺錢的人通常會以為自己找到了新金礦，最後就會賠上一大筆。第二，在結束每筆交易，開始新交易時，新買進的價格是在計算風險或了結短期虧損時唯一考慮的價格。很多在牛市中段進場的人並不害怕高點，因為他們的均價看似很低，但是等到日後下跌時就變得很高。上升波段時的買賣可能導致你最後在極端價位買進。了解其中的高風險後，謹慎的投資人日後便會減碼，並在行情反轉時一次賣光。

短期投資大多是那些看起來最誘人的股票。為了稅的緣故而在股票過了高峰後還持有的長期部位，通常會造成你持有的股票已不再是市場領先股。

有能力的交易員和投資人，應該考慮資本的報酬率，而不去管市場的前景如何。舉例來說，如果100,000元在6個月內增值到150,000元，後市持續看漲，很容易就會出事，我想把這筆報酬獲利了結並繳掉稅金才是合適的做法。大多數人，尤其是想得到一定百分比報酬的投資人，長年下來若仔細計算，都是負報酬。我認為，投機客不會那麼冒險，賺錢的機率反而比較高。

至於那些貪婪的人，他們看到自己賣掉的股票漲得更高，心裡必然會痛苦的。我建議一開始就大量買進短期和長期部位。這有數個優點。其一是你會更加謹慎地建立大型部位。如果股票表現不好，就賣掉全部。如果有獲利，就賣掉短期部位，拿這筆獲利去壓低長期部位的價格。

還有第三種以及更科學的策略來分配短期和長期部位的資金。長期部位必須考慮各種世事變化的長期持有及稅率；所以，最重要的因素是追求最高的管理能力。

可扣除的費用

在試圖賺取所得的過程中合理產生的各項費用，目前都可以從你的毛所得扣除。其中包括經紀商帳單上的州稅，還有專業協助，像是投資或稅務顧問、統計與諮詢服務等。若是因為旅行和其他昂貴聯繫才產生的大筆所得，這些費用也是可以扣除的。本書的費用也可以扣除，當你申報獲利時要記得提列。

結論

　　廢除資本利得稅對整個國家都有利。但以政壇氛圍來看，似乎不太可能。未來或許會修法減輕這項負擔。最具建設性的發展，也是最合理及最公平的，將是延後納稅直到證券出清變現之後，交易應該免稅。現在，某些房地產交易准予免稅。同時，我認為，如果不要顧慮稅金，在該賣的時候賣掉股票，乖乖付掉稅單，對個人投資人才有好處。謹慎的交易員會隨時準備納稅基金，所以說，假如我們養成用帳面獲利去扣除目前稅金的習慣，就可以隨心所欲的交易，不會有錯失市場的風險。

33 投資與通膨

貨幣的購買力改變，加上物價及成本的起落，是獲利能力、證券投資價值和股市價格波動最基本以及影響最深遠的原因。

「通貨膨脹」的意思是指貨幣或信用的供給增加，導致商品價格上漲。不過，商品和勞務需求增加或供給短缺，也可能造成商品價格和生活成本上漲。

「通貨緊縮」的意思是貨幣或信用的供給減少，導致商品價格下跌。不過，商品和勞務需求減少或供給過剩，也可能造成商品價格和生活成本下跌。

在通膨或通縮的諸多成因外，心理因素也很重要。人們認為價格將上漲或下跌的心理，很可能促使他們行動，而這種趨勢本身的動能往往會讓趨勢持久不衰。

通膨或通縮的影響，首先是財富大轉移。一個國家的總實質財富無法以美元或價格計算，而是以單位生產和消費計算。就數量而言，初期的通膨往往會刺激生產與消費，創造繁榮以及幸福的感受。然而，若以個人而言，債務人與債權人之間、貧富之間、企業家與受薪族之間、投機客和投資人之間的財富必然會重分配。等到通膨確立，導致實質貨幣貶值，此時，大多數人將面臨完全的財務崩潰以及極度的情緒不安定。

　　通膨的控制措施很少是在治本，反而幾乎總是在治標；但治本是有可能的，治標一定會失敗。等到經過一段長時間，通膨就會自行結束，但此時病人已是藥石罔效。

　　反之，儘管它總會令人聯想到「苦日子」，通縮對於個人的最終影響並不是那麼嚴重。通縮也比較容易控制及反轉，主要是因為採取的方法獲得一般人及政壇的歡迎。

　　基本上，人們在大多時候沒辦法或拒絕承認通膨或通縮，主要是以金錢的增加及減少來計算自己的財富與所得。所以，即使他們能買的東西變少了，一般人幾乎總是覺得金錢的數額變多就是好的，有時，金錢的數額較少但實際購買力或價值反而較大。人類的天性就是如此，這種態度已不可能改變，所以，金錢的超長期價值會減少，而物品的超長期價值會增加。人類繁殖與消費（而非儲蓄）的天性，具有火上加油的效果。大體而言，超長期的趨勢有利於通膨的力量而非通縮，基本上，在很長一段時間內，股票持有者會好過債券持有者。我把這個主題極度簡化，基於通膨起伏的涵蓋期相當長和價值的改變，而且牽涉到實際人生的成功，所以，我們需要某種可以正確預測的方法。

　　此外，關於如何因應通膨或是以往此類做法效果的評論通常都是不正確的，因為在通膨或通縮某個階段中的正確做法，到下個階段就不正確了。對以往通膨有效的方法未必永遠都有效。不同的通膨起因各不相同，它們源於不同的溫床，肆虐的程度亦不同。在某種情況下安全的做法未必永遠適合以後的情況。

通貨緊縮

談到通縮的主題。首先，假如你可以察覺到通縮已經發生，現金是簡單又完美的避險。通縮時期沒有稅的問題，因為即使有時實際價值沒有減少，但幣值下跌了。各種股票和債券自然都會下跌。股票下跌是因為公司獲利和收支帳因幣值減少而下跌，還有因為急需資金而清算資產。債券下跌是因為大多數債券支付的利息減少，以及債券持有者想要提高資金流動性。

利率也會下降，這往往會升高優級信用（prime credit）風險，但在這種時期，優級信用相當稀少。此時要牢記一條重要的投資原則：在通縮時期，股價市價每年下跌的金額絕對遠超過它可能發放的股息。因此，保持流動性（現金）以及動用資金，資金價值每年縮水的幅度反而小於企圖賺取的「所得」。在大衰退的反折點進場通常可以獲得最後的利潤，並且真正的致富。可是，除非手頭上有現金可以逢低承接，否則你便無法利用這些機會。問題在於你很難在股票價值萎縮之前察覺到衰退即將發生，並且建立客觀的心態，讓現金「閒置」以及「動用資金」。當然，引號裡的這兩句話是外行人常說的話，而且完全不正確。如果我們想拿錢去買的東西一直在跌價，現金就沒有「閒置」；假如我們大部分的資金一直在增值，這也不算「動用資金」。

有一種很厲害的通縮是商品的價格崩潰，這會衝擊相關類股。例如，銅個股受銅價影響，砂糖個股受砂糖價格影響等。近期，這幾乎是我們唯一見到的通縮種類。投資人務必要小心，因為即使在通膨時期，買錯股票也會導致鉅額虧損。

通貨膨脹

等你接觸到通膨之下的投資策略這個主題，真正複雜的情況才正要展開。首先，「通膨」其實就是「復甦」或「好轉」。在這種情況下，持有好的股票會帶來好的獲利和所得。什麼東西都是低價，而且就要上漲。商品需求增加自然會反映在公司盈利上。價格小幅上漲會帶來庫存利潤以及令人滿意的獲利率。成本依然落後。社會立法不是簡化就是對投資傾向有利。整個投資環境十分良好。

很難明確界定通膨是在哪個時間點從一個階段前進到下個階段，但接下來的通膨程度或可稱為高生活成本時期。此時，通膨開始在一些地方造成痛苦，並加快速度。最重要的因素是通膨背後的運作力量，一般來說，通膨要超越這個階段，很可能有重大原因，例如準備戰爭、戰爭本身或戰後。戰爭會讓一個國家的政黨團結在一起，並加速社會改革。貨幣與信用供給增加，但商品與勞務的供給卻減少。生產在最大的可能程度上，是用於毀滅，而非消費。人們會想要利用課稅來「控制」情況，包括暴利稅和愈來愈多、愈來愈高的消費稅，還有配給，有時甚至實施資本稅[17]。此時的投資策略很不明確，股票仍舊是最適合的，但有個很大的問題在於通膨要持續多久，以及股市究竟反應了多少程度的通膨。人們會開始對課稅的通縮效果以及獲利受到壓迫等情況

---

[17] 資本稅（capital levy）又稱資本徵收。凡擁有可徵稅的財富超過最低值，其資產就要課稅，並至少以其部分資產支付稅款。第一次和第二次世界大戰後，歐洲許多國家都曾課徵資本稅。

感到害怕。

　　情況可能就此好轉，或邁入所謂的超級通膨，或無法控制的通膨，隨便你怎麼說。這是完全瘋狂的通膨形式，需要不斷印鈔票。價值急速波動，根本無從得知物品價值。企業主管尤其難為，股價上漲，但跟不上貨幣貶值的速度。最後，民眾的心理壓力以及多數人無法跟上情況，造成巨大傷害，以致被迫要採取「穩定」措施及價值重估。在這種情況下，現金和固定收益通常會消失殆盡。

　　這種情況下，普通股會比較好，但一般的外行評論都不會提到這點。一般理論認為普通股是公司資產的一部分，所以在通膨開始和通膨結束時都一樣，這種說法是錯的。通膨時通常亟需營運資金，公司自然會辦理現金增資，導致股價大幅稀釋。即使企業主管很精明地避免這種事，他們也未必明白公司必須把帳面獲利拿來擴廠或取得更多資源，當然就算明白也未必行得通。就市價而言，股票有時因為恐懼性買盤而超漲，有時則因為缺乏流動資金買進而超跌。由於貨幣需求很大，利率當然變得不正常，除非人為加以控制，因為利率必須設定到很高，才能趕上或超過融資時期的貨幣貶值。一般買家，盲從地在一般時間和價位買進一堆一般的股票，不會有什麼好績效。

　　由於情況千變萬化，我沒有辦法用數字說明投資人可以搶救多少財富。但為了警醒那些不讀書、傻傻地以為股票不受通膨影響的人，我曾看過有人在通膨時期的股票虧損，以金本位（gold basis）計算，達到通膨發生前資本的97%。

　　我對於美國通膨避險實務的結論是，研究多年前其他國家發

生的通膨是學不到什麼東西的。主要是，成因與程度各不相同，更重要的是，立法、控制措施和稅制一直在改變。我要說，這些東西隨著時間現代化了，換句話說，以前聰明的人在通膨時期會找出漏洞來搶救自己的財富，這些漏洞都被發現了，未來通膨時這些漏洞都會被防堵。

我認為，這些政策是政治權謀，我總是從社會角度來檢視所有迴避虧損的特別「計畫」。政治權謀害我們放棄金本位，完全不公平的房貸展延，還有同樣不公平的租金上限。大多數選民會希望他們原本要用購買力已減弱的美元來支付的債券和保單之報酬，能夠改用強勢貨幣來支付，只是金額要打點折扣；或者更好的是，在他們的能力範圍內，也能用強勢貨幣去付款。可是我們的國家根本無法負擔這種生活，只得用美鈔來欺騙我們。

設立政府機構以成立保險基金及「擔保」虧損的溫和干預政策，往往是造成通膨的因素之一。例如，土地價格、勞力與房屋建築成本，都因為擔保某些儲蓄和貸款投資，以致於每個帳戶增加了一萬美元。

然而，美國工廠的產能急速擴增是一個很重要的通縮因素，在評估情勢時，跟純粹的貨幣因素同樣值得注意。美國投資人很有可能在未來因為稅的因素而損失更多，超過貨幣貶值的損失，所以，這兩個主題應該一起研究。

像美國這種天然資源與產能豐富的出口國，失控的通膨不可能一直持續下去。我想，假以時日，尤其是再來一場戰爭，美元可能會貶值到只值25美分、10美分，或者更糟。不過，蘇聯式和德國式的通膨完全不可能在美國發生，我認為德國馬克的幣值

是一美元兌40兆馬克。

　　這些情況下的投資策略，一定要小心判斷美元是要升值或貶值，股市價位是過度反映、完全反應或尚未反應情況。在我這些文章裡，即使是通膨還沒有掛在大家嘴邊的此時，都會不斷強調「購買力價值」。

　　所以說，成功的投資歸結於不同美元幣值下的成功投資。這是一體兩面，自以為買到特殊「通膨避險」的投資人，比那些不碰避險的人更容易惹上麻煩。唯有在合適的時間和價位買進，股票才會是好的通膨避險。不論通膨上漲背後的力量為何，這項原則都適用。幾乎所有景氣循環的上升段都發生在物價上漲時，所以不論是否被判定為通膨，其動力通常是相同的。我唯一能提出的忠告是，萬一市況真的變得很糟，股票的素質愈好，存活的機率愈大。最好的通膨避險存在於長期獲利與成長前景最佳、管理最好的公司。因為通膨而獲得解決的特殊債務問題，因為需求刺激而將獲益的小生產商，那種因為缺乏效率而具有「避稅效用」的公司，高成本的天然資源股，以上這些通膨避險只是提供交易機會而已。長期而言，它們一定會失敗。購買這些股票的危險在於，當你想要轉換到實在的公司時，後者已經漲得太高，或許稅金太沈重了。

　　當大眾的反應導致各階級漸趨平等，為了防範通膨、社會立法或課稅造成虧損，最好的方法就是把你賺來的錢花掉。以同樣的速度，拿你辛苦的成果去購買別人辛苦的成果。此時是溫馨和溫情主義的大好年代，我並不是倡導一毛錢都不要儲蓄，做個社會米蟲；但以此時世人的想法而言，我認為儲蓄要有限度。

雜談 外行人看建築[18]

　　美國的建築師從來沒有好好向大眾宣傳什麼叫好的建築。其後果是建築業變成薪水最低的職業，我們的城市和鄉間滿佈礙眼的東西，以及不實用與超昂貴的臨時房屋。

　　建築師應該設立合夥制。建築公司至少應該要有一名建築師、工程師和一名商業合夥人。跟音樂家、作家及演員一樣，好的建築師也是藝術家，也需要財務經理人和公關。我認為建築師把他們自己界定為跟醫師、律師同等的職業，並相信約束後二者的道德規範亦適用於他們。事實或許介於兩個極端之間，雖然大多數人會討厭他們僱用事業經理人和公關，但不論從什麼觀點，建築公司加入一名好的商業合夥人都是完全可以接受的。

　　美國一些最成功的建築師、作品廣為人知的，起初就是傑出的商業人士，但經常是平庸的設計師。

　　建築類刊物還比較有貢獻，但讀者大多為專業人士而非大眾，限制了它的實用性。我們迫切需要一個真正的宣傳媒介，教導大眾優秀建築的必要性及好處。偶爾在全國性且發行量廣大

---

[18] 本書作者曾有五年的時間參與全美最悠久而最傑出大學之一的建築與設計研究所所設立的客座委員會監督部。

的流行「居家」刊物所刊登的文章，完全沒有提到這個重點。它們是針對女性寫的，往往美化了所謂的「農舍建築」（cottage architecture）——前提是如果讀者看得懂這個名詞的話。它們描繪居家的舒適，與真實事物相去甚遠。它們對於住宅和房間的繪圖一律是好壞參半，根本無法培養出好的品味。當然，由於主要是女性刊物，它們很少有文章談到提升辦公室、工廠或商店的標準，遑論其他許多需要好建築的大樓類型。

但隨著大眾受教育與被刺激，越來越多有關建築的商業行為，將可帶來更多與更好的建築。承包商興建的住宅與不完備的商業大樓將成為過去式。

建築師本身也可以創作出更好的作品。但不幸的是，折衷下所產生的建築師設計大樓比例過高，並不利於這個行業。我試著相信建築師本人也想做得更好，但由於缺乏向客戶推銷創意的商業判斷，以致於作賤了自己，只求混口飯吃。

凡是能為建築師事務所帶來金錢與工作的，都可以改善建築成果。如此一來可帶入更多金錢與工作，並吸引更多人才。這個職業便將獲得重生。

我提到第三位合夥人——工程師。如果建築師是差勁的生意人，我想這是可以諒解的；但若他們是差勁的工程師，就很難被原諒了。藝術是感官的饗宴，我很難理解為什麼建築師只在乎視覺感受。除非可以滿足所有感官，除非機能完整與實用，所有的藝術作品或者建築作品都是不完全及不真實的。事實上，機能完整的設計往往意外變成一件藝術品。但不實用的東西不可能變成好的藝術品。

　　我住在一棟全球最貴的大樓。我想花不了多少時間就可以數出我住的34樓有多少鄰居。這棟大樓興建時不計成本，投資在這棟大樓的錢老早賠光了，甚至債券持有人都損失了不少。設計本棟大樓的是一家國際聞名的建築師事務所，還有一群傑出的飯店經理人協助設計。這些建築師與經理人一輩子都在設計與管理飯店，不過在世界各地住過飯店之後，有時我都懷疑這點。本棟大樓到處都是浪費錢的證據。但就人體舒適的基本要件而言，我的公寓完全沒有讓人醒著時能感到愉快又能睡好覺的通風與溫度。儘管到處都可看到亂花錢的證據，走道卻沒有窗戶或交叉通風，顯然是為了節省可供出租的外部空間。不過，這種算盤也打錯了。戶外的空氣往上沖到本棟大樓的外層，吸走起居室和臥室的空氣。又熱又悶的空氣從門縫滲到客人房，又從窗戶排出。在隆冬時，室內通常又熱又悶，只能蓋床單睡覺。我把這棟「豪華」飯店我住的這一區暱稱為「瓜達康納爾島」（Guadalcanal）[19]，後來我搬到另一間格局類似，但有一套老舊空調設備的房間。

　　我想，就是這種事情壞了建築的名聲。遊客離開他們未經設計的家，住進一家由建築師設計的飯店。如果他覺得飯店真的好太多了，他會決心請建築師來設計他未來的新家。

　　我猜我的「豪華」飯店沒有好好設計，當初一定有個工程師。但我想，他一定把自己的工作侷限在監督大樓的鋼骨結構。假如他有個商業合夥人，後者必然只是去爭取工作，而沒有向客

---

[19] 太平洋西南部索羅門群島最大島。

戶說明把錢花在某方面可帶來好處，進而無意間幫了客戶和整個建築業。

我是個外行人，不是建築師或工程師，但是連我都知道要走道上開窗戶，在浴室、衣櫥、門廳裝上足夠的通風口，如有必要連橫樑都可以裝，加上頂樓打開鉸鏈窗，便可讓新鮮空氣流到這些房間，吸走沈悶的空氣，讓這棟大樓更加怡人舒適，而並非打從一開始興建就註定是個金融夢魘。

1938年我曾造訪柬埔寨吳哥窟遺跡。據說以前這裡的居民比曼哈頓還多出數百萬人。柬埔寨建築的許多設計特色很值得思考。每當我走進大樓裡的公寓就會想見一場重大改變讓它有好多世紀沒有人類居住，日後變成遺跡，就像吳哥窟。我不禁想像，這些新世界的人類將會好奇為什麼現在的建築師會這樣設計大樓。

如果建築要成功吸引消費者的錢，一定要實用，而且顧及功能，才能產生可以好好宣傳及銷售給大眾的作品。

人們說，未來的大樓將是大量製造及預先建造，低收入階層才是廣大的市場。我認為這是對的也是錯的。按照銷售汽車等個人運輸工具的方式去銷售住所固然沒錯，但是由建築師設計的住宅、辦公室、工廠商店和各種公共與私人服務大樓也會是一個廣大的市場，只要建築師醒悟，找商界人士來合夥。

一般建築師的真正市場在於相對昂貴的住宅以及大型大樓，這些幾乎都是建築師設計的。按照我的估計，建築師能用30,000到60,000美元蓋出怎樣的住宅，是決定他能否拓展市場的關鍵。另外，小型私營商店也會是好生意。即使是因為規模和複雜程度而必須聘用建築師的領域，提高工程標準也會帶來更多工作。

例如，好好設計的現代商店並不多。可是，隨著它們逐漸普及，既有的商店將變得陳舊，而迫使它們改建。

新的大樓和住宅會走傳統或現代路線？首先，它們應該要機能完善。現在我們沒理由抄襲古典建築師的建築特色，因為他們的特色受當時建材、暖氣、冷氣等的限制。不過，正如同我認為沒理由抄襲古典設計，我也不同意拋棄傳承多年、可以延用到戰後之機能性大樓的優良特色。

我在全美各地看到的所謂當代和現代建築，大多太貧乏太冷漠。如果持續下去，這種趨勢終將扼殺現代主義和機能主義。

我認為，它們太過強調建築機能，而忽略了心理機能。大樓的目的是要持久及遮風避雨，但也是為了讓人類居住。一片空白的牆壁滿足了遮風避雨的建築機能，但不表示它滿足了心理機能。一堵機能完整的牆壁應該也要賞心悅目。牆壁也應該適合觸摸。我認為，牆壁也應該跟我們的心靈對話，它們應該要傳達出「這堵牆壁興建於注重高尚品味、高尚生活和高尚工藝的年代」的訊息。可是，現在傳達出的訊息大多都是「興建於工人只想到工會、老闆只想到功利需求的年代」。

我會搭乘最知名的船隻橫越大西洋，有很多次我聽到世故、有教養、感性的旅客懷念地訴說一些古老英國船隻的舒適鑲板吸菸室，跟新穎特快班輪的冷漠現代主義正好相反。很多老舊小型船隻的裝潢，遠比最新海上郵輪其飯店式的構造與營運來得理想。

建築師如果希望自己的設計獲得支持，就應該納入這種人性機能主義。

1942年，我造訪當時全新的華盛頓史特勒飯店（Statler

Hotel）。在這個新的世界中心，各地聞人都會前來的場所，她是全球最新穎的飯店。人們或許期望她能象徵美國的商業建築，期望她是未來好多年最重要的現代建築，期望她比奧斯特伯克[20]的斯德哥爾摩市政廳或萊特（Frank Lloyd Wright）[21]的東京帝國飯店（Imperial Hotel）更有名。畢竟，這裡是美國，不是瑞典或日本。事實上，我覺得她應該像是半國營企業，具有豪華郵輪的氣質，而不只是徒具商業意義。我期望她能夠讓所有賓客感受到建築之美。

或許我的眼光太高了，以致於當我終於抵達這家像極平庸、小型、中西部「附設咖啡座商務旅館」的史特勒飯店時，我失望透了。與我構想中的史特勒飯店相較之下，倫敦莎威飯店（Savoy Hotel）的大餐廳也會相形失色。

不過，即使史特勒飯店無法做到這點，注定要成為著名連鎖飯店業純就商業考量興建的旗艦飯店，她也不必是這個樣子。外觀缺乏必要的裝飾，造型或窗戶亦不突出，內部汽車入口毫不可觀，與行人入口的銜接也不恰當，導致車輛要停在毫不起眼、很不方便的車道上。重點是，就商業考量而言，路人或是看到這家飯店照片的人一點也不想住進來。

我分配到的客房也是機能設計不良。人們期望一家偉大的建

---

[20] 拉格那爾‧奧斯特伯克（Ragnar Ostberg, 1866-1945），瑞典民族浪漫運動啟蒙大師，20世紀初期瑞典最著名也最具影響力的建築師。他所設計的市政廳被推崇為20世紀歐洲最美的建築物之一。

[21] 20世紀最具獨創性的美國建築師之一。構思於1915年的東京帝國飯店是萊特最雄偉、優美的企劃。

築師事務所和偉大的飯店經營業者合作之下，會設計出適合其作用的床舖燈光，人們會期望衣櫥適合擺放現代男士與女士穿著的衣服，浴室設備安裝在合宜的位置。我的想法是，建築師應該多加利用汽車製造商所使用的臨時「模型」。他們應該要懂一些普通標準，還有在挑選家具或安排固定設備之前，他們應該在「模型」房間裡先試過一遍。

　　外國遊客在這家飯店找不到什麼值得參考的設計。美國房客也不會趕回家鄉，找一名建築師去蓋新大樓，不論任何用途。

　　華盛頓史特勒飯店的建商和設計師的成果和大多數現代業主與建築師無異。我不是要點名批判，她確實具有許多不錯的特質、優點和創新。但在這裡，她就像是一隻實驗白老鼠，可用來說明我所認為美國建築的錯誤之處，以及如何加以改造。

　　1965年的「仿冒房屋」是推廣更多及更好建築的頭號威脅。有人蓋了一棟全玻璃的大樓，接著所有人都蓋了全玻璃大樓。說不定室內的日照太強，大部分房客都拉上窗簾？說不定這種大樓的暖氣和冷氣費用更高？跟鄰近的新大樓相較之下，它們都是大同小異。

　　遲早有人會蓋出不同的大樓，或許是一棟完全沒有窗戶的辦公大樓。有人會贊成，有人會反對，但不論他們是否有理，除非情況改變，我們會看到各地冒出類似的大樓。

　　成功建築的關鍵在於原創性和搭配性。建築需要新穎和個別的風貌，它應該要搭配周遭環境，合乎其用途，搭配當時的經濟，搭配現代建材，搭配工匠的技巧，搭配現今的成本，以及其他所有需要考慮的因素，讓建築師值得掛名。

附錄　專欄、演講，歷史個案

　　《投資人的生存戰役》的正文於第179頁結束。本篇附錄很適合作為本書的增訂內容，而且最好獨立出來，不要納入先前的內容。附錄包括許多個別的文章、演講、我為NANA集團周刊系列所寫的報紙專欄，雖寫於不同時間，但目前依然適用。

　　歷史個案範例：這九個「歷史個案範例」尤其恰當，因為有時這類圖表可以補充內文，並且用生動易懂的方式挑明一些重點。

　　第181頁的圖說明道瓊工業指數從1929年到1952年的波動，這段時期充分說明我想要表達的重點。

　　1952至64年這段期間也可以挑出類似的範例說明相同的重點。除了先前版本刊登的歷史個案範例，我們又增加了兩個最近的案例。

　　統計數據大多來自《價值線投資調查》（The Value Line Investment Survey），這是有關領先股最實用的參考書籍之一；還有，這本書是活頁的，而且不斷在更新。我們採用整數，並不想那麼精確。不過，它們正確反映出整體情況。

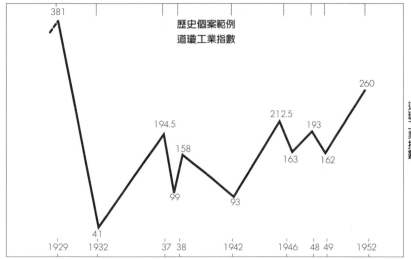

歷史個案範例
道瓊工業指數

年度	1929	1932	1937	1938 L99	1938 H158	1942	1946 H212.5	1946 L163	1948	1949
盈利	$19.94	無	$11.49	$6.01		$9.22	$13.63		$23.07	$23.54
本益比	19.1	無	16.9	16.9	26.3	10.01	15.6	12.0	8.4	6.9
股息	$12.75	$4.62	$8.78	$4.98		$6.40	$7.50		$11.50	$12.79
報酬率	3.34	11.5	4.5	5.04	3.16	6.9	3.53	4.6	8.9	7.9

歷史個案範例

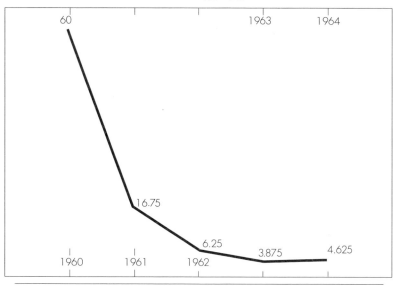

多頭市場裡的空頭股票
Transitron電子公司

年度	1960	1961	1962	1963	1964
盈利	$1.08	d$0.19	d$0.10	d$0.37	$0.12
股息	無	無	無	無	無
100股的價值	$6,000	$1,675	$625	$387.50	$462.50

註：d表赤字。

Transitron 電子公司只是眾多範例之一，可用以說明在現代的情況下，股市就算沒發生像 1929 年到 1932 年之間的大跌，你也可能蒙受巨大虧損。表中顯示購買 100 股需要 6,000 美元，這是 1960 年的最高價格。這支股票的其他價格則是之後出現的低價。

在這段期間內，標普 425 檔工業股在 1964 年的平均價格高於 1960 年。包括該個股在內的 7 檔領先電子股均價落後大盤，1964 年收盤價格低於 1960 年及 1961 年高價，不過當然沒有 Transitron 的跌幅那麼嚴重。

克萊斯勒上漲及美國汽車（American Motors）下跌，見 184 頁，是同一類股的兩支個股走勢相反的驚人案例。有很多類似案例都可以說明兩個類股的走勢相反，但這裡所舉的案例則是同一類股的兩支個股走勢相反。

克萊斯勒上漲是因為更換高層主管之後，大大提升汽車銷售、獲利和股息。反之，在 1957 至 59 年以小型車款稱霸車市的美國汽車，則因需求轉向而大不如前。

克萊斯勒每一百股在 1959 年的均價大約是 1,450 美元。1964 年時已上漲到 6,500 美元，那一年的均價是 5,000 美元。美國汽車每一百股在 1959 年的高價約為 3,200 美元，（那一年的均價為 2,000 美元）但到了 1964 年，該支個股的均價只剩下 1,500 美元。

多年前，股市的波動整齊畫一，上市公司只限於少數幾個基礎產業。

現代股市已大不相同。有時，信用狀況、利率和其他總體因素會暫時性地波及全體股票。但大多時候，個股因素發揮強大的

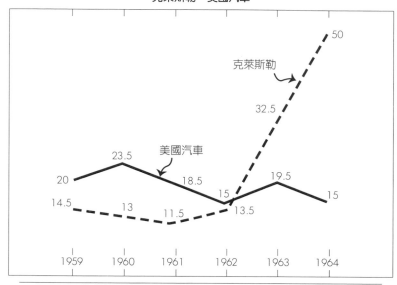

同一類股的個股走勢相反
克萊斯勒─美國汽車

年度	1959	1960	1961	1962	1963	1964
克萊斯勒						
盈利	$	$1.02	$0.44	$1.89	$4.33	$5.46
股息	0.24	0.36	0.24	0.24	0.42	0.96
100股的價值	1450	1300	1150	1350	3250	5000
美國汽車						
盈利						
股息	3.32	2.63	1.28	1.83	1.99	1.38
100股的價值	0.39	1.13	1.18	0.80	1.00	1.15
	2000	2350	1850	1500	1950	1500

（以上為大約的數值。某幾年的獲利不同，係因內部或其他調整。某幾年的現金股息
包含股票股利。克萊斯勒的價格與獲利經過兩次股票分割的調整。）

影響力。有一家經紀公司將上市公司分為125個產業項目，一開
始是「研磨類製造商」，最後是「公營事業─電話」。他們還把
一些公司放在「雜項」這個項目。

　　不僅世上的福禍沒有一定，市場上流行的類股也一直在改

變，導致各類股暫時被高估或忽略。

紀錄顯示，個股分析對於投資成功極為重要。

杜邦（DuPont）通常被視為最知名的成長股，也是最佳股票投資的範例，正如同美國政府債券被視為防禦性投資的最佳範例。186頁的圖表，同樣是大約的數值，只是要說明狀況，而非精準的統計紀錄。在這段期間，杜邦的最佳獲利年度是1950年，每股6.59美元，最佳的股息年度是1950年，配發5.35美元。杜邦的實際高價建立於1951年。大致上，杜邦的獲利反映出美國的繁榮，或者比美國的繁榮還繁榮，因為在於杜邦營運的利基以及優秀的管理階層。同樣的，該支個股的價格波動反映出你能從代表性股票得到的最佳報酬。

紀錄顯示，萬一在錯誤的時間和價格買進，最佳股票也會大賠。杜邦的股價在1929年的高價為5,800美元，兩個月後只略高於2,000美元，1932年的谷底只剩550美元。換個角度來說，在1929年高峰買進的人必須等到1949年才能回本。1937年以後的紀錄十分不穩定，但即使如此，該支個股有兩度跌到高峰價格腰斬的水準。

有人或許會說，像杜邦這種好股票只要長抱就沒事。但在現實生活中完全不是這麼一回事。這檔股票或許幾年後便會回升，但現實中總會發生緊急事故，迫使你賣出。同時，下跌至底部時的氛圍總是悲觀的，基於人類的天性，在錯誤時間買進的人很可能重蹈覆轍，又在錯誤時間賣出。

所以說，股票投資，即使是最好的股票，也要經過一番瞭解才能成功。

萬一在錯誤的時間和價格買進，最佳股票也會大賠
杜邦
（經目前市值調整）

年度	1929	1932	1936	1938	1939	1942	1946	1948	1952
盈利	$1.77	$0.45	$1.89	$0.94	$1.92	$1.27	$2.36	$3.28	*$4.60
股息	$1.48	$0.69	$1.53	$0.81	$1.75	$1.06	$1.75	$2.44	*$3.55
100股的價值	$5,800	$550	$4,400	$2,300	$4,700	$2,600	$5,600	$4,100	$8,275

*為預估值。

　　道格拉斯飛機公司（Douglas Aircraft）是一個好例子，說明新興產業的成長如何帶來股市的獲利。1929年，它的價格是23美元，1932年時跟隨大盤同步大跌，但到了1935年，它已經回到1929年的價位，不過直到1940年股價才反映該公司9.03美元的戰時獲利。值得注意的是，1941年的獲利為每股15.15美元，但1941年一整年，儘管每股盈餘高出許多，股價都低於1940

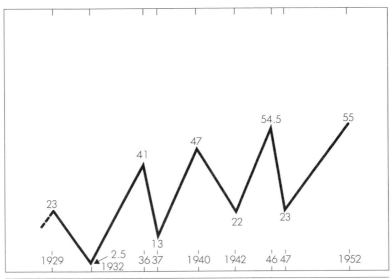

新興產業的成長如何帶來股市的獲利
道格拉斯飛機公司
（經目前市值調整）

年度	1929	1932	1936	1937	1940	1943	1946	1947	1952
盈利	$0.67	$0.10	$0.87	$0.95	$9.03	$4.96	$1.82	無	*$5.25
股息	無	$0.44	無	無	$2.50	$2.50	$3.75	$1.25	*$3.50
100股的價值	$2,300	$250	$4,100	$1,300	$4,700	$2,200	$5,450	$2,300	$5,500

*爲預估值。

年。等到1943年，股市已觸及低點，但公司還有4.96美元的每股盈餘。這波循環的最低獲利是在1947年，那一年道格拉斯飛機公司出現虧損。

　　此紀錄說明成長的重要性，尤其是股市尚未過度反映時。它亦說明，道格拉斯的最高價出現在戰爭預期心理最高時，而非獲

如果時機不好，又因為流行以致股價偏高，
具有成長趨勢的好股票也會虧損

國際鎳業

（經目前市值調整）

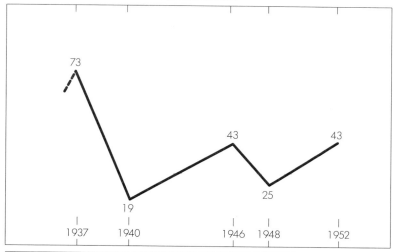

年度	1937	1940	1946	1948	1952
盈利	$3.31	$2.31	$1.90	$2.55	*$4.20
股息	$2.25	$2.00	$1.60	$2.00	*$2.60
100股的價值	$7,300	$1,900	$4,300	$2,500	$4,300

*為預估值。

利觸頂時。道格拉斯1947年的低價則是剛好遇到那段期間獲利的谷底年度，股市大盤亦低迷。

在1937年投資國際鎳業（International Nickel）的人，可說是在錯誤的時間以錯誤的價格買進一檔好股票。（1）大盤下跌，國際鎳業當然跟著下跌。但股市大盤，以道瓊工業指數為代表，在1946年初已回到1937年的水準，可是國際鎳業卻只回到43美元。1952年，經過15年後，儘管許多股票和道瓊工業指數

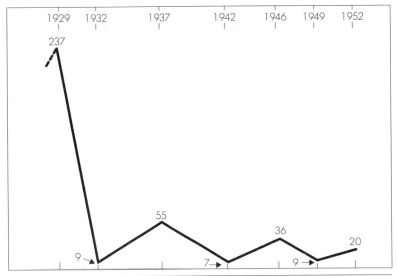

變調的藍籌股
紐約中央
（經目前市值調整）

年度	1929	1932	1937	1942	1946	1949	1952
盈利	$16.70	無	$0.99	$7.61	無	$1.51	*$2.28
股息	$8.00	無	無	無	$1.00	$0.50	無
100股的價值	$25,700	$900	$5,500	$700	$3,600	$900	$2,000

＊為預估值。

都已遠高於1937年的價位，國際鎳業還是沒有辦法回到1937年的高價。主要原因之一是國際鎳業為1937年的流行股。當時，人們買進國際鎳業作為戰爭避險及通膨避險，還因為它可以在數個不同市場賣出，像是加拿大幣、英鎊或法郎，這種一窩蜂心態導致股價偏高。（2）獲利下降。在戰爭年代，政府主導價格，稅當然也加了。（3）股息減少。（4）1937年，國際鎳業在哄抬下，本益比達到22倍，報酬率約為3.25%。1952年，它的本益

比約為10倍，報酬率為6.25%。換句話說，即使1952年的獲利和股息都高於1937年，國際鎳業的股價還是比較低，部分原因是它不再流行，部分原因是獲利這個主題在1952年不如1937年受重視，人們要求更高的報酬率。

紀錄說明，如果時機不好，又因為流行以致於股價偏高，具有成長趨勢的好股票也一樣會虧損。

1929年，投資紐約中央的人碰上了幾乎每一種股市虧損的原因。（1）股市與紐約中央價值偏高。1929至32年間，股市及紐約中央從價值偏高變成價值偏低。（2）鐵路被其他運輸公司搶走市場。（3）美東人口成長速度逐漸低於美國西部和南方。（4）獲利崩潰。（5）停發股息。紀錄說明，錯誤的時機可能會造成多麼慘重的損失，而股價從9美元急漲到55美元以及從7美元到36美元，也說明了即使一檔長期前景不佳的個股，只要時機正確，還是可以大賺一筆。

在1929年以前，紐約中央被視為頂級藍籌股，股息又安穩。

Technicolor是一個說明人們的憧憬可能太過夢幻的好例子。1930年，它的股價是86.5美元，顯示出彩色電影的巨大潛力。它的股價是1930年獲利的61倍。以Technicolor掌握100%的電影市場，再用1930年的稅率來計算，它最高可以創造每股8美元的盈餘。像這種特殊狀況，8美元的獲利一般可以賣到獲利的7倍，也就是56美元。這說明86.5美元是多麼荒謬的價格。不過，重點是它達到這個價位了。空頭人士有時以為股價永遠不會超過他們想像的「實際價值」。事實上，幾乎每檔股票都有偏高或偏低的時候，通常在個股歷史上會有一兩次高得離譜或低到不

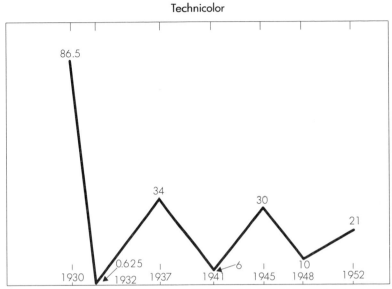

美夢難圓
Technicolor

年度	1929	1932	1937	1941	1945	1948	1952
盈利	$1.31	無	$0.58	$1.05	$0.74	$1.93	*$2.30
股息	無	無	$0.75	$1.00	$0.50	$1.25	*$2.00
100股的價值	$8,650	$62.50	$3,400	$600	$3,000	$1,000	$2,100

*爲預估值。

合理。Technicolor在40、50、60、70美元都屬價位偏高,但這也無法阻止它衝高到86.5美元。

　　1931年該公司的獲利幾乎消失殆盡,1932年、1933年和1934年則出現虧損。1930年股價觸頂時,Technicolor的營運資本還不到75萬美元。相對於這種狀況,1941年股價跌到6美元,該公司才出現真正的價值。那一年,該公司證明自己的成功,營運資本有350萬美元,每股盈餘1.05美元,配發1.00美

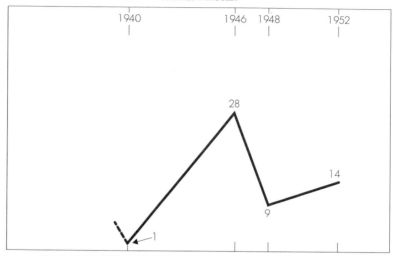

萬事如意
華納兄弟
（經目前市值調整）

年度	1940	1946	1948	1952
盈利	$0.32	$2.62	$1.62	*$1.67
股息	無	$1.12	$1.25	*$1.00
100股的價值	$100	$2,800	$900	$1,400

*為預估值。

元。所以，它的本益比達6倍。雖然接下來幾年大盤不佳，但1949年的Technicolor每股賺2.56美元，配發2美元。

　　紀錄說明，心理因素可能大幅影響市場價值。它亦說明，一大部分的價值是因為預期心理，而非事實。股票通常在最多人預見最大可能價值時達到高峰，而未必是在達到最高盈餘、最高股息或最高價值時。

　　華納兄弟（Warner Bros）在1940年、1941年和1942年間的

股價介於1美元到3美元之間。這些年華納兄弟的投資人幾乎遇見每一個利多因素。（1）大盤上漲。（2）華納兄弟獲利增加。（3）華納兄弟從不配發股息改為配發股息。（4）華納兄弟的財務狀況改善，公司還清債務並撤回優先股。（5）電影股在二次大戰期間非常不受歡迎，所以股價很便宜。投資人誤以為該公司會流失外國市場。時間證明這種想法大錯特錯，電影股在1946年達到流行的顛峰，因為超高的毛利和減稅締造了獲利紀錄。自此之後，因為電視的威脅，它們開始退流行，同時因為獲利及股息削減，電影股逆勢下跌。

　　紀錄說明，當所有利多因素齊聚時，一檔股票投資的獲利將十分驚人。

㉟　投資信託是平均投資

　　看過一些文章的讀者，最後會對投資信託（investment trusts）或共同基金產生一些想法。有些人可能認為自己操盤太過複雜，他們會認為投資信託及共同基金是他們投資疑難雜症的最佳解決方案。有些人則認為自己可以判斷買進股票以及出脫持股的合適時機，便不會把買賣上市的投資信託，尤其是槓桿型，當作達成其目的的良好工具。

　　1962年8月，華頓商學院提出一份關於共同基金的大規模研究，內容厚達600頁。有關投資公司在調查期間之績效的結論指出，績效紀錄差異頗大，在基金業內部與同一類型的基金內部都是如此。但是平均而言，基金績效與股市表現十分貼近。許多基金業者認為這份報告並不公平，但他們的抗議沒有被廣泛接受。事實上，就管理鉅額投資資金的問題而言，此份報告的結論是正確的。

　　共同基金有其市場，尤其適合初次進場的投資人和小型投資人。

　　有幾檔普通股基金，大多為封閉型及槓桿型，過去有很多時期常常超越平均水準。但即使是這些基金，投資人也必須在有利時期持有，然後在不利時期之前賣掉，投資績效才會大幅優於持

續持有。最重要的是，大盤下跌時要迴避槓桿基金，不論其管理階層的素質如何。

　　但這不是重點。我認為優秀的投資人絕不會只滿足於領先大盤指數幾個百分點，即使他們的資金在11年中全都達到這種績效亦然。投資信託跟隨大盤指數漲跌，只有在很罕見的案例以及很短的期間，它們才會和大盤反向而行。

　　所以，真的想大幅領先群眾的投資人應該自己進出，專注於自己的選股。

36 稅負損失等於儲蓄？

認列稅負損失（tax losses）等於把錢存下來嗎？為了避免繳稅而持有帳面獲利的股票明智嗎？

大家都不喜歡獲利了結然後繳稅。這樣一來，不論我們選擇用獲利了結的所得去買什麼，可投資資本都變少了。

然而，有時在獲利了結之後繳稅給山姆大叔，也是一種賺錢的策略。

最好的理由是，假如你能看出極端的價值高估，獲利了結總好過沒有獲利。

另一個好理由是，假如你已實現目標，並認為手上持股已達到最後的成熟階段或是一段數年期間的高峰。那麼用你賣股及繳稅而減少的所得去重新投資另一種走勢，不失為明智之舉。

抵銷不確定性

另一個時常被忽略的好理由，就是部分獲利了結以抵銷未來的不確定性。如此一來，你便能將數個變數與不可估計的因素加以平均，例如判斷錯誤、意外的新聞、稅法改變等。

你或許超級幸運，從一支個股獲得可觀的利潤，而且它的前景依然光明，價位又還很合理。你需要一筆現金，但又不想繳稅

以免縮減投資規模，那麼你應該去借款，這樣你就能免稅籌集資金，你付的利息是可以扣稅的。

　　現在，假設你的持股是虧損的。在你可扣稅的程度內，把持股賣掉還能拿回更多資本讓你翻本。你可以把售股所得和節稅所得拿去投資。假如你成功找到一支反彈的股票，隨著股價上漲，你就有了新的稅負。你其實沒有把任何稅金「存下來」，你只是延後繳稅，然後以無息方式利用稅金，直到你實現獲利為止。

非自願認賠殺出者

　　大多數投資人都不願意認賠殺出。如果你為了「節稅」理由而想這麼做，就會產生一些有利的副作用。一旦賣掉股票，你就可以後退一步，用公正客觀的看法去思考如何彌補虧損。只要你擺脫虧損的股票，就有可能買進其他前景更好的股票。

　　行動之前，去找你的理財顧問或經紀人拿一本稅法。你應該知道為什麼必須在六個月內認賠殺出，以及獲利必須持續六個月以上。有時，必須在不同年度認賠殺出，而非獲利了結。了解一下州移轉稅（transfer tax）[22]，以及要如何抵扣融資帳戶拿到的利息。如果你的狀況有些複雜，就要請教稅務顧問。

　　不論獲利或虧損，你永遠都要遵守一條重要的規則——投資因素永遠第一優先，投資因素應該永遠凌駕於稅務因素之上。

　　如果記住這點，你的年度檢討會讓你獲益匪淺，因為你會做出必要的投資轉移，而不只是為了節省稅金。

---

[22] 針對普通股的轉讓課徵。

37 零股投資人未必總是錯的

你適合買賣零股（Odd-Lot）嗎？

紐約證交所實際成交量有8%到12%是零股。「零股」意指不及100股的股票。你可以買賣任何上市股票的零股，1到99股皆可。

假如投資人覺得100股的「整股」（Round Lot）會讓他們在一支個股投入太多資金，那他們可以購買少量的高價股，像是25股或50股。零股制度使你跟那些資金多到能夠持有許多「整股」的大戶一樣，擁有分散化特權。

這是一個「自助式」的年代，身為散戶投資人，你或許會想自己挑選投資組合。你得邊做邊學，畢竟這是最好的學習方式，理論與實行之間有很大的差異。

投資實例

例如，如果你有10,000元可以投資，可以選擇法人青睞的八支股票，像是IBM、德士古、通用汽車、美國電話、杜邦、奇異、國際鎳業和伊士曼柯達，各買1,000元零股。這樣你還剩下2,000元可以購買短期國庫券以備不時之需，或者日後股市下跌時加碼買進之用。

比較老練的零股投資人或許會把剩下的2,000元拿去買進四支比較投機、比較新的股票，每支各500元。

你要向紐約證交所的會員經紀商下零股買單。買零股的成本高於整股，這不難理解。任何東西的零售價都高於躉售；小包裝總是比大包裝貴。

手續費更高

舉例來說，以80元買進100股通用汽車整股的手續費是47元，約為買進價格的0.6%。購買25股零股必須支付「零股差價」，也就是80.25元的買進價加上零股手續費25.06元，相當於1.6%。自己交易零股，可以省下購買投資信託所需負擔的銷售、管理、代管和其他成本。

多年來股市一直有個迷思，認為「零股投資人總是錯的」。不是這樣的。無可避免地，零股投資人總是買進多於賣出。但好股票會隨著時間上漲，長期持有的人就賺到了。

很少人能成功以零股交易總額作為市場預測的標竿。這個數據一定要用幾種不同方法加以檢視，過了幾年後仔細統計，還要再搭配其他技術性數據以及新聞才有意義。我建議一般投資人根本不要理會這種預測，它們是危險的工具，老手除外。

如果你是散戶投資人或新手投資人，希望藉由自我訓練和市場經驗，有朝一日能成為股市大戶，那麼交易零股是很適合你的。

㊳ 女性應有的投資知識

　　女性持有大多數的股票，可能高達2,500億美元，這還只是上市股票而已。可是，不論買進或賣出，女性投資人都會去找男性協助。450萬名以上的女性股東是家庭主婦，其他還有專業人士或職業婦女。她們越來越常閱讀金融刊物、出席股東年會，開始自行決定投資計畫。

　　大多數女性應有的投資入門知識是什麼？

　　當然是她們所依賴顧問的資歷。查看他們的經歷、投資績效，以及可信度。

　　如果女性投資人幸運地找到合格的顧問，她應該儘量讓顧問從容及迅速地做好他的工作。男性顧問已習於用男性化、商業化的方式工作。

最大收入

　　女性投資人一定會被要求列出自己的目標，很多人一定會想回答：「最大收入。」但這句話可能危及她所需要的安全性，害她損失可能的利得，而不是增加收入。

　　女性投資人的第一項需求是品質。她應該買進真正的好股票。在行情好的時候，這些高等級的股票應該會帶給她淨利、額

外的收入、較少的稅負，從而帶來最大利得。行情不佳的時候，這些股票可以讓她安心。

如果要為女性客戶提供建議，我會討論下列事項：

妳要過怎樣的生活？把妳每一季股票基金可實現淨值（資本要繳稅，股息外加）的1.5%，作為妳的可花費收入。

妳的生活部分依靠股息，有時是靠獲利或增值，有時是資本。

長期而言，如果妳得到好的建議，又買到好股票，妳會很滿意的。

即使連續遇到好幾年壞到不行的年頭，每年從妳的資金拿出6%來花用，也是很安全的。反正股市縮水，這6%也會消失。

就歷史經驗來說，我想這樣會比較好，勝過死抱著妳的錢不放，或者做固定收益投資，或者只想獲得收入。

可是，要記住，人生是一連串的循環。白天與黑夜，寒冷與炎熱，好時光與壞時光，高價與低價，股息增加與股息削減。所以，不要期待妳的投資會是例外。

賣掉底部

不論性別，全體投資人都要做的一個重要程序是有規律、有方法的監督。我不喜歡設定任何僵化的規則，因為規則必須隨著環境調整。基本動作之一，是一年一次賣掉妳持股的底部10%，再用妳當時所能找到的最佳股票來代替。每年做這個動作應可使妳的持股符合時代潮流，並且淘汰朽木。

這個計畫是要保持安全，不是要快速致富。

　　天底下的女性何其多。我看過她們的帳戶，她們往往比較情緒化，而不切實際。情緒不適合投資決策。問題是，人或多或少會有情緒。如果女性投資人出現恐懼或貪婪的情緒，這可能會反映在她得到的建議、選擇的股票以及實行的策略上。一個好的經紀人什麼忙都能幫，就是對捉摸不定沒輒。捉摸不定的投資人得靠老天爺幫忙。

　　這些年來我看過兩、三名女性具有在股市成功的天賦。知識？直覺？天資？人脈？這些都無關緊要，重要的是獨立自主，自己做投資。不論什麼理由，跟成功爭辯是絕對划不來的。

　　女性持有大多數的股票，這個趨勢仍在持續中。

39 投資人小撇步──一定要寫下來

把你決定一項投資的主要理由寫下來──預期的獲利、預期的風險，以及投資的理由等，這樣能幫你省下很多錢。

多年以前，在我二十多歲的時候，我開始在買進或賣出前，把正反兩面的理由寫下來。一位大賺數百萬的投資人建議我這麼做。

在投資股票的40年間，凡是在進行令我大有斬獲的操作之前，一定會先寫下分析。突然之間的情緒性決定，一般來說總令人失望。

投資前先把理由寫下來，可以省掉很多麻煩。它也能使你在做出決策之後，保持心情平靜。同時你也有了實際的參考資料，可以評估你獲利或虧損的原因。

重要的是品質，而不是數量

我看過很多分析，有些包括很多頁的資料。但在實際運用時，數量不代表品質。說穿了，一次股票交易總會有一項主要理由讓你預期可以獲利。

　　把它寫下來，可以幫助你找出這項理由。你也可以判斷這個理由是不是和你當初想像的一樣重要。你買進是否因為它「表現良好」？還是技術性理由——公司盈餘或股息即將增加，但尚未反映在股價上、公司更換高層主管、可望熱銷的新產品、股市對公司盈餘的評價可望好轉？無論如何，你總會找出一個最重要的因素。

　　把它寫下來，你便能評估預期的獲利。這很重要，所以值得花時間去做。

　　當然，你也必須決定自己可以承擔多少虧損。你必須決定當事情壞到一個程度後就要賣掉。你的風險就是你的成本與這個賣出點之間的價差；這個價差應該要遠低於你的獲利預期。你當然希望機率是對你有利的。

更加困難

　　這些自我質詢對於這個更加困難的決定將有很大的幫助——何時結束一筆投資。

　　建立一個部位時，不論是買進或放空，你都是在安全地帶。除非每件事都對了，不然你不會玩。但是，當你必須結束一個部位時，不論你是否清楚知道答案，都必須做出決策。這種情況就像是被卡在平交道上，而火車逐漸駛近。你不知道該怎麼做，不過一定得做點什麼才行。往後退，往前進——或者跳出去。

　　如果你清楚知道為什麼買了一檔股票，就會知道何時該賣掉。你買進一檔股票時所列出的主要因素或許成功、或許失敗，等你確定之時，就該賣掉股票了。

　　股票交易虧損的一大主因是，基於某個理由而建立部位，但是當這項理由失效時，你卻沒有結束部位。

　　把它寫下來，你就不太可能在早該賣掉持股的時候，還用不相干的藉口繼續持有股票。更棒的是，買到一支好股票，你就先贏了一半。

⓸⓪ 一元在手勝過一元在林？

　　現今的專業投資經理人超喜歡把很大部分的盈餘投入研發、擴張、廠房現代化等的公司。

　　這樣一定會賺錢嗎？還是投資人應該青睞可以節稅的股息支票？

　　我想答案因不同的管理階層、產業和公司而異。在決定買進一支股票之前，這當然是一大考慮因素。

　　投資人應該明白，重要的不僅是公司支出的總額，還有公司如何花用這筆錢。每出現一家因為聰明投資現金而締造成長的公司，就會有好幾家把盈餘回饋給股東而創造更好績效的公司。

　　你很難找到可以魚與熊掌兼顧的公司管理階層。以通用汽車為例，該公司把將近七成的盈餘拿來發放股息，他們把現金流量投資在公司內部以擴大優勢。通用汽車的股東嚐到了甜頭。

預期的利潤

　　公司管理階層評估投資選項時，一般做法是評估預期的利潤金額。這個因產業而異。無論如何，除非預期報酬十分可觀，否則把公司資金拿去投資都不是明智之舉。有很多公司的轉投資都無法回收。公司管理階層很難理解在某些個案中，公司倒閉比公司健在對股東更有利。

　　唯有通盤了解所涉及的層面，才能判斷出正確的經營策略。舉例來說，自1954年以來，紐約中央公司投資4.53億美元以掌握運輸科技快速變遷的優勢。它的房地產帳面價值超過12.5億美元。可是，1963年的盈餘只有700萬美元，接下來的一年該公司出現將近400萬美元虧損。要實現大部分的投資是一條漫漫長路，即使是鐵路公司也一樣。

保證的儲蓄

　　可是，如果你仔細想想，假如1954年6月上任總裁的伯爾曼先生沒有採取這項策略的話，紐約中央公司可能會變成另一家紐哈芬。假如不論鐵路控制權以外的影響力的話，這些年下來，他所投資的4.53億美元，應該可以變成3億美元以上的儲蓄（或報酬）。調漲薪資、員工福利、退休稅調高、某些州繁複的勞動法等，都使得原先規畫的主要效益失去作用。這筆投資是紐約中央公司維持生存所必須的。

　　投資人不要只看管理階層投入營運的資金總額，而應該考慮以往的績效。投入營運的資金有什麼實際效益嗎？

　　這沒有什麼一定的規則。西爾斯（Sears Roebuck）百貨的股東因為公司管理階層的投資而獲益良多。蒙哥馬利沃德（Montgomery Ward）公司的股東因為公司管理階層囤積現金而損失不少。時間點也很重要，公司管理階層在1929年做出許多不智的投資，而一些很明智的投資決策是在30年代初期出現的。

　　重點是，這是一項時常被忽略的因素，你應該把它納入你買進股票的分析。

㊶ 謹慎撰寫遺囑

如果你計畫寫一份遺囑或是把資金留在信託給你的繼承人，你或許應該諮詢你的律師、稅務顧問以及你的理財顧問。一定要記住，遺囑規畫有些層面對投資有重大影響。

從投資的觀點來看，最重要的一點是不要有限制。基於人類的天性，你自然會擔心等你走了之後，自己辛苦掙來的錢無法達成你生前的投資績效。所以你應該儘量找個能幹的管理人，而且不要限制投資權限。讓你的繼承人自行決定投資，這樣絕對會有更好的績效，勝過用嚴格的限制強迫他們做決定。觀念會改變，最糟糕的事莫過於讓死人管理投資。

單一持股的錯誤

多年以前，我的一位友人用容易發財的方式賺進一筆財富——只持有一檔股票。在他死後，他把遺產交付信託。他的兒子可以拿到收益；在他兒子死後，孫子可以拿到本金。他的遺囑麻煩之處在於規定一定要持有原先的股票，假如賣掉股票，收益只能重新投資於債券。結果，他先前績效良好的那支股票觸及頂點，變成了牛皮股。他的兒子面臨兩個不理想的選擇：1‧持有一支前景欠佳的股票；2‧賣掉股票，買進在通膨時期無法對抗

通膨的債券。

把收益留給遺孀，遺孀死後，本金交給子女的規定，也會造成麻煩。或許遺孀喜歡的是高收益股票，子女卻喜歡低報酬的成長股。有個解決辦法是不要擬定明確規定，交由信託管理人分配收益，並在必要時動用本金。這種方法通常可以提供遺孀足夠的開銷，同時讓信託管理人也能投資成長股，讓子女滿意。

第三者

不管遺囑寫得再仔細，請個精明的第三者來閱讀寫好的文件絕對錯不了。我知道有一份信託協議，由兒子擔任母親的信託管理人。在母親死後，兒子還能繼承信託剩餘的本金。這份文件是由一家全國聞名的頂尖法律事務所起草的。幸好，遺囑中指定一家銀行在兒子不幸過世時擔任信託管理人。在簽署文件之前，他們詢問這家銀行是否同意接受指派。該銀行的律師卻發現協議有一個漏洞，這個兒子或許永遠繼承不到信託本金，卻馬上要被課徵贈與稅。

用自己的方式親筆撰寫遺囑，幾乎一定會造成你的遺願無法執行。自己撰寫遺囑的人可能不會注意到，也不是很明白配偶扣除額這類法規。

千萬不要低估你的妻子與子女的能力，你或許從來沒有給過他們機會，但人類自我保護的能力是很強烈的。很多從來不曾展現過商業能力的妻子與子女，一有機會就會變成優秀的資金經理人。

㊷　股價才是關鍵

說了這麼多，不論是上漲或下跌，股票價格才是關鍵。

有句俗話說：「一幅畫勝過千言萬語。」我們可以延伸為，一次獲利勝過無盡的藉口或解釋。

你的投資價值多少，對你的財務有很大的影響，這才是真正重要的。你不能用你自以為應有的價值去把投資變現。

除了變現或評價的目的之外，價格與趨勢可以協助你改善投資績效，它們是你所能找到最好和最簡單的「指標」。而分析師則是會觀察許多因素才做出結論。我眼前有份通訊就列出16項因素，有些甚至更多。有的與企業有關，有的是貨幣狀況，還有幾乎每個你想像得到的領域。

交通號誌

對於那些忙於日常工作的人，我建議你們把價格和趨勢作為最佳的即時市場交通號誌。這可以激發基本面的深度分析。

專業人士和投資人極為重視的本益比，使得市價佔有一席之地。如果一支股票的價格是每股盈餘的20倍，盈餘每增加1美元，股價便很可能上漲20美元。在某些情況下，股價可能沒有漲得那麼多。在其他情況下則可能漲更多。無論如何，股價是波

動最劇烈、最敏感的指標。

　　實務上，注意股價創「新高」和「新低」的名單是很有用的。如果你的持股大多創了新高，你便擁有這波行情的強勢股。如果它們都創了新低，你就得去問你的經紀人或投資顧問為什麼會這樣。這項策略可以幫你減少虧損或促進換股，而省下不少錢。

　　注意創新高的股票，以及開始出現正面跡象和擴大成交量的沈寂股票。這可以幫你找到新的賺錢股票。

　　一個簡單的方法是閱讀每日股價表，留心那些成交量超過一萬股或上漲超過一個大點的股票。如果你每天做功課，你一定會觀察到一些發展中的強勢股。

去蕪存菁

　　股票不會一直上漲。你和你的經紀人或顧問必須去蕪存菁。重點是，股票在大漲或大跌之前一定會有徵兆，像是成交量放大及大量的正向或負向跡象。不妨記住一個實用的事實，大多數重要指標都出現在大盤波動初期。領軍上漲的股票有十分之九的機率是率先創新高的股票。最弱的股票則是最早呈現弱勢的股票。

　　有朝一日會輪到最後一支股票創新高或創新低。這是股市的全盛期或黑暗期，一定會發生。早早進場或早早出場的人不會被套牢，遲到的投資人會得到警告，那就是當初吸引他的趨勢未能持續下去。

　　儘管有這種風險，觀察股價仍是成功投資的第一要素。

謹慎的投資人尋找優質管理階層的徵兆

在所有影響一家企業成功與否的因素當中，最重要的莫過於管理階層的能力。你在華爾街最常聽到的一則忠告就是，買進擁有「優秀管理階層」的公司。在實務操作上，要如何辨識呢？

幾乎所有個別公司的分析都與管理階層的素質有關。你可以取得評估大型公司管理階層各方面能力的綜合報告。

以我的經驗來判斷，對於這些報告，你得半信半疑。

最好的方法是先會晤管理階層。不過，很少有公司會對投資人敞開大門，而投資人評估的能力亦有限。

我想實際的做法是，從觀察績效著手。如果一家公司的獲利增加，這就是優質管理階層的證據之一。可是，你要跟同業其他公司做比較。否則只是跟著大趨勢順流而上的管理階層可能會得到過高的評價。有時，在逆境中奮鬥的優秀管理階層，卻遭到無情的批評。

管理風格是關鍵

你應該試著發掘管理風格。你注意的公司是否由老派企業家

領導，一人獨攬大局？或者這家公司擁有一批優秀的管理階層，在執行長退休或死亡後仍能安然無恙？

值得注意的一點是：公司主管持有多少自家公司的股票。廣泛來說，公司主管持有自家股票是一項優勢。不過，公司主管持有股票是因為他們想持有還是被迫持有，這點是有差別的。

你還必須考慮到公司主管持有股票是透過繼承、股票選擇權或在公開市場買進。同樣的，有可能的話，你也應該考慮買進日期和買進價格。美國證管會會定期公布公司主管交易的報告。

持續關注才能賺到錢

在各種靠股票賺錢的方法裡，我知道最好的方法莫過於密切觀察公司主管。我特別留意的改變是曾經陷入困境、股價低迷與大家很不滿意的公司；以及新主管進駐，開始掃除會計陷阱的公司。公司資產被減記或勾銷，新的管理階層就不必為舊主管的錯誤負責。通常，這些公司以往輕率發放的股息會被削減或取消。所以，此時投資人介入的時間通常都是谷底或新循環的開始。

設法評估企業主事者，即使得不到所有的答案，你的努力也必然會有收穫。

（44）投資時考慮自己的年齡

　　想要進場的投資人應該考量適合自己年齡與財力的投資方式。

　　莎士比亞曾說男人有七種年齡層。[23]投資的男人則有五種——未成年人、30歲以前的年輕人、30到50歲、50歲以上直到退休、退休人士。雖然我說男人，可是統計數字顯示，女性投資人多於男性投資人。不過，進行投資決策的多為男性。

　　負擔得起的父母，每年可以給未成年子女3,000美元零用錢，而不被課徵贈與稅。這可以達到三項目的：累積給子女的遺產、節省贈與稅，以及減少父母的個人所得稅。

　　在不同的州，贈與的法律問題各不相同，最好詢問你的經紀商。我想你應該只挑選最高品質、長期前景最安全的股票。你會發現在子女達到法定年齡之前，很難更改資產組合。所以，不要挑選一些你希望等到子女上大學時會值一大筆錢的低價股。你的勝算並不高。

---

[23] 莎士比亞在他的作品《皆大歡喜》（As You Like It）中談到人生經歷的七個年齡層：在保姆懷抱中啼哭的嬰孩、背著書包，滿面紅光的學童、寫哀傷情歌的戀人、大鬍子士兵、滿嘴格言的法官、鼻子上架著眼鏡的龍鍾老叟、孩提時代的再現。

投資「學習」

　　30歲以前的年輕人應該投資俾以學習。雖然你通常沒有那麼多的資本，但如果你處於這個年齡層，可以承受較多的風險。可是，這是一個測驗期，可以看出你有沒有賺錢的本領。你不能什麼都冒險，因為你很常會出錯，代價也很高，你必須保留一些本錢準備捲土重來。

　　第二個年齡層，30到50歲，是你真正賺錢的時期。如果你希望發財致富，就是這個階段了。這個時期你應該借貸，利用融資，試著用別人的錢來賺錢。

　　如果你介於50到65歲，應該已有固定的投資模式，也獲得了一些成功。你或許急於保持你的成果，賺取更多利潤已不像往年那般重要。

不斷改變

　　如果你像這個年齡層的大多數人，活在過去，以為自己的投資經驗一定會不斷重複，但事實上它不斷在改變，你卻很難跟著一起改變。

　　如果你退休了，或許想要專心投資，或者可能需要專人替你投資。你可以買投資信託，或者去找銀行的投資管理部門，或找個投資顧問。不論如何，你都要親身參與，保持資產組合的平衡，才能真正安心。

　　不要期望在退休年齡獲得可觀的投資成果；反之，不論誰替你的投資操盤，只要指望獲得平均水準的收益即可。追求穩定、足夠的收入和保守的交易，目的是不讓資產組合產生虧損。

⑤45 投資人應為未來波動編列預算

今年稍早時，我在史丹福大學向一群商學院的學生發表演說。一名負責報導我演說的學生記者表示學生們很熱切，又說我以發人深省的方式「描繪股票策略」（按照他的說法）。可是，他的結語是，很顯然「有錢，才能賺錢」。

假如你想累積金錢好用來賺更多錢，那麼努力規畫一份預算，並且自我節制，將會幫助你達成目的。

我認為每個人都應該成立一筆預算，每個月提列所有「必要」項目二十分之一的金額。但這些項目並非每個月必須以現金支付的項目，而是稅金、利息、保費、債務等。我還會再提出一筆「緊急」儲備，以防突然需要大筆款項。

接著是你的「收入」預估，包括薪水、投資、公司的可支配現金等。每個人的收入來源各不相同，但很容易條列出來。

意外項目

另外，你或許會有我所謂的「意外項目」。如果你早已開始投資，意外項目可能是指根據真實市況評估的未實現資本利得或

虧損（如為獲利，就得扣掉資本利得稅），還有已實現的淨現金利潤或虧損。

雖然我不贊成忽視你財務狀況的這些改變，但我也不贊成把這些全部列為收入（如果它們都是正值的話）。

我的做法是將這些項目總額的6%列入我的收入預估。我來說明一下：如果你的淨值一年增加10,000元，我想你可以在你的收入預估增加600元。如果你的淨值減少10,000元，就在你的收入預估扣掉600元。

有個記帳以及劃分預算資金的簡單、實用方法，那就是開一個銀行帳戶存入你的「必要」項目和緊急儲備，另外一個帳戶存入你目前的開銷。當然，你的流動資本投資帳戶還要再進一步細分。

「必要」費用

現在，你會算出未來一年的預估收入和你的「必要」費用。你可以劃分為房租、食品、教育、交通、娛樂、服裝等。

我沒有列出「儲蓄」，因為我喜歡把這部分的預算列為增值用的「流動資本」（working capital）。如果你覺得你可以在人生中獲勝，那麼就去投資，建立你的財富。如果你覺得不能，就儲蓄以求保障。

這時就要考慮你的個人目標和慾望，你願不願意犧牲。我們有些人會把預算用來換更好的房子或車子，然後減少流動資本。你預算的價值在於你決定你想要什麼，以及你能否得到。編列出預算，你的計畫才會有焦點。

　　我想最有效的方法是在年輕時節儉、建立你的「流動資本」，壯年時花錢，等到退休時再省吃儉用。這種計畫既符合你享樂的能力，又符合你賺錢的能力。如果可以的話，眼光永遠要向上看。

㊺　虧損該怎麼辦？

「為什麼我的股票下跌？」

假如你不曾經歷大盤上漲——但你的持股卻逆勢下跌，那你一定是一位非常獨特的投資人。

華爾街有一則不斷被複述但少有人遵行的格言：「削減虧損，讓你的獲利主導一切。」同樣的策略應該用來檢驗疲弱的持股，留下強勁的持股。

我不認為股票會沒有理由就下跌。好的投資管理必須去發掘理由，並且評估理由的重要性與持久性。

或許你一開始就錯了？你一定要考慮到，股票因為預期心理而上漲。它們不會因為相同的理由上漲兩次。如果你一開始買進是基於一則利多消息的預期心理，那麼等到利多消息真正出現後未必會有幫助。

找尋源頭

你要試著找尋賣壓的源頭：來自法人、公司內部、單一來源或分散的來源。你通常可以找到重要的線索。

另外，你還得去找你的經紀商或投資顧問商量。

有時你沒辦法找出股價下跌的明顯理由，有時你會找到股價

下跌的某個原因，但股價下跌似乎已反應了這個原因。

這種情況沒有標準答案。價格、新聞和價值的走向都可能改變。每種情況都得分開判斷，還要考慮跟你其他持股的關係。

不過，如果一定要我說出一條通則的話，我會認為若有疑慮，最好就賣出。換種說法，如果情況沒有好到讓你想再碼買進，那麼你當然應該賣出。有時你或許會感到「拉鋸」，但長久而言，這會有好處的。

你應該「攤平」嗎？

加碼買進下跌的股票稱為「攤平」（averaging）。我必須說，大多時候這種做法都是得不償失。

重要的是培養客觀態度。試著忘記你持有這支個股，試著忘記你發生虧損，把它當成陌生人，而你在考慮是否要首次買進它。如果你想買，你可以保留這支股票；如果不想，就認賠了結。

這裡還有第二個因素是你容易忽視的。賣掉令人不滿的持股之後，打算拿這筆錢去做什麼？死抱一檔下跌的股票可能讓你蒙受雙重損失：第一，萬一它進一步下跌；第二，萬一你因此無法買進其他上漲的股票。

把焦點放在你的失敗上，是達成全面成功投資最妥當的方法之一。

47 數則市場繆論

我覺得有必要繼續揭發一些你可能在閱報或通勤時和人聊起的股市繆論。有一句老話說：「獲利了結讓你永不破產。」當然不是這樣。事實上，你最常犯下的錯誤就是獲利了結，然後把讓你虧錢的股票留下來。

如果我要就這個主題設立一條規則，我會叫大家做剛好相反的事。我常說我不相信股市的規則或方程式，但若你想要一條指導原則，「保留獲利，認賠了結」勝過於「獲利了結讓你永不破產」。

有獲利了結習慣的人通常是「一看到獲利就了結」，所以獲利通常很少。另外，你發生虧損時，通常也不會了結。你寧可觀望，期望可以轉虧為盈，這可能代表漫長的等待。在大多時候，你的虧損會愈來愈多，多過你了結的小額獲利。你最好走中庸之道，養成保留獲利，認賠了結的習慣。等到獲利增加得很可觀時，再定期部分了結，是很保險的做法。

還有一句人們常在搭車時聽到的話：「千萬別放空美國。」廣泛來說，這句話很有道理。直至目前為止，美國有過挫敗，但總是反彈又創新高。從這點來說，我不反對這句諺語。

問題是如何實際運用。大多數人的用法都不正確，要在特定

時刻運用在某個部門：或許是他們的個人事業，或是持有的一檔個股，或是某個產業。

任何產業都可能沒落、陷入困境，甚至破產。因此，盲目地堅持「千萬別放空美國」，是很愚蠢的。因為不論某個產業是否破產，美國還是會持續成長及繁榮。

所以，務必用這句話來思考總體經濟、我們的福祉和整個國家，而不是把它當作一個藉口，堅持一個你或許早該放棄的情況。

還有一種普遍看法，認為「優先股優於普通股」。日常生活中，「優先」總是指更好的東西。但在投資圈，優先股未必優於普通股。它們在某些方面是比普通股好，但在其他方面則遠遜於普通股。

一家成長中的健全公司，其普通股可能比一家走下坡而疲弱公司的優先股還要吸引人。

每支個股都要個別檢視。凡事總有例外，尤其是熱門話題的優先股，或者甫脫離麻煩的低價股。總之，別讓自己被誤導。

⑱ 迅速轉移資本

　　有人說資本就像兔子──一遇到危險就逃開！你確定自己有密切注意資本，在事情一發不可收拾之前便逃開嗎？

　　要做到這一點，你不但要留心改變，還要準備好並願意採取行動。

　　我在紐約第一國家城市銀行的一份通訊刊物上，讀到改變之冷酷本質的證據。它在討論及統計美國一百大製造商從1919到1963年間發生的改變。

　　美國大企業未必是最賺錢的，規模不保證獲利或績效。儘管在某個成長階段，這些公司是誘人的投資，但萬一你待得太久，會有危險的。

只剩49家

　　1919年的百大製造商，到了1963年只剩49家。即使是不到一半的存活率，也無法說明改變的嚴重性。只是比較兩個日期，忽略了期間的周轉率。但這家銀行的通訊刊物指出，在這段期間，無數公司上榜又下榜了。許多公司只有一時的成長，無法持久。例如，如果這份統計再加上兩年，1926及1935年，有28家上榜的公司撐不到1948年就被除名了。

其中牽涉到很多因素。不過，他們的產業前景出現了不利的改變似乎是主要原因。

運輸業的改變最為劇烈。在汽油時代想靠馬車來賺錢是不太可能的。

歸根究柢，主要因素還是公司主管。要有優秀的主管才能適應改變、要有優秀的主管才能選出好的接班人，來繼承他們的腳步。

紐約第一國家城市銀行的通訊刊物結論指出，想要創造及維持成功，企業必須在成長市場取得領導地位。他們必須有足夠的適應力，轉進到新出現的領域及滿足新需求。

身為投資人，你必須注意持股公司的進展，如果公司主管未能跟上時代的改變，就轉移你的投資。

自1896年以來，沒有一支相同股票能屹立不搖

改變之冷酷本質的證據還出現在其他地方。先前摩根擔保公司（Morgan Guaranty）的一份調查指出，1896年以來道瓊平均指數的成份股，由於不斷演進、投資人喜好改變，以及實際商業活動的變更，導致68年間沒有一支個股一直是成份股。只有美國菸草和奇異出現在1912年和1964年的成份股名單上，但這兩家公司均曾數度遭到剔除後又重新加入。

最不可靠的投資原則之一就是人氣。運輸業造就許多紅極一時的投資，最後都煙消雲散。電車和其他公營事業變化劇烈，早期的汽車領導廠商也是一樣。

投資人應該刻意轉換資產組合。我認為，至少每年應該轉換

10%的投資組合。如果你持有20支股票，只要更換2支便能使你的投資跟上不斷改變的投資因素。

　　錯誤的產業、準備接班的管理階層疲弱以及市場過度反應暫時的成長或獲利，這三大殺手將重創你的投資績效。

⑭ 牛市對投資想法的影響

多頭市場對你的投資想法有什麼影響？

一支由一流投資顧問公司管理的大型共同基金曾說投資人總是：

> 自以為精明。想到以前那麼保守實在太傻了，如果冒險一點，現在不就發大財了？於是開始躁進，假借「積極」投資手法的名義快速獲利，其實不過是冒險、投機的手法。

我時常遇到這種情緒性的想法，而這種想法必然讓你為策略改變付出代價。1962年道瓊工業指數跌破575點時要求持有最安全股票的投資人，一旦看到道指漲破800點，便開始討論更有上漲機會的股票。

上述共同基金指出，這種想法讓投資人忘記長期目標，開始過度投機、頻繁操作、胡亂聽信意見。結果他們過度投入資金，忘了位在高檔的股價早已反應了利多。

這種策略改變可能導致虧損，而非獲利，並且損及原本很好的投資部位，提高了投資風險，把資金浪費在市場高點，結果導致投資組合亂七八糟。

　　這家投資顧問公司還提出一些基本原則，協助你根據市況管理自己的投資：

—用最強勁最好的普通股構成堅固的基礎，這些上市公司必
　須是不斷成長的，並證明有能力應付各種狀況。
—保留一些現金，以備不時之需。
—堅持自己的長期投資計畫，不要因為一時恐懼或興奮而更
　改。

　　運用這些原則之前，還得準確判斷牛市走到什麼階段了。通常要等到牛市進行一段時間後，投資人才會知道。危險的是你在初期十分謹慎，等到市場不斷上漲、你原本的看法好像是錯的時候，你就把謹慎拋到腦後了。千萬要記住，大多數的牛市都是在價值偏高之後畫下終點。正是在這種時候，投資人最需要堅守這些原則。

50　別讓稅的問題干擾投資決策

　　你應該把短期獲利納入投資決策的因素，還是堅守長期資本利得的原則？你或許很快便斬釘截鐵地回答「不」，因為短期獲利的稅率高於長期獲利（目前為六個月以上）。

　　我認為你應該考慮將交易利潤了結的理由，有時甚至應該主動獲利了結。

　　依我看來，投資原則始終都應該凌駕於納稅考量。如果你在一檔你認為可能下跌的股票上有一些短期交易利潤，你卻死抱不肯賣掉；但期待股價可以撐上六個月不下跌，那就實在太傻了。到頭來你會把獲利賠掉或者產生虧損。

　　有時，情況可能相反。你的判斷可能是錯的，抱住股票不賣以避免繳稅，或許會讓你逃過一劫。有個朋友跟我說：

　　「假如我沒有死抱不賣逃避繳稅的話，我永遠不會賺到我在IBM賺到的錢。」他的情況是他不想繳稅，一毛錢都不想，然後IBM還連續漲了好幾年。他很有可能還持有其他股票卻沒有說，因為他不想認賠而一直持有那些股票。有些必然會進一步下跌，或困住了他的資金。

　　謹慎、客觀的判斷是成功投資唯一的智慧之鑰。

　　你何時應該追求短期獲利？**你覺得市況適合的任何時候。**

　　你可能聽過一句老話：「未雨綢繆。」這句話也適用於股市。你會發現在晴朗的市場賺錢要比在暴雨中的市場來得容易多了。只是因為不願意跟山姆大叔分享你的潛在利得，就讓機會溜走，實在太傻了。

　　有時，你為了維持交易而買進的股票上漲了，最後成為賺錢的長期投資。如此一來，投資原則反而引領你到更低的稅率級距。

　　不論如何，獲利總是好的。假設你很幸運地在年初便實現一筆短期獲利。不要只把它當成一張稅單，它可能會開啟別的大門。

　　隨著時間過去，你可能找到很特別的買進機會，可以獲得大幅的長期利得。現在你可以投入更大的部位，因為你的短期獲利增加了你的現金部位。萬一你出錯，必須認賠，也可以用先前的獲利來抵銷部分虧損，讓山姆大叔分擔你的虧損。

　　如果你覺得再等下去會危及你的利得，你應該毫不猶豫地獲利了結，不要管稅的問題。不論大小，獲利總是好的。

（51） 停損單應小心評估

如何才能安全及有效地運用停損單（stop orders）？

停損單日益流行。它們自1960年起便被廣泛使用，部分是由於加強宣傳的關係。線圖的運用亦普及了。停損單似乎是實際運用線圖訊號的一個好方法。

我指的停損單可能是買單或賣單。你可以用它來買進或賣出。理論上，它似乎是停損或獲利的「自動」方法，你也可以利用它在一支個股開始波動之初就介入。

停損單的運作方式如下：「中央證券」在90年代中期很流行。你相信如果它觸及每股100元後，即將展開一大段行情。於是你下停損單給你的經紀人，在100元買進中央證券。如果它觸及100元，你的停損單就會變成市價單，以最佳可能價格執行。停損賣單的方式則相反。還有其他種類的停損單，但這種是最常使用的。

流行的用途

投資人時常利用停損單來減少虧損，這或許是它最普遍的用途。理論上，這是一個好主意。在買進時，或者買進以後，決定自動停損或獲利，是一個好的原則。

同樣的，在關鍵的「噴出點」設定停損單可以讓你及時進場，即使當時你的經紀人找不到你也沒關係。

反正他有你的停損單，便可立即執行。

停損單的問題來自兩大因素。停損的概念和技術線形突破變得十分普遍。同一時間觸發大量停損單，可能加劇股價波動。等到你的單子終於執行時，這筆交易可能令人非常不滿意。事實上，為了保護投資人，交易所必須暫時禁止一些劇烈震盪的個股停損單。

第二個因素是大家都相信技術線形的某個點是利多或利空訊號，反而降低這個訊號成真的機率。愈來愈多股票會發出交易員所謂的「假訊號」。如果你是線形理論的盲從者，你將付出高昂的代價。通常要等到你賣掉持股卻看到它反轉向上，或者在你買進後股價不漲反跌，你才會知道那是「假訊號」。

觀察群眾

為了安全及有效地運用停損單，你必須全盤考量群眾的心理。不過，這裡沒有什麼牢不可破的規則。

假如你不確定這波股價波動的走勢，我建議你考慮「二次滲透」。在停損單執行後，你不妨觀察預期的股價走勢是否持續或反轉。這可能會讓你避開一次股價假動作。否則，你可能因為對自己的結論太有自信，而付出更多或得到更少。

另一種方法是預測一波行情，在達到關鍵價格之前便採取行動。如果行情確立，你可以持有部位；如果你看走了眼，便結束部位。這麼做通常可以使你不會發生虧損，或許還有小賺。

想在股市賺錢，你得走在群眾前面，否則你得非常確定他們將來會朝相同方向前進。

㊾ 現金股利阻礙新興公司發展

　　讀者都知道只以淨利判斷投資成功與否，向來是我的原則。我考量的不單是獲利預估、股價漲跌，還包括賦稅影響及資金購買力的消長。

　　但顯然大多數投資人主要還是著眼在預期獲利，像是利息或股利。

拒發現金股利的實例

　　不可否認，對成熟企業來說，發放現金股利是求之不得且能力所及，但對羽翼未豐正在成長的年輕公司而言卻未必如此。

　　海岸州天然氣開採公司（Coastal States Gas Producing Company）總裁奧斯卡‧S‧懷特（Oscar S. Wyatt, Jr）正是拒發現金股利給股東的顯著例子。

　　他在年度股東大會上這麼說：「關於現金股利方面，我必須說考慮到公司當前政策，在可預見的未來不會派發現金股利。」

　　「首先，本公司尚在發展階段，仍不時向外尋求財源，如果我們發放現金，勢必得靠舉債才能維持運作，如此將損失股東的利息費用，此時發放現金股利確實影響公司日後的發展。」

　　「第二，將淨利再投資於公司業務，投資報酬率相對較高。」

借貸部位好轉

「第三，將盈餘轉換成股票，可藉此擴大公司的融資部位。每1美元獲利拿去再投資，就能增加3美元的貸款。換句話說，每發出1塊錢現金股利，無異於讓公司損失3倍未來發展所需的資金。」

懷特總裁以自家公司為例的一番論述讓人不得不服氣，畢竟海岸州天然氣開採公司的發展成績有目共睹。該公司起初上櫃的股價為每股1.76美元，1963年股價飆到40美元。由此可見，股東將收益留作公司發展之用後的所得利潤，要比領取現金股利豐厚得多。

當你打算買進無派發股利的股票時，最該考量的是該公司是否為有前景的產業，該公司的主管高層是否比你更懂得經營之道，換言之，當然就是他們是否具備獲利能力。

53 走中庸之道能避免投資人誤信股市謬論

接著來談談我們的股市謬論，有一說為想在股市賺大錢就得「低買高賣」，如果你能做到這一點，那真是再好不過，但實際上沒人知道何時是股價的高低點。

1929年股市大崩盤時，很多人眼見股價暴跌以為到了低點，但他們做夢都沒想到股價會持續下探，直到1932年才落底。基於同樣道理，1932年股價開始反彈上揚時，很多投資人又說：「我不會再上當了，等到股價真正便宜的時候我才會進場。」當然，股價自此之後未再走低，從來沒有所謂「真正便宜」的股價。

我見過投資人憑著先前經驗，在他們自認為的高點時機將股票出脫，結果股價卻愈走愈高。而股市多頭氣盛的消息瀰漫後，股價卻又因為一些新的發展變數浮現走弱之勢。另一方面股價受股利政策影響持續下跌，但之後若停發或減發股利，原本的好交易就變得不好了。

兩個重點

顯然股價在某些時候是真的「很低」或「很高」，但如果你謹記兩個重點就能順利找出股價的高低點。第一，記得股價總是被「低估」或「高估」，超過合理的價位目標；第二，確定自己有股市隨時反轉翻盤的心理準備，特別是當你想逢低買進時。如果你想持有的不是看似夠便宜的股票，而是一直很便宜的股票，就得選不久後有上漲空間或者會合理反彈的個股。

「低買高賣」這個股市的金科玉律，只對那些明白箇中玄機的投資人才有用，如果投資人光憑泛泛之論就貿然奉行，將會付出相當高昂的代價。

你應該聽過「坐擁現金最穩當」這句話，但錢只有在運用時才會彰顯效益。金錢購買力會隨時間逐漸減退，照這樣看來，守財奴和受驚的寡婦緊抓在手的錢其實一點都不安全。

中庸之道

「坐擁現金最穩當」的相反是「讓錢滾錢」，但這與「坐擁現金最穩當」一樣充滿迷思。

你最好走中庸之道，關於錢的問題應該由之後投資成效的角度來思考。如果你覺得投資的股票前景看好就留著它；如果你認為手上的股票沒什麼賺頭，還不如脫手套現，花在自己想買的東西上。或者你判斷以後的買股成本會更高，那就儘早進場投資。

別以為「貨幣」和「黃金」有多了不起，學著把它們與其他容易波動的資產等同視之，畢竟它們並非價值永恆。

54 華爾街諺語多為謬誤

股市這種地方充斥實事求是的現實主義。

但我想你一定這麼認為，股市有其通俗面和傳奇面，當然免不了存有謬誤、迷思和誤解。

我想對你最重要的一件事，就是試著分辨真偽，然後一一檢視，尤其是那些錯誤謬論。有將近24個謬論已廣為流傳，這相當危險。

有一句老話你肯定時常聽到，就是「股票持有時間夠久必會等到反彈」。但有太多例子證明股價從來沒回漲過，有些甚至蒸發於無形。

「反彈」謬論

1929年股市大崩盤之前，紐約中央的股票可說是最佳投資標的，聯合愛迪生電力公司（Consolidated Edison）與西聯匯款公司也備受投資人青睞，紐哈芬鐵路公司的股票更曾是新英格蘭所有孤兒寡婦的最愛。但紐哈芬鐵路的股價從未反彈，紐約中央、聯合愛迪生與西聯匯款的股價則只剩下原先價格的一點點。

你該了解的一點是，即使股價回彈，卻可能要花上二、三十年的時間，這樣一來投資人的報酬其實相當有限。而且在這段漫

長的等待期間，投資人的生活、需求和慾望早已產生變化，幣值出現波動，其他的投資機會也隨之溜走。

　　所以趁股價跌幅在10%上下、還不算太嚴重的時候，最好是認賠殺出。不過股價如果確實跌深，還是認賠了事，選別支股票另起爐灶，總比你死守反彈無望還可能血本無歸的股票來得好。

短線投資

　　某人可能在某個時機告誡你「短線交易很投機」，在我看來這個想法也是錯的。我指的短線交易是以小時、以日甚或以週為時間單位；若從稅負的觀點來看，我認為不短於半年。

　　我多半的經驗是，預測短線投資的前景比預測長線還簡單。且無庸置疑的是，因為稅率的關係，精準預測出的短線股價還得打折扣。嚴格來說，短線交易確實是項投機行為，但所謂的理性投資又何嘗不是。

　　會用「投機」這個字眼形容短線交易的人，真正的意思是把短線交易視為賭博，但如果由經驗老到的交易員操盤的話，那肯定不會是場賭局。預測1小時或1天之後的天氣，要比預測1個月之後來得容易，同樣的道理可以印證在預測股市的短線交易上。

　　買賣股票這檔事，可得耗上比股市每天營業時間更久的時間。如果你有那麼多時間和興趣，如果你發現自己有這方面的天分的話，股票投資倒是值得一試。

55 投資新產品

投資新產品或新服務有利可圖嗎？端視情況而定。

若一家公司創立的目的僅是為了引介新產品，那這項新產品的失敗率肯定極高。我幾乎可以肯定這些新產品絕對無利可圖，但可以勉強接受少數獲利的例子。我知道還是有不少新公司終究成功的例子，但在此之前需時有新資金挹注，而且漫漫草創過程當中，原先的投資人不是自動退出，被迫出走，就是股票被嚴重稀釋。而投入獲利前景不明產品的宣傳費用又多半超支，公司資本額出現灌水情形，這類投資是個大圈套，對投資人來說風險過高。

不過若是由聲譽卓著且在紐約證交所掛牌的上市企業來推新產品，那成功機會就大得多。這類公司資金取得容易，且籌資成本正常，起初可能產生的營運損失部分可拿盈餘抵銷。他們或許會成功，或許會失敗，但成功機會很大，說不定有朝一日真能有巨大成就。

新產品、新設計及新服務全憑想像而來，因此有時業主和仲介商會大肆宣揚以加強大眾印象。

別懷疑，有些新產品還會特別凸顯異國情調和浪漫色彩。如果有人以新產品的市場潛力來說服你買股票，首先要問的是，這

對短期獲利有多大助益。你時常發現幾年下來，這些新產品只賠不賺；亦或你會發覺即使它們近期內創造了最大利潤，與一家大公司的整體盈餘相比仍只是九牛一毛。

不過也有例外，高獲利並擁有專利保護的新藥就是財源滾滾的最大保證。有些公司的產品需要一再推陳出新，創新方向判斷得宜的話就有驚人收獲，這適用於汽車、電影與電視節目等產業。以改良過的新產品取代原有產品，初時或多或少影響獲利，但最後邁向成功的案例經常可見。

如同其他投資情況，市場行為總是與我們的認知相左。一般股價上揚是市場看多的結果，但股價經常漲過頭，未能反映實際情況。有時候所有期待成空，新產品未能帶來利潤。

交易員有可能因一時激情撈到好處，投資人卻不行。

不過如果是以下情況就另當別論。為了戰勝股市，你要像交易員一樣步步為營，從不在股市流連忘返。身為投資人，你要確實深入了解市場實況。

56 消息面與市場

　　股價與市場消息的連動關係究竟有多緊密？對身為投資人的你來說，與消息面亦步亦趨是否有利於投資？

　　一般來說，預期消息得打點折扣。預測的行情成真之時，股價通常已經攀至高點，有一句古諺：「小孩都生出來了。」（The baby is born），形容得再貼切不過。

　　至於出乎意料的消息，也就是所謂的「晴天霹靂」，則會帶來很多更棘手的難題。

　　一則重大又令人意外的消息將引發三個疑問，首先是消息的性質；再來消息是好或壞、可能帶來何種效應；最後則是市場的態度。

　　市場的態度尤其至關重要。體質強健的市場面對壞消息能泰然處之，但孱弱的市場則不然。1948 年 10 月，輿論民調一致看好杜威（Thomas E. Dewey）會當選美國總統，股市也附和這項預測上揚走高，但杜魯門（Harry S. Truma）大爆冷門勝選的消息讓股市急轉直下，數月之後才又反彈回升。就我所知，某位精明的交易員早在大選投票之前就放空股票。他的看法是如果杜威當選，股市反而會因為這個投資人普遍公認的好消息走弱；如果他敗選，股價將跌得更急更深。事實證明他是對的，他所預言的

情況之後確實發生了。

　　1962年4月，甘迺迪總統（John F. Kennedy）公開譴責鋼價飆漲，當時股市因投機風氣過盛而空頭瀰漫，股價一瀉千里。其實股市於1961年末還曾處於最高點，只能說股價無論如何都有走跌之時。

　　1962年夏季，低迷已久的股價終於恢復動能，除了1963年11月甘迺迪遇刺一度打斷漲勢，股市大體上呈現多頭格局。

　　1962年的股市慘況依舊令投資人記憶猶新。儘管甘迺迪總統遇刺讓道瓊工業指數自數周前的新高點崩落，但內部技術分析依然看多後市，主要是對繼任的副總統強森懷抱信心。一旦證明暗殺總統只是單一事件，市場就會恢復上揚走勢。 1941年日軍偷襲珍珠港的消息傳來之時，股價正處於低點，不過技術面強勢，果然股價小跌後隨即反彈。但受到戰情吃緊拖累，股價又低檔盤旋好幾個月，所幸1942年4月觸底後開始反轉上攻。1942年6月中途島戰役日軍落敗，開啟長達數年的牛市行情。

　　如果你回顧股市幾個重要的轉捩點，很難找出它們與消息面的關聯。1929年的股市高點出現在9月3日，當時並沒有什麼特別消息爆出，但此前的1928年至1929年初，市場倒是瀰漫不少空頭消息，如1928年聯準會三度調升重貼現率，1929年8月達到6%的高峰。1929年2月聯準會對市場的投機風氣提出警告，3月財長梅隆（Andrew W. Mellon）勸投資人購買債券，同月拆款利率由12%飆升到20%，5月便有人提出聯準會將重貼現率升至6%的建議。

　　其實這是市場對消息面相當典型的反應，消息面對股市的影

響通常要經過長時間才會顯現，投資人多數時候最好靜觀其變。如果你不受消息面左右，而是基於對市場多空或股價走勢的判斷來決定投資態度，那你可能就是站在市場正確的一方。

57 每位國民都必須具備若干投資知識

　　美國當今究竟有多少投資人？紐約證券交易所表示，有超過1,700萬名投資人持有股票。

　　其實凡是會為未來而儲存資本者都是投資人，無論他有沒有認知到這一點，或願不願意成為這樣的人。

　　因此，全天下的人都應該對投資之事略知一二。

　　無論是誰，只要存下一塊錢，其價值的高低起伏便開始出現，且這種情況會永無止盡的持續下去。

　　就算你對股市心存顧忌不敢放手投資，你的錢還是會被通貨膨脹吞噬。可是你若因擔心通膨而把錢拿去買股票，又會面臨股價下跌的問題。世事無常，沒有所謂的避風港能夠保證你隨時都能在需要時安然取回積蓄，也無法保證幣值與你當初存放時一樣不變。

　　我們想要防火、防竊或防範其它類似危機，就會租一個保險箱來保護貴重物品，付租金也是理所當然的。

幣值難保

　　就我所知，沒有一家保險公司能拿出有效策略，保障你的存款不貶值，即使是名氣大如英國勞伊茲（Lloyd's）再保公司也不例外。你不會希望繳了保費，就只換得保險公司一句存款完全不受通膨和課稅影響的口頭保證。

　　投資人將錢存在儲蓄銀行、儲蓄貸款公司或從事抵押放款之類的地方，為的不僅是存款保值，也冀望這些錢用於投資的同時能為他們帶來報酬利潤。

　　投資股票或房地產的人，則希望獲得股利、租金收入和資本利得。

　　多數有投資經驗的人，可能會樂見稅後利潤的購買力與初始投資時一致無甚減損，因而相信錢用於投資較能保值。這個看法很樂觀，但我認為不切實際。

通膨危機

　　只要資產流動性、抵押品價值和信貸健全的話，做定額投資或是把錢埋在地下的人多少能對抗通貨緊縮，但在我們已習慣的通膨世界卻有苦頭可吃。

　　在通膨時期，股票、不動產及民間企業投資人的損失，雖不若從事定額投資的人來得大，但他們的獲利卻少見持久，且考慮到通膨因素的話，實際上是縮水不少。個人的專業能力也反映出股價高低，薪資因公司股價上揚而跟著成長，但也會遭到通膨及課稅侵蝕。

　　對抗通膨的最佳武器就是知識和經驗，了解現況應能引領你更深入認識通膨，你可以多閱讀相關資料或請教這方面的專家。

　　學習作為一個市場先知是項嚴峻的考驗，當你自認準備好開始主宰自己的命運時，先小試身手就好。

　　你會發現這比想像中還難，但會因此帶來更多回報。

58　尋找管理人才，莫貪小便宜

　　賺錢的方法有三，第一是出賣你的時間，第二是出借你的金錢，第三是自掏腰包甘冒投資風險。

　　股票投資人做的是投機生意，說穿了就是拿自己的老本冒險，合他人之力投資一間可能業績蒸蒸日上，但也可能江河日下的公司企業。

　　總得有人出面警告投資風險，而我在此特別要提的是，投資人應留心公司的營運。

　　公營企業的投資人很令人羨慕，只需專心打理自己的事，就能坐享別人為他們打拚而來的盈餘和股利。投資人唯一要做的就是在對的時間買進對的股票，隨時關心所投資企業的發展，然後在適當時機出脫獲利。小型民營企業或合股公司的股東就沒這麼輕鬆，他們不僅出錢投資還出力經營，常常得充當業務員及伙計。不過相較之下，公營企業投資人必須甘於只做個幕後金主，無法插手公司經營。

　　近來投資人逐漸意識到未親身參與企業營運的風險，開始從多重角度檢視公司管理者。例如他們是否擁有相當比例的股權？股份增加還是減少？他們是以自己的資金還是公司授予的選擇權取得股份？他們有沒有善盡管理之責？他們的薪資、紅利與退休

金是否合理？投資人關切以上這些事關股票投資成敗的關鍵並無不當。

　　不過現在出現一種趨勢，投資人認同公司不給主管高層豐厚薪酬，且對管理階層坐擁高薪相當反感。在我看來這樣的觀點既短視又失當，其實這都要怪不利公司管理高層的批評文章多，支持他們的聲音少，這也是我寫這篇文章的動機。對投資人來說，重要之處在於企業的薪資政策能否全力吸引留住頂尖管理人才，一家公司只有在深具經營長才的人領航下才會有光明前景。

　　我們的稅法如今有了重大變革，舊時的退休儲蓄方式已不復存在。按現代的政治哲學，為了退休金或其他類似計畫的前途發展，勞資雙方都需要明文規定保障。企業之間的生存競爭，還包括比較誰有本事吸納留住最好的管理人才。因此，投資人判斷一家公司投資潛力的依據，不在主管的薪資高低，而是重金禮聘這些管理高手能有何等回報。當然公司的規模也是一項決定因素；不過一般而言，若是延攬到頂尖的管理人才，到頭來會發現對企業來說簡直是物超所值。

　　舉例來說，華特‧克萊斯勒（Walter P. Chrysler）讓奄奄一息的麥斯威爾查莫斯汽車公司（Maxwell-Chalmers）起死回生，還發展成當今美國三大汽車巨頭之一的克萊斯勒汽車。像克萊斯勒這類企業救世主，無論付出多少代價延攬都值回票價。反觀小型獨立公司低薪聘來的主管若欠缺能耐，一遇挫折就棄甲投降，公司反而得不償失。

　　說到管理階層的持股，大體而言，公司經營者擁有較多股權自是比較理想。但即使是管理階層持股比例最高的企業，其股票

也未必最賺錢，還是要視各公司的優勢來判斷。倘若公司的高層主管近來有收購股權動作，且大多以個人資金購買，投資人持有這類公司股票則相當有利。

企業經營諱莫如深的時代已然結束，管理階層的態度也不該自鳴得意，這些公司高層若不能體認到這點，會驚覺投資人對他們的股票敬而遠之，導致股價因看空而下跌。

你若身為關心公司高層人事及薪資問題的股東，最該在意的是這群經營者是否為最佳人才，能帶領企業創造最大利潤，而不是在主管待遇上錙銖必較，能省則省。大部分上市公司管理高層的薪資總額，其實僅耗去淨收入一小部分，但貪小便宜請來的半調子主管若是鑄成大錯，不僅會造成公司的損失，甚至不賺反賠。

59　奇蹟投資計畫

　　過去幾年華爾街的研究焦點逐漸放在計畫性儲蓄，以股票作為投資工具。華爾街認為就市場長期趨勢來看行情必然走高，因此採定期定額方式投資終究有實質獲利。有些人稱之為「平均投資法」，我把它叫作「奇蹟投資計畫」，因為其所勾勒的大餅看來不可思議也容易令人誤解。

　　就數學的角度來看沒什麼問題，但這種結合複利的計畫性儲蓄，在時間的加乘效果下會使財富以驚人速度暴增。若以6%的單利利率計算，12年下來存款本金會倍增，但如果以每年本金加利息的複利方式計算，利上滾利的結果確實更令人咋舌。舉例來說，單利計息12年後，存款1塊美金變2塊；若是每年利息滾入本金以6%複利計算，12年後原本1美元的存款會暴增為17美元。

　　這是單純的數學計算，但實際上投資人還是會面臨一些問題。其一是如何確保6%的利潤無虞，其次是投資金會有實質減損，例如繳納所得稅。

　　如果將定期定額投資用來購買特定個股會產生進一步的問題。我認為有必要參照個股屬性及過去歷史，才能掌握股價未來發展動向。1954年華爾街的研究文獻列表暗示了若干個股前

景，包括通用汽車、杜邦公司、紐澤西標準石油、柯達相機、西屋電器（Westinghouse Electric）等。

以西屋電器股票為例，1937年到1954年每年定額投資1,000美元，18年來共計投資18,000美元，結餘41,580美元。按撰寫該文的華爾街分析師所計，增值的部分包括23,580美元股利，是購股成本的130%，平均年獲利7%到8%。

不過以上的論述暗藏迷思，首先它盡是回顧缺乏前瞻性。西屋股價在1937年達到42美元的高點，1942年跌到僅剩15.75美元，這6年期間西屋股票日漸縮水，對亟須變現的投資人來說獲利無幾。這在我看來潛藏極大危險，定期定額投資計畫可能會半途而廢提早結束。通常股價處於低點，與大環境不佳、投資買盤萎縮有關，儘管照華爾街的分析，投資若要見效就得買在低點。個人預算難以達到收支平衡時，定期定額投資十之八九會出狀況。像不少人定期定額投資股票的時間，正值1932年經濟大恐慌，但當時有人房租付不出，貸款繳不起，政府還宣布展延償債，你想一般人在這種左支右絀的情況下還有餘錢維持定額投資嗎？

再來就是信心問題。股價上漲時，投資人對市況樂觀充滿信心，這是人之常情；股價下跌時，投資人便先質疑起自己買股票是否恰當。1946年西屋公司的每股盈餘只有區區0.65美元，投資人即使手頭寬裕，但既然公司前景不被看好，一般人當然會認為停止投資計畫，不再虛擲鈔票方為明智之舉。

事後諸葛人人都會，有先見之明的卻沒幾人。1960年西屋股價谷底翻身漲到60美元以上，1962年才又回檔到30美元以

下，但誰又能洞燭機先，確實掌握股價反彈時間呢？

　　華爾街選來列表分析的股票多半是牛市高價股，回溯1929年股市大崩盤前，看多後市的投資人不外乎選擇紐約中央公司、西聯匯款公司和聯合愛迪生電力公司等藍籌股。市場當時看好這3支股票在1929年底之前都會有驚人利潤，然而1929年之後這3支個股及眾多其他股票的行情豬羊變色，由天堂墜入地獄谷底。

　　1929年紐約中央公司的每股盈餘16美元，8美元低價買進後，股價一路狂飆到250美元以上。1953年紐約中央的每股盈餘僅5美元，買進價1美元，平均賣價21美元。過去許多主流股都難逃由盛轉衰的命運，難保當今的主流績優股日後不會步後塵。

　　不贊同我此處論調的人，我強力建議他們慎選上市信託投資公司來執行定期定額投資計畫。一家好的信託投資公司，會靈活配置投資組合，分散投資風險，避免錯誤選股引發的重大危機。

　　當然，因為時機歹歹以致無法貫徹定期定額計畫的風險依然存在。

　　長期以來，華爾街的教戰手冊一再告訴你，儘管等上十年、二十年甚至五十年，股市終究會上漲，但這種保證的前提是你能活到那麼久。華爾街還有一份廣為流傳的投資分析，假設從1937年1月15日到1950年1月15日投資92檔股票，每支平均投資1,000美元，以12.2%的複利計息，這裡的投資收益包含股市獲利和獲派發的股息。分析師衷心相信這是項客觀試驗，他們選擇的投資時間正值道瓊工業指數陷入漫長空頭期之際，92檔股票係以1936年交易量達100萬股以上作為選擇依據，涵蓋27種不同產業。

　　然而這種假設純粹是紙上談兵，完全不切實際。有誰無論時機好壞，每年都有92,000美元可供投資？有誰會為了將股利全數拿去再投資，使得生活費和稅款只好另想辦法？有誰即使前景灰暗，費盡千辛萬苦也要死守投資計畫？有誰的人生風平浪靜，絕對沒有急難降臨？

　　一個一年可能只有500美元餘錢投資的人，面臨的是高額手續費及零股交易費用，這些在前面提及的華爾街分析文獻中付之闕如，所得稅的變數也同樣沒考慮進去。沒有人會買「股市」或「道瓊工業平均指數」，他們必須選擇個股來投資。

　　除了上述顧慮之外，還有一點完全被忽略，那就是歷經那麼長的時間，美元購買力恐怕會改變，多方原因導致其力量消長。美元購買力因通貨膨脹減低，或因通貨緊縮而增長，也會受到政治與法律干預的影響，例如定量貨幣供給政策左右美元幣值，貨幣限制也是。過高的銷售稅及限制性關稅，或壓低進口配額都將影響美元購買力。正所謂「雙鳥在林，不如一鳥在手」，錢在儲蓄之時的購買力，可能更甚於十五年或二十五年後投資到期之時。錢的價值也因人而異，我們在35歲花錢享受的方式肯定有別於55歲時。這一切都在暗示你，投入長期硬性的投資計畫前，最好三思而後行，千萬別被「耐心等待就有好結果」的吹噓之詞所迷惑。無論如何，我不會在出發時就先決定好一路上要做的事。依我來看投資是門不精確的學科，或者可以說它根本不科學。我認為投資要成功，只有謹慎行事，減少空頭損失，看準有利市況再出手，尤其別被缺乏彈性的長期投資計畫套牢。對我而言，定期定額投資多半意味著賠了夫人又折兵。逢高加碼的金字

塔式操作法（pyramiding）才更誘人，加碼買進做多的股票總是有利可圖，反觀定期定額逢低攤平卻少有賺頭。

通用汽車資深財務主管約翰・拉斯柯布（John J. Raskob）1929年8月曾經說過：「沒有人單靠儲蓄就能致富。只儲蓄不投資非常近似社會主義者提倡的分配政策，同樣面臨沒有餘裕可供儲蓄的障礙。」我百分百同意這個論點，不過要在股市生存靠的是運用智慧，而不是等待奇蹟。

芝加哥大學商學研究所附設的證券價格研究中心，對普通股的表現紀錄有完整而全面的研究。該中心耗費逾三年半的時間，在IBM提供數百萬筆錄製資料的協助下，終於對外發表第一份研究。

芝加哥大學於1963年發行的這份研究報告，做出以下結論：「1926年到1960年整整三十五年間，免稅機構若是買進紐約證交所掛牌的所有普通股，每年複利計息，報酬率達9.01%；月薪10,000美元的人報酬率8.20%，月薪50,000美元的報酬率6.84%。」

這些數據顯示普通股投資的獲利預測，因相當廣泛全面故極具參考價值。然而另一方面，這份研究卻無實用之處，畢竟紐約證交所掛牌的1,700檔股票投資人不可能盡數擁有，也難以將理論應用在實際生活中，沒人知道三十五年後手上還留有哪些股票。

未來展望只要合情合理，成功獲利的機會都會比任何紙上談兵的計畫來得大。

60 步步為營系統

步步為營系統（Step System）——投資不是一門精確的科學。最好的心理學家往往也是最好的投資人，會計師和名人通常最難成功投資。成功投資需要的是經驗、資訊和判斷，而不是單憑事實或公式。

我的經驗是，最成功的投資人是在最成功的想法中投入最多資金，並在最差勁想法中投入最少資金的人。

換個方式來說，我一直相信高明的金字塔式操作，而非攤平。起步就錯了之後，又投入更多資金，是很少會賺錢的。

這些原則的困難處在於它們無法自動實施，一定要等人類歷經各種矛盾的情緒、貪婪和惰性之後，才能下達命令。理論是一回事，實務又是另一回事。大多數人不喜歡承受虧損，也不喜歡花更高價格去買進在低價時失之交臂的股票。此時，步步為營系統就能派上用場。它其實不是一套真的系統，因為我不相信「系統」或「方法」。不過，這個名詞很好聽。

所謂步步為營就是，當事與願違，而你又沒有把握的時候，一次一步加以修正。

舉例來說，假設你預期某支個股會上漲而買進。我想，假如你不認為它會上漲，一開始就不會買進。結果事與願違，這支股

票下跌了。你對情況有所懷疑，但又鼓不起勇氣去做你該做的事，也就是承受虧損，重新思考。在這種情況下，你或許可以賣掉部分持股。以後要是又發生這種狀況，就好辦多了，每當你覺得持股波動明顯「令人失望」，就砍掉一些。這種神奇的策略可以幫你脫離下跌的市場，而不會被困住；同樣地，它也可以幫你加入上漲的市場，而不會錯失良機。這就像如果某種藥適合你的體質，就可以繼續服用；如果不合，就停止服藥。

注意標籤

我時常步行兩倍的路程去買某一種糖果條，包裝紙上寫著「牛奶巧克力，奶油，砂糖，杏仁」。下回你去買糖果條或者一盒糖果時，不妨看一下。

但是，有一盒糖果是我永遠不會走兩倍的路去買的——「玉米漿，轉化糖，果膠，麵粉，卵磷脂，蔗糖轉化，植物性奶油，蛋清，柑橘酸，人工香料，塔塔粉，美國許可色素，阿拉伯膠，乙酸鈉」。

某個聰明的糖果廠商可能靈機一動，打廣告教導客人認識他那美味甜食所使用的天然食材，進而提升業績。去翻翻家裡的食譜，你就明白了。或者，某個投資人應該去跟他持股的公司主管遊說，如果他們家的產品是用媽媽常用的天然美味食材製作，大家一定會買更多。

專業人士選股

本文寫作時，投資人不論何時都會看到Amerada石油公司名

列投資公司主管50大最愛個股名單。這種說法意指，專業經理人相信他們應把最大比例的資金配置在Amerada。我們或許可以推論，如果組成這份選股名單的175家法人從頭開始，他們最早買的會是Amerada，而且也買得最多。同理可套用在這個名單上的其他個股。

我向來認為，大多數投資人對於他們早已持有和正在買進的股票各有一套見解。買進Amerada的法人，大多在同時以同等金額買入其他股票。由於Amerada漲得比較多，後來便成為最大持股，這是基於未實現的意外增值，而不是刻意的。

這種選股名單的真正用途是隨時可以看出投資組合中普通股持分的重大調整。投資人應該去注意因為新買進而首次上榜的個股，或是因為買盤增加而名次竄升的個股。只是反映市價波動的名次變化，沒什麼意義。法人不願獲利了結有其意義，但他們願意建立新部位或在現價加碼舊部位，同樣有其意義。

61　雙倍股息

你有多重視下班後的時間？

你重視自己的休閒時間嗎？你如何利用休閒時間？

大通銀行（Chase Manhattan Bank）經濟研究部在最近一期的《商業短訊》（*Business in Brief*）半月刊中，對於「美國的休閒」有詳盡的討論。文章指出，美國工時已由1850年的每周70小時縮短到現在的40小時。同時，假日和有薪假也增加了。加總起來，1964年好像有一億個禮拜都在休假。

不過，企業及專業人士的情形大不相同。據估計，四成的企業經理人、主管和經營者每周工作48小時以上。

成功的最高階主管或許接近60小時，那些日後等著接班的商學院畢業生也差不多。

1953年以來將林登工業（Litton Industries）由一家小公司打造成年度獲利近三千萬美元的「泰克」桑頓（Charles "Tex" Thornton），幾天前才告訴股東：「我無法忍受無用的休閒。」桑頓把大多數的時間都投入公司，他的辛苦確實獲得了回報。

我自己的觀察是，成功的一大要素在於把大多數人眼中的「工作」當成玩樂。除非你享受自己的工作，否則你在工作上不會成功，也無法提供你的僱主完全的價值。

　　我知道很多自認工作卑微低賤的人不會同意這點。可是，吉伯特和蘇利文[24]的歌劇中所唱的「他極為專注地擦亮把手，現在他已是英國海軍統治者」，在現實生活中，已從那些用不同方法晉升到頂層的人士中獲得驗證。

　　不管你的下班時間是用來加班、「自願性發呆」、玩樂或休息，這段時間都和正常上班時間同樣寶貴。有人認為，以金錢衡量的話，下班時間還更值錢，我們大多數人都忘了這點。如果我們有想到這點，美國著名的「自助式」企業就不會像現在這麼發達。我們就不會把寶貴的下班時間拿來做一些清潔工或送貨小弟應該幫我們做的雜務。

　　隨著時代進步，你會擁有愈來愈多「可支配時間」。如果你用價值來考慮勞動的成本，對你會有幫助的。你可以用這段時間來加班，你可以用它來改善你的學問、你的健康、去旅行以及其他許多事。

　　我們對於如何運用「休閒時間」極為懶散，不像我們規畫工作時間般嚴謹。請好好規畫你的休閒時間，儘量利用這個我們用工作換取的重要事物。

零股

　　你可以購買紐約證交所上市股票的1到99股，不滿100股的交易稱為零股。

---

[24] 維多利亞時代的填詞者吉伯特（W. S. Gilbert, 1836-1911）和譜曲者蘇利文（Arthur Sullivan, 1842-1900），於1871到1896年間共同創作14齣輕歌劇，最有名的包括《彭贊斯的海盜》（The Pirates of Penzance）和《日本天皇》（The Mikado）。

　　零股值得一提，因為在紐約證交所的每月投資計畫實施之前，零股便已存在，而且不需要有計畫的向投資大眾推廣，就已經很發達。但近年來，共同基金大受散戶投資人歡迎，零股交易幾乎是靠著自身的優點才得以維持。

　　購買一檔頂級的投資信託或共同基金，散戶投資人便可獲得管理良好、分散化的證券投資，又不需花費太多心思。如果新手投資人把一半的多餘資金投入這類投資工具，另一半投資美國公債或儲蓄銀行，他既可避通膨又可避通縮，幾乎擁有這個不安全世界的最大保障。

　　零股適合資金不多、但想自己操作的個人。世上還是有很多人希望自己至少勝過一般人，很多人想要邊做邊學，而零股投資就是這類人士的理想工具。本書先前談到，買進最低價格的股票，通常是代價最高的投資。大多時候，投資人買進一檔75美元的個股10股，勝過買進100股每股7.5美元的股票。

　　零股交易的成本視個股價格以及投入資金而異。流行的交易手法是拿1,500美元買進20股75美元的個股。手續費只要20美元，外加以市價加碼四分之一個大點的價位買進零股，亦即外加5美元。此一方法的交易成本遠低於把1,500美元拿去投資共同基金。此外，它也沒有年費，不像基金一定會收取管理費、保管費等費用。

　　零股也可以讓資金少的人分散投資，就像大戶投資人或投資信託一樣。在通用汽車最近的高點，買進整股需要10,000美元。但零股投資人可以依據自己的喜愛分配資金，愛買多少股就買多少股。如果他付現金，他會拿到一張寫有他名字的證書，證明他

持有這些股票，配發股息的公司寄出的支票也會寫上他的名字。他會直接收到公司的通訊，尤其是年報。換言之，零股可以讓散戶投資人享有和大戶投資人同等的待遇。

為什麼要買進的問卷

如果你想讓股息加倍、獲利加倍、虧損減半，不妨針對你考慮買進的每一支股票填寫一張問卷。

（1）我要在這家公司投資多少錢？
（2）我預估可以有多少獲利？
（3）我得承擔多少風險？
（4）我預估要花多少時間才能達成目標？

如果你認為自己可以在六到十八個月內讓本金增加到1.5倍或2倍，而投入的資金不超過10%到20%，我相信你找到了一筆好買賣。

這個題目可以寫一本書，以下僅提出一些簡短的概念：

（1）如果你是個新手，每筆投資投入10%的資本，不多也不少。如果你是個專家，你不需要我的建議。專家可投入20%，一直到法律許可的比率。如果你沒有把握投入你心目的大數目，最好改覓其他標的。如果你看對了，你會希望獲利豐厚到足以滿足你的目標。
（2）你預期得到多少回報，這才是問題的核心。你必須預見

一些尚未反映在現價的因素，才能讓股價如預期中上漲。如果大家的想法都和你一樣，你就賺不到錢。這是簡略的說法，但可以派上用場。跟隨走勢比預測走勢反轉來得容易多了。換個方式來說，在一個看似高昂的價格介入一段上漲行情是很有賺頭的，勝過企圖猜測下跌行情何時會止跌反彈。

（3）我的做法是全身而退，重新來過。只要你把買進價的一成設定為停損點，高價股可以讓你的資金盡情發揮，低價股的話或許設定在兩成。有時當你認賠一成賣出之後，才看到股價止跌反彈，但只要你夠專業，這種情況很少發生。停損就像是付保費，新手可以用數字方式來停損，專家則有自己的理由。傻瓜才會放任虧損擴大。

（4）歲月不饒人。就課稅而言，目前最低持股期限是六個月。超過這段期間的能見度就很低了。即使獲利50%，如果花了很多年才達成，也沒什麼了不起的。

只要填寫問卷，你會驚訝地發現自己的思考有了全新、實用的方向。

「最後即為最先」

有一回我休假兩個月，必須在沒有股價報價機和金融參考資料的情況下，一次寫兩篇專欄。因此，我要來討論「如何」投資而不是投資「什麼」。

大多數人都認為，有了最先，才有最後，但對鞋匠來說，

「最後即為最先」。同樣的,大部分的投資人都以為,最接近波動區間低價的股票,或本益比最低的股票,或收益率最高的股票,或帳面價值比最低的股票,才是最值得買進的。但是,就真正成功、經驗老到、專業的投機者看來,「最高價即為最低價」。

如果你在考慮一個類股裡的數支股票,只要你看對走勢而且不要持股太久,你可以閉著眼睛買進看上去最高價的股票然後賺錢。別誤會,我不是在倡導這種投資方法。我會這麼寫,是因為太多人用了正好相反的方法,也就是買進看上去最低價的股票,其整體績效必然不佳。

這種看似矛盾之說法的基本理由是,股市一直在評估交易的股票。如果一支汽車股的收益率6%,第二支收益率7%,有99%的機率是,第二支的弱點已被市場中所有買家和賣家列入考量,唯獨那些以為高收益率的股票才值得買進的買家忽略了。

下回當你覺得看到值得買進的股票時,把這支股票當成一個紅燈,再仔細考慮,看看自己是否忽略什麼重大的弱點。下回你想放空一檔收益率2%、股價觸及新高、一年來上漲55大點的超級藍籌股時,先停看聽。檢視事實,看看是否有綠燈,以往的成功是否保證未來還會更加成功。

「何時賣出的問卷」

建立部位比結束部位來得容易太多了。當你考慮買進股票時,如果情況有任何可疑之處或不完全合你的意,就別做決定。

可是,一旦你持有股票,考慮是否要繼續持有或賣出完全是另一回事。不論你有多麼不確定或困惑,一定要做選擇。這好比

你的車子卡在鐵軌上，而特快車就要開過來了，不論往後退或往前開，似乎都無法避免撞擊。你還在鐵軌上，火車開過來了，所以你一定得做些什麼。或者，你或許該棄車逃命。

　　如果你的股票賠錢了，假如你在買進時就決定好要怎麼做，我想這種情況無須多想，我總是建議停損。如果是高價股，停損點應該設在投資金額的一成；如果是低價股，停損點應該設在投資金額的兩成。初學者應該把這個當成數學公式，老手則可以自行判斷，做出調整。當你有獲利時，問題才棘手。成功投資的關鍵在於讓獲利持續，而非消散。

　　假設一般讀者持有數支股票，這個問題可分為兩部分。第一個部分是，現在是牛市還是熊市？很少人真正知道，知道時多半為時已晚。如果你認為是熊市，就賣掉股票，別管其他考量。

　　1946年以來，股市的情況是有些股票上漲，有些盤整，有些下跌。過去股票和房地產處於牛市，股票勝過現金，唯有陷入麻煩之產業的股票，或者是超買的股票，才是值得賣掉的標的。本文寫作時，相同的通膨環境似乎又出現了，在這種多頭環境下，不要賣掉股票，除非：

（1）你預見將陷入熊市。

（2）你預見自己持股的公司已發生麻煩。

（3）時空環境變化，造就出一檔更值得買進的股票，勝過你
　　　持股清單上最差的那支股票。

（4）你的持股止漲反跌。

　　自從1920年我投資股市以來，這四條不超過一百字的規則總是能夠教導人們何時賣出。如果你仔細看看這些規則，對你會有幫助的。

　　這個問題的第二個部分是：要賣掉哪支股票？

（A）千萬不要只因為你認為某支股票「價值偏高」就賣掉。

（B）如果你只是要賣掉一些持股，而非全部，務必要違背你的情感，首先賣掉賠錢的、小額獲利或沒有獲利的、最弱的、最令人失望的等等。一定要把最好的股票留到最後。

　　在熊市，股票總是會跌到「價值偏低」的水準以下。而在牛市，股票總是漲到「價值偏高」的水準以上。投資人應該以走勢為依歸，而非價格。當最多數的投資人不看好時，股票便會觸及它們的低價。新聞裡真正的低點或高點，比市場真正的低點或高點提早或落後好幾個月發生。真正讓股市波動的是未來事件的預期心理，而不是事件成真。

　　下回你要結束部位時，仔細詢問自己這些原則，我想應該有助於提升你的平均績效。

借錢去賺錢

　　我想我是有些老古板了，因為我無法理解年輕一輩流行分期付款的觀念。事實上，他們的整個理財「策略」似乎上下顛倒了。

　　年輕人應該要量入為出，付房租，讓別人提供資金給他們買房子等。不過，假如他們希望自己累積一些資本的話，借貸必須侷限於事業、投資或其他賺錢的行為。

　　當然，借錢去投資或許會賠錢，可是年輕人有本錢承受。年輕人就應該大展身手，看看自己能登上什麼高峰。人的一生中總有時候會明白自己的極限。除非經過測試，否則你永遠無法評估這些可能性。首先你要清楚自己的人生階段，才能夠進行個人借貸。

　　我認為，借錢去賺錢是值得一試的。但在發財之前或是瞭解自己的未來之前，便借錢去換更好的車子或更好的房子是沒有道理的。

　　一個人在考慮投資之前，應該先考慮生活的基本需求。當然，你必須有一筆現金以備急用。保險當然也是一定要的。不過，只有你才能判斷自己是否買得起汽車，或者自己應該買屋或租屋。

　　人得有錢才能賺錢。擁有自己的房子，最多只會讓你的銀行利息加倍。年輕人應該追求獲利，而不是立即的收入。他們應該把眼光放長遠，期待以後他們的本金收入可以讓他們過自己習慣的生活方式。

峽谷生涯

　　談到年輕人想到華爾街工作，這種峽谷裡的生涯很適合野心十足的人。

　　我認為最可能成功的年輕人是在學生時代吃飯、睡覺、做夢

都想著這個主題，然後到華爾街工作的人。

每天我看到人們來找工作，他們想知道薪水有多少，工作時間有多長。有些打電話來詢問的人還擔心，搭地鐵到34街以南得多花上幾分鐘。這些人不必考慮他們的前途，因為他們根本沒前途可言。

在華爾街工作有個特別的好處，就是你賴以為生的行業正是你投資儲蓄的行業。只要你嫻熟其中一方面，你有可能變成這兩方面的專家。在一般行業中或專業人士，有時會成為他所從事之行業的專家，但很少會變成投資專家。

不同的人對人生有不同的期望，如果不是這樣，世界就無法運轉下去了。對那些想要多賺點錢、享受假期，並願意盡力爭取的人，華爾街會讓你有雙倍報酬，它既辛苦又刺激。

62 投資經理人的兩難

　　外行人很難去評估他的醫師或律師的能力。但就投資經理人而言，客戶總以為自己可以評估其能力，即使客戶本身所使用的方法通常是錯的。投資管理的主要因素是達到績效所能接受的風險程度，這點很難有正確的評估，尤其是對外行人來說。

　　我在投資管理界三十年的經驗，讓我對他們的績效感到不滿。廣泛來說，尤其是擴大到一連串完整的循環，年頭好的時候，大多數大型專業機構管理的資金所能達到的最佳績效只略高於平均水準，年頭不好的時候，甚至可能比平均水準還差一點。我很少聽說任何重量級信託在谷底大量買進股票，在高點賣出。還有一點，以投資信託而言，最受歡迎的股票名單是根據每日價值編列。舉例來說，如果 Amerada 有一度是最受投資信託歡迎的股票，那是因為它漲的最多，而不是基金一開始買進時就買的很多。

　　這個問題可分為兩部分，投資決策的問題，以及客戶關係的問題，這點對績效有很大的影響。例如，替別人操作的人背負法律和道德責任，這時常妨礙他們運用最可能成功的投資做法。信託界的人只要替客戶買進很多檔最佳股票，即使股價下跌，也不會被抨擊。但萬一他集中部位在一支素質不好的股票，他鐵定會

挨罵。他的理由或許很充足,但人家還是照樣罵他。客戶往往要求完全投資,而且偏愛當日最受歡迎的股票,根本不明白這些策略會不會是最賺錢的或者是風險最低的。

　　股價不完全是根據收支帳或財報。投資人的心理對於市場價格與走勢有很大的影響。讓問題更加棘手的是,消費者心理是決定經濟與基本面的一大因素,而後者又決定公司營利和股利。我們還得處理意外的新聞與偶發的信用緊縮。

　　投資經理人在通膨時期有個合理目標,就是要維持購買力,以及在扣除稅金與美元貶值後取得真正的利潤。同樣的,在不景氣的時候,他們的合理目標是維持流動性與美元價值。比較這兩種目標的操作績效,你就會明白我們距離滿意還有一段很長的路。

　　我們可以設法朝這些目標邁進,甚至可以解決上述的一些障礙。但是,只有在極少數的例子中才有可能。所以,比較實際的問題是,大多數人如何在現況下改善一般帳戶的投資績效。答案是擴大往上賣出以及往下買進的規模。可是,這種做法基本上違背這些年來我在各類文章中提到的投資管理基本概念,尤其是這本書。

　　另外一種可以研究的做法是如何在釀成大禍前便先停損。這點說的比做的容易。竅門在於如何不賣掉只是暫時下跌的好股票,並且出脫真正每況愈下的部位。

　　如果投資經理人不要再想著讓自己的基金跌幅小於平均水準或漲幅略高於平均水準,而是開始思考要每年獲利,這種態度或許可以提升這個行業達成的總績效。

63 我不推銷，人們主動跟我買

　　你無法說服任何人買東西，除非你先說服自己。這個原則貫穿我如何從一個沒有客戶的股票經紀人，變成人們口中頂尖證券銷售員的故事。這個故事並不偉大、戲劇性或奇特，也沒有一個偉大的驚人之舉作為結尾。它是一步一腳印反覆去做的故事。但是，加總起來，成就是很可觀的。我一直猜不透，為什麼少有人能做到這麼容易的事。

　　我的事業是在舊金山由基層出發的。我曾接受一半的高中教育，所有的休閒時間都花在建築、攝影、旅行和汽車。當時我不曾閱讀報紙的財經版面。21歲時，我決定去工作，我沒有去受訓從事建築業，從此投身於證券事業。當時我不知道自己該做些什麼，賣汽車還是相機？書籍、保險、房地產，還是股票和債券？當時沒有受過訓練的菜鳥大多去銷售股票或債券。我那時還搞不清楚股票和債券的差別，或者交易商和經紀商的差別。我當然更不懂推銷，只知道自己討厭推銷。我始終不喜歡推銷，直到今日，我還是不推銷。相反的，人們會自己跟我買。

　　我第一份工作是在舊金山的一個零售債券交易商擔任債券銷售員，在那裡我接受了一天的訓練。上班的第二天，我應該出門去推銷。第三天我就辭職不做了。我辭職是因為我被要求去賣一

種我自己都不相信的證券，當時我無從得知為什麼這種證券不好，可是，我可以在這個證券拿到的佣金出奇的高。當時我便明白，好東西無需特別的價錢就賣得出去，或者人們會主動跟你買，因此，我相信這種證券不是好東西。後來證明我對這支債券的直覺是正確的，因為發行的公司出事了。此後，這麼多年來，這條原則成了我的金科玉律。

我的第二份工作也是在舊金山，那是一家紐約證交所的證券經紀公司，他們在一家大飯店的一樓設有辦公室。我是債券部門櫃台。一整天都有陌生人走進來詢問窗戶海報上廣告的新債券，我的工作是指引他們去找經紀人，發給他們一份傳單，或者給他們看金融手冊。很多人誤以為我是銷售人員，當時法規並未禁止任何人接單，包括我這種菜鳥。所以，我在工作的九個月期間陸續接到大約85名客戶。如果可以這麼說的話，我的銷售技巧是指導客戶買進我認為當時最好的證券，而且建議買進的金額少於他們想買的。當時我就知道，大多數人都急著要投入全部的資金，好讓資金運作，他們是這麼說的。事實上，保守的買進比例加上在合適的時機買賣合適的證券，才能創造最大的最終淨報酬。就許多角度來看，100股賺了10個大點絕對比1,000股賺了1個大點來得好。

事實上，當時我不知道什麼是最好的證券，不知道何時該買進，或何時是合適的買進價格，我盡力而為。但我一直在讀書，特別是閱讀有關股票、債券和市場主題的任何東西；還有投資、投機、貨幣、保險、房地產和經濟學。早年在舊金山，我的工作時數大約是在辦公室待12個小時，下班後至少讀書4小時。我確

定一件事：成功需要時間。我時常在放假時整天一個人待在辦公室，做我自己挑選的計畫。公司從未要求我加班，因為我總是能夠在正常的48小時工時做完我該做的工作。

當時是1921年，股市很低，但在往上漲，我的工作出乎預料的順利。我替客人接單，也自己操作。我記得自己一個月的薪水是90美元整，外加我可以在市場賺到的。我的個人資金是13,000美元，那是父親給我的遺產。

打從一開始，我就成了自己的最佳客戶。如果你不能言行合一，乾脆不要做了。理論與現實有很大的差距，這種差距只能靠你自己嘗試克服。所以我才會說，你無法說服任何人買東西，除非你先說服自己。

名義上，我是在債券部門，可是很快的，我的興趣便轉移到股票。我的辦公桌就擺在公司統計員和債券經紀人中間，替他們做事。我喜歡做統計報告和股票下單，還有替本地交易商做一些債券交易。我向來信任白紙黑字，這種信念，加上我喜愛統計學，促使我替本地報紙撰寫署名文章。但是，我想不起來我的第一篇文章是如何上報的。

我想那是1921年11月18日星期五的舊金山《召喚與佈告》（*Call and Post*）。那篇文章是關於自由債券（Liberty Bonds），文長大約600字。我找到的下一份剪報日期是1921年12月2日。之後是一疊各類的美西刊物。等到1922年8月，文章已配上我的照片和簽名。1922年1月，我設計一大張債券價格圖，刊登在舊金山各家報紙的社論版。這張圖是掛我公司的名字。

這種宣傳對我的公司和我本人都有好處，它吸引潛在客戶來

找我，也讓那些原本認識我的人，覺得我對證券的看法並不平庸。早期的文章都是簡單濃縮一些大家在常見手冊上可以看到的事實，但我不記得當時是否有搭配文章刊登什麼東西。文章講的就是汽車公司生產汽車，鋼鐵公司生產鋼鐵，如果我寫一支股票有6%的報酬，它就是有6%的報酬。只要不嫌麻煩，大家都可以寫這種文章，但卻沒有人做。這些文章唯一的價值是濃縮了金融事實，簡明易讀，又能填滿財經版面。讀者可從這些文章取得日報新聞的短訊。不過，寫作對建立我的知名度大有幫助。

此外，這個時期的財經編輯都變成我的好朋友。《召喚與佈告》的湯姆‧達吉（Tom Dargie）以及《審查報》（*Examiner*）的奧斯卡‧芬巴哈（Oscar Fernbach）幫了我很多忙。當然，我也盡心盡力回報。那個時代的財經報紙內容都很空泛，所以，我試著提供編輯報導、新聞和加州人有興趣的「獨家」，那是我從公司向美東付費租用的電報通訊看來的。他們自然也會向我透露一些尚未刊登的本地金融新聞。慢慢地，我的消息愈來愈靈通，開始知道一些尚未見報的事情。於是，我慢慢有了進步，但沒什麼戲劇性。

第二份工作原本可以做一輩子，但是我又辭職了，這回做了九個月而不是三天。我離開這份工作的理由和我離開第一份工作的理由相同。舊東家有位同事跳槽過來，成了我的頂頭上司。他立刻想故技重施，強迫我向客戶推銷我覺得不適合他們的證券，並且想用特別高的佣金來刺激銷售。

因此，我辭職了，成為E.F.荷頓公司舊金山統計部門的經理。這個職稱好聽，但薪水不高，一個月只有110美元，我手下

只有一名助手。我還把在第二家公司工作九個月期間的85名客戶全部帶來荷頓公司。現在我知道，帶走客戶並不容易。股票經紀公司的員工有時認為客戶跟他們十分親密，但是這些員工想離職時才發現客戶其實不是「他們的」，因為客戶寧可留在舊公司，換個新人為他們服務。但我成功轉移客戶，這證明了以客戶利益為優先是有好處的。

我在現在這家公司待了四十年以上，起初是舊金山的職員，後來派到紐約，然後是合夥人，1962年公司變成股份有限公司之後，我成為董事會副董事長。在這四十年間，要是有任何同事強迫我賣給客戶我認為不適合他或超過他能力負擔的東西，我會第三度辭職。如今在相同情況下，我還是會辭職。

在開始擔任荷頓公司駐舊金山的統計人員之前，我覺得我必須先去一趟紐約市。紐約證交所在紐約，華爾街也是，那裡是最多資本、權力、人才、掌控以及讓整個國家運作的因素聚集之處。過去舊金山的報紙替我的專欄取名為「內行人談話」。但是，我真的內行嗎？我不認為，可是我想紐約的人一定很內行，如果去那裡認識他們，我可以學到東西。但我只想去參觀而已，並沒有別的打算。

這趟旅行是我自己出錢的，雖然我有錢，但別人不會認為這趟旅行是精打細算的支出。然而，時間證明它是最好的個人投資。當時我的生活很節儉，不過兩年前我還過著最低生活成本，一個月住宿60美元，當然，服裝和其他個人開銷也控制在這個範圍。因為我這趟旅行的唯一目的是去結交內行、可以給我資訊的人士，假如他們不認同我是他們的一份子，整趟旅行就都白

費了。因此，我添購了百萬富翁的行頭，一套185美元的西裝，不是月薪110美元的人買得起的那種。行程的其他各方面都比照百萬富翁的等級。我很有把握，如果遇到合適的人士，一定不會輸給他們。我認為這趟旅行的格調可能把我拓展這些人脈所需的時間縮短了十年。我相信，假如我穿得一副窮酸樣，住在三流旅館，我是不會成功的。我同樣相信，假如我的智慧與道德比不上我的野心，即使包下麗池飯店（Ritz）的整層樓，我也無法結交那些友人、和他們建立關係。

這趟旅行大為成功。從紐約回來後，我的見聞比離開西岸時更增長了。我掌握紐約的消息來源，藉由電報或信件，我可以取得在舊金山永遠無法得到的消息。現在，我確實有內幕消息可以透露給西岸的報業友人，值得登在他們的報紙上，而不是從書本中抄來的。我的投資工作更加得心應手，我的文章不再像1921年初期「汽車公司生產汽車」那類淺顯的東西，這種文章任何人想寫都寫得出來。如今我的文章談的是新款汽車，以及它如何影響某家公司的獲利與該公司股價。我開始有獨家報導，不是蒙哥馬利或加州大街上可以隨便聽來的。

單憑事實，即使是大多數人不知道的事實，並無法保證在股市一直成功。重要的是判斷這些事實，以及它們可能造成的影響。雖然我的見解隨著經歷增長而有進步，但還是不夠精闢。所幸我的對手見解也不夠精闢，所以這不構成什麼障礙。但是，大約這個時期我蒙受了一生中在股市最慘重的損失，資本大失血。我虧損的部分原因是大盤重挫，部分原因是我被當時一個很精明的股票經理人給「矇騙了」，但這卻是我一生中發生在我身上最

好的事。我應該每天到這個騙子的墳上去獻花，以紀念他在日後拯救了我。那場1923年股市大跌的教訓讓我學聰明了，所以我沒有陷入1929年到1932年的崩盤。我在那個時期對股市與人們所產生的懷疑，成為一個強烈的賣出因素。如果我不會輕易上當，我的客戶也不會。

當我開始荷頓公司舊金山統計人員的新工作時，我也得製作銷售紀錄。我明白，單純的統計與分析，或者時下慣稱的投資研究工作，只能拿到一定的薪水，等你到達薪水上限時，就再也無法往上加了。但那些真正讓公司賺錢的人又是另一回事，你自己的工作或者業績是沒有上限的。雖然我還是討厭傳統的推銷員，卻喜愛良心推銷的成果，並想用自己方式來做到。因此，我首度自行去開發新客戶。

那個年代，紐約股市的電報線路很不穩定，只有少數幾家券商自己租了電線通訊，才能提供快速的服務。我注意到舊金山的債券交易商有一種「套利」的習慣，藉由隱瞞紐約債市各種債券價格的急速波動來牟利。當紐約市場突然上漲時，他們就在舊金山低價買進這些債券，反之當他們知道紐約市場大跌時，他們就用看似低價在西岸拋出這些債券。用這種方法，本地交易商處理了幾筆單子，每張單子都大賺一筆。我覺得打進法人圈最好的方式是用紐約證交所的佣金低標，盡量多接單子。於是，我開始把紐約的波動通知西岸所有交易商。我並不想賺取不當的利差，而是把消息放給他們，由他們把交易單轉到我這裡，而不是下給其他同業。我只花了幾天的時間，便成為本市這類債券交易的佼佼者。當其他人開始做效時，我已遙遙領先，因為我是最先想到的

人，並且迫使他們採用我的方法。

我對於自己的新人脈很滿意，也很驕傲，我真心認為自己的公司是本市最好、最大、最理想的紐約證交所會員公司，凡是不同意我這種看法的任何事物都使我非常不悅。我尤其不滿一家晚報處理紐約證交所交易紀錄的方式。該報有將近一整版的重要股價表，掛名的一家同業，他們提供的數據是由該公司獨家租用的私人電報系統送到西岸來的。這家公司碰巧是我第二份工作的東家。我想如果那份重要股價表每天掛名的是荷頓公司，人們就會知道荷頓公司有多麼厲害。現在所有數據當然都是經由媒體通訊，但當時我們還不到這個階段，提供表格的公司等於擁有本市的最佳宣傳。

1923年12月，我開始爭取要由荷頓公司掛名。這種長期的安排不可能被普通推銷甚至私人情誼改變，我必須提出換掉那家公司，由荷頓公司取代的強力理由。在舊金山，紐約市場收盤時間是本地西岸時間中午，而不是紐約當地下午三點。我想如果速度夠快，這份重要的股價收盤報價表可以趕上晚報的家庭版。這個主要版本是由舊金山各住宅區的送報生送到訂戶門前。可是電報公司的動作太慢，以致於只有較晚印刷的金融版可以拿到收盤價。

我跟編輯討論這個構想，他原本拒絕。後來他說，假如我們的同業完全清楚我們的意圖，而且在他們也盡量加快速度後，我們還是能每天都以極大的時間差距打敗他們，那麼荷頓公司就可以取代那家同業。

所以，我們開戰了。當然我們大幅領先，並改由我們掛名，

否則我就不必在這裡講這個故事了。我們領先的原因是，荷頓公司確實擁有更好的電報服務，而且投入心血和布里克豪斯（Brickhouse）一同研發簡短的傳輸密碼，他是當時荷頓公司駐紐約的明星電報主管。我們亦縮短了在舊金山的時間，方法很簡單，就是讓一輛摩托車發動引擎，等報紙印出來就出動，另一家同業無法做到這種地步。這件事同樣不靠推銷，因為我營造的局面太過誘人，買主非買不可。

大約此時，我開始接獲其他公司高薪挖角，這回是大幅加薪。我獲邀成為一家紐約證交所會員公司在洛杉磯新成立公司的共同負責人，每周的起薪就等於荷頓公司的月薪。我把這件事告訴了荷頓公司，還花了兩天時間南下實地勘查，荷頓公司也說他們不會跟我競爭。但我拒絕了這份四倍薪水的挖角，理由是成功並非來自於快速賺錢。我覺得，每筆交易只收小額佣金，假如對客戶有好處，我會建議客戶少買一點股票，長遠看來，這樣才會創造最大的總額。我還覺得，你對一份工作的正確態度不在於它在某個時間的報酬，而是多年之後的報酬。我留在原公司是對的，因為洛杉磯那家公司幾年後便收掉了。

早年我因病無法學習建築，如今舊疾復發，我便回紐約就醫。回到那裡，我的病也治好了，我發現自己很難再回去西岸。

我認為，既然我是在華爾街的公司上班，就該待在華爾街。我從不接受不是最好的東西。所以，1942年我決定在紐約市定居。

以一個年紀才24歲、甫工作一年的人來說，荷頓公司舊金山合夥人幫我寫的推薦信相當可觀。我在紐約分公司得到一份工

作，這份工作在一夕之間超乎我的預期。我得到升遷，因為我代筆撰寫市場通訊。這家公司的市場通訊十分出名，開盤前有一份短篇通訊，收盤後則是長篇的，裡面有許多交易短訊。這些訊息透過荷頓公司私家租用的電報線路發送到全國各地，同時從很多城市郵寄出去。我代筆撰寫的文章受到賞識，不久我便成為固定班底。事實上，沒多久我便升任荷頓公司紐約統計部門的主管。

到了這個地步，事情進展得十分迅速。全世界最厲害的莫過於書面宣傳、莫過於白紙黑字，至少當時是那樣。我的市場通訊讓我在兩方面獲益，它的發行量很大，讀者多達數萬人。

一方面，這份通訊促使讀者來找我。另一方面，它的發行與影響使我取得重要的獨家消息來源。

那時候我忙著跟美東媒體的新朋友以及紐約金融界的新人脈交往，包括經紀商、投資信託、投資顧問、銀行，最重要的是公司主管。

但是，如果沒有新客戶和新交易單，我想我的進展會很有限。我的想法還是跟在舊金山時一樣，這種事有極限，但接單或獲利則沒有。那時候客戶如潮水般湧進，大多是自己來的，買他們要買的東西。我從不直接跟他們推銷。我試著幫他們在市場中取得更好的成績，比他們沒有向我諮詢時賺的較多或賠的較少。我讓他們獲悉最新的發展。我的所有業務都只從每名客戶每筆交易中收取最低佣金，但總額累積下來十分可觀。

大多數統計人員永遠是統計人員，永遠不會接到下單的客戶，因為他們的方法十分學術性。有人會問說：「你覺得通用汽車如何？」他們會回答：「那是一家好公司。」就這樣結束談

話。我則是用其他問題來回答問題。「你怎麼會有興趣呢？你有通用汽車的股票嗎？還是你想買進？你還有哪些股票？你有其他汽車股嗎？你投資的資金有多少？」然後他們就會得到量身訂製的答案，關於他們該怎麼做，以及我對通用汽車當時價位的看法，以及股市可能上漲或下跌。這種貼心照顧每次總會爭取到新客戶。

當然，我一直在找尋更多資訊和更多可以建立人脈的地方，好讓自己更加掌握狀況，好讓更多投資人有機會判斷我提供的服務是否值得他們付錢。我用「服務」這個詞，但我不是說，除了一般的紐約證交所佣金交易單之外，我還銷售其他東西。我覺得如果我有股票持有者需要的資訊，交易單就會自己上門來。所以，我通信十分頻繁，會親自打電話給各處的公司主管。不久我就對我有興趣的產業消息靈通，例如汽車、電影、石油和礦業，如同我熟悉自己的行業一般。我去拜會商業領袖，想就他們自己公司的證券問題提供建議。我會詢問他們公司的資訊，以便評估他們股票的市價和走勢。他們通常需要旁人協助了解自家股票的價值，還有他們自己的投資。如果他們折服於我的調查態度，他們就會相信我對其他公司和產業以及對股市的知識與他們是同等的。

舉例來說，我最愛造訪的地方之一是底特律的克萊斯勒汽車公司，以及坐在紐約克萊斯勒大樓高層辦公室的華特‧克萊斯勒。我就能自然而然地知道投資克萊斯勒股票的事，並認識許多朋友和客戶。克萊斯勒公司的人認同我對他們產品的看法，便邀請我到底特律一個隱藏在茂密樹林裡的地方，去看他們手工打造

的祕密實驗車款。有一回，華特・克萊斯勒把我一篇有關新款「Airflow」汽車的長篇分析以及我認為如何加以改進的看法，分發給大約40名員工。這種做法絕非「撤門鈴」推銷術，也不會帶來推銷的壓力，不過我的事業依然突飛猛進。

我記得一名加州的高階企業主管告訴我他們公司的一樁大交易。我很喜歡，我和友人集資買下該公司流通股票的一成，結果買的相當漂亮。但是，這位仁兄忽然不再透露消息。起初我不明白是怎麼回事，後來他才跟我說，他被我嚇壞了。

「你知道太多關於我的事，我不知道你真正的目的是什麼」，他說。所以他擔心我心懷鬼胎，像是質疑他的管理績效。當然，他是多慮了，這種反應我也只碰過這一次。通常在我拜會過一家公司的主管後，我會去找他們的對手、供應商以及他們的客戶，俾以全面及客觀地了解他們的情況。人們會向「內行人」買東西，而不是屈服於施加在他們身上的高壓性推銷。

雖然我一直希望與客戶保持長久關係，而不是只下單一次，但有太多人透過不同方式找上我。大家都有原則，但很少人能夠遵守。我有一個原則，就是絕不妥協。有天一名陌生人走進一家西岸荷頓分公司，看到我寫的一則通訊，建議買進一檔股票，我想是柯羅拉多燃料（Colorado Fuel）公司，每股85美元買進。他買了，等他回到紐約，股價已跌到35美元。他過來自我介紹，想要看看是誰間接造成他的不幸。在我跟他聊過後，他認賠賣出，轉進華納兄弟（Warner Brother）的股票，及時彌補虧損，還讓他賺了。後來他請我幫他管理他在不同券商的投資戶頭。我同意了，但請他全部賣出，結清其他戶頭，把錢匯過來。我不想

做半調子的工作，不想對不是我買進、尤其是不熟悉的股票提供意見。他聽從我的建議，我們十分成功，還變成莫逆之交，只不過我一直不熟悉他的公司。熟悉到會上他們家裡吃飯做客的朋友，通常我會婉拒前往其公司拜訪。我喜歡跟陌生人做生意，冷靜且客觀，基於收費的方式。後來，我和客戶時常變成朋友。

　　替別人買賣股票是一種零售業。但在〈新政證券交易法案〉（Securities and Exchange Acts of the New Deal）實施之前，股票大宗交易是躉售業。經紀人會進行大量人們所謂的「集資」（pools）業務，以及新政所謂的「操作」（manipulation）。我永遠都記得第一張這類大型交易單以及我的重責大任。事情的起頭是，我寫了一份有關同一行業兩家上市公司的研究報告。這份研究分析他們的獲利並比較他們的成長與市值。我把一份報告寄給其中較大型公司的一名董事，他碰巧也是紐約市第一國家銀行的著名銀行家，他們可說是全國銀行業的翹楚。據說在那家銀行開戶每日帳戶餘額必須達50,000美元。我和那位銀行家兼公司董事是朋友，便在該銀行開了一個戶頭。此後，我開出去的每張支票都像在宣傳我的身價以及人脈。我亦由那家銀行得到許多寶貴的金融資訊。

　　我也把那份研究報告交給另外那間較小規模公司的負責人。他邀我見面，但不是在他平常的辦公室，而是市中心一棟辦公大樓高層的私人辦公室。我事先不知情，但這位仁兄不但是公司高階主管，還是個大戶投資人及資本家，這間高樓辦公室就是他的投資總部。他是全美最受敬重、最有人緣和人脈廣泛的人物之一。當時我並不知道，或許他本人也不是很了解這點，不過他是

那種喜歡提拔年輕人的人。當年我29歲，覺得自己很老了，但對他來說我還是個小夥子。他有幾個兒子和女婿也從事股票經紀業，雖然有這層競爭關係，我們還是相處愉快。

我們的忘年之交或許有好幾個理由。我盡量把所有實用知識都告訴他，即使剛開始時他不太可能成為我的客戶，因為他的兒子也從事股票交易這行。我很誠實，當時我認為誠實是理所當然的。我這種想法確實有點天真，但當時我從未向他推銷產品，之後也沒有。

我的第一張股票蠆售單就是他介紹的，他介紹我認識奧克拉荷馬州一名石油大亨，他經營一家在紐約證交所上市的公司。他的公司需要一個人操盤，而我爭取到這項業務。我過去從沒有做過這種工作，但是我熬夜好幾個晚上去研究。我的第一位大宗交易客戶付給我的錢很值得，所以後來我又接到類似的業務。熟悉各種投資業務亦有助於我的私人零售工作。

兩年後，這位西南部石油富商不再下單給我，可是我依然把消息透露給他。雖然他沒有對任何信件、電報或消息做出回覆，我還是一直寄給他有關其事業的實用資訊。有一天，這位石油富商介紹來的一位陌生人，走進我位於百老匯61號的辦公室。他說，有人告訴他我可以幫他「下一點小單」，結果是五萬股的規模。

我最大的長期客戶之一是透過瑣碎的方式培養出來的。我們有一家外埠的經紀人，透過我們在紐約操作，我計畫去拜訪他。出門前，我查了一下總部設在他附近的重要上市公司，其中一家，有一項來自證交所交易大廳的特殊報價，有人用超高價格買

進這家公司不尋常大量的股票。抵達目的地後，我的朋友介紹那家公司的負責人給我認識。那位負責人說明，他利用這種大量、高價的買單「鎖住」公司股價，避免下跌。這張買單是下給另一家經紀商。他的想法是，因為公司員工大多長期持有股票，很多是融資買進的，股價下跌會打擊員工士氣以及工作品質。我做了一番詳盡的研究，把報告交給公司董事會，說明沒有任何買單，不論金額多麼大，可以永遠守住一個刻意設定的價位，而且這樣日後反而會造成更大的麻煩。我同時設計出一個保證有效的平穩計畫，以及可以讓股價落到自然價位的計畫。我們還做了安排，洗掉市場上的融資股票，私下給予他們資金。結果，該公司取消下給同業的買單，用我們的計畫加以替代。我們公司和那位外埠客戶做了很久的大額生意。我們的客戶發現這份計畫奏效，成功解決他們股價下跌的問題。

　　我記得另一位長期的大客戶。我受邀去拜會一家公司的總裁，他的股票有些問題。他的住家和辦公室在長島海峽（Long Island Sound）[25]的一個城市，我決定在股市收盤後開車過去。因為我大概會在下午五點抵達，我擔心他請我吃晚飯，所以我請公司打電話給他，轉告他我一定要在談完公事後立即趕回紐約。我到了以後，和他討論股市問題，安排好事情，在一個小時內便完成交易。當我起身佯裝赴下一個約會時，他說真遺憾，他已經安排好讓他的司機把我的車開回去，他要請我搭乘他的遊艇，沿著海峽航行，並在甲板上享用晚餐。我的生意已經順利談完，所以

---

[25] 在美國紐約、康乃狄克州海岸和長島之間。

我就老實跟他說，那通電話是假的，只是禮貌性拒絕，以免我們把公事和享樂混為一談，況且我事先不知道我們會這麼談得來。所以，我們照計畫乘船出海，享用晚餐，變成好朋友，後來做了很多生意。

另一名客戶從事製藥業。我記得曾幫他蒐集了各種不用毛刷的刮鬍膏，還試用了他正在測試的各種新產品，最後我們挑出一種好聞好沖洗的刮鬍膏。我們替這位客戶做了許多投資，他知道我們很專業，自然找我們做生意。

因此，我們的成功銷售法則是——相信你賣的產品或提供的服務是最好的，持續以有利於客戶的方式為客戶服務，而不是直接向他們兜售產品。

市場通訊的錢途

　　市場通訊（market letters）有閱讀的價值嗎？有人可以靠著它們賺錢嗎？你該如何做呢？

　　這要看是誰在寫市場通訊。好的市場通訊如果使用得宜，是可以讓你賺錢的。

　　要評估市場通訊的好壞，首先要評估發行的公司。它一定要是制度完善、金融評等與信譽卓著的公司。有個人簽名的市場通訊才是最實用的，而且一定要表達對未來的看法才有價值。它一定要表達撰寫人的預期，而不是抄錄已經發生的事。彙整過去的統計數據根本不值錢，這無需特別功夫就能做得正確又完整。

　　接著，評估撰寫市場通訊的人。他應該具有良好的名聲，經驗老到，人脈廣闊，自己的投資顯然很成功。

　　即使具備上述所有重點，市場通訊還是時常出現許多模稜兩可、矛盾不一以及基本判斷錯誤的地方。不過，市場通訊仍然值得一讀，確實也能幫你在市場賺錢。

　　靠著內容紮實的市場通訊賺錢的關鍵，在於閱讀的投資人要融會貫通。

　　這類市場通訊表達的市場看法大致分為兩大類——大盤水準與走勢的觀點。大盤偏高或偏低？安全或危險？走高或走低？除

非論點十分有力，否則這類意見大可不必理會。市場通訊的撰寫人每天或每周一定要說點什麼，所以往往被迫說些雞毛蒜皮的事，讀者不必太過看重這類例行公式。讀者應該注意撰寫人主動發表的重要想法，再給予適當評估。最重要的是，投資人要提防那些判斷錯誤、又設法替自己辯解，或者試圖操縱大盤的撰寫人。

第二種市場看法是比較重要的，亦即有關買進或持有的個股選擇。市場通訊撰寫人在這方面一定會比較成功，勝過預測大盤水準和走勢。投資人同樣應該努力分辨撰寫人主動發表的意見以及不得不寫的例行公式。這往往不難，真正重要的選股會佔據較大的篇幅，得到更多重視。它們會被一再提及，而不是隨口說說。這類股票也會上漲，它們或者看似平凡，或者早已大漲難以追高。

有一名外國市場評論員曾經勸告他的客戶說，「一定要相信我的看法，尤其是當你們認為我錯了的時候」。這是非常正確的心態，而且可以幫你賺錢。我時常發現，我的市場看法當中，凡是大多數人不相信的，都是我最精闢的看法。同樣的，我有些廣為流傳或一炮而紅的市場看法，卻考慮不夠周全。

有關個股看法的一個重點是，若忽然間大家不再提起某些個股，就表示看法反轉。很少有消息靈通的市場通訊撰寫人會傳播個別公司的特定利空，唯恐斷了他們的消息來源。可是，坦率的顧問會毫不猶豫地私下回答客戶提出的合理問題，亦即為何某些主流股突然間退流行了。

好的市場通訊值得一看，若使用得宜，亦可成為投資人的賺

錢指南。但天下沒有不勞而獲的事，投資人必須明智地詮釋市場通訊的觀點。把許多好的市場通訊觀點當成個人研究和確認的路標，你就可以賺到錢。

但即使是最好的市場通訊，一旦盲從，只會導致虧損。讀者不花腦筋，當然一無所獲。我遇過的唯一例外是有個投資人，凡是我喜歡的個股，他幾乎都買進。如果他買進的股票下跌，他就賣掉。如果上漲，他就持有。多年下來，這位仁兄賺了很多錢。或許是因為聽從我的市場通訊，也或許是遵守「停損賣出，盡量擴大獲利」的古訓。

另一種不同的個股看法是經紀商和交易商發佈的個股分析，以及報章雜誌所刊登的。其中有些是寫給法人機構看的，內容相當完整，包括他們參觀公司廠房和會晤公司主管。

這些研究反映出撰寫人的功力。最近《金融分析師日報》（*Financial Analysts Journal*）有一篇評論，轉載如下：

買進 Chesapeake & Ohio，賣出聖保羅

面對事實吧，時間就是金錢。金融分析師的存在就是為了發掘賺錢的路子。如果他們沒有用自己的知識建立起自己的本錢，就必須盡量讓客戶、同事或老闆相信他們的看法。

我在華爾街四十多年來所知的最佳金融分析師是法蘭克・狄克（Frank Dick）。狄克先生已過世多年，如果可以的話，我想他會嚴厲譴責我稱他為「分析師」。狄克先生是位十分周全的人。當他評估一份房地產時，他是真的去檢查它。更重要的是，他知道什麼該注意、什麼該忽略、什麼該

相信、什麼該質疑。當他做出一項評論時，通常可以濃縮為短短兩句話：「買進Chesapeake & Ohio，賣出聖保羅。」

雖然現在很少有分析師名氣大到不必多加解釋，投資人就會接受他們的評論；但他們的解釋應該簡潔有力，結論應該明確清楚。價格與走勢至為重要，在錯誤的價格和時間買進最佳的股票，可能會釀成災難。世上最好的種子也必須在春天播種才能發芽，沒有小麥會在冬天發芽！

現在我們看到的分析大多太冗長，內容通常在敘述，而非分析。有時，我都擔心這些撰寫人太容易相信人。你在實地調查時的所見所聞很自然都會是好的，但你不能只看表象。你應該去找那家公司的對手，詢問不可告人的祕密。

最後，做你自己。獨特的個體依舊是世上最強大的力量。

⑥⑤　理想客戶

　　經紀人最原始的功能是按照客戶的下單交易股票以賺取佣金，投資成功與否，全憑客戶自身是否選股正確、買賣股票有無快狠準。

　　但如今從大批例子看來，這種情況已有所改變，客戶開始將經紀人視為自己的投資顧問，而且幾乎發展成一種信託關係。但投資股票能不能大豐收，客戶本身的行事作風是最大關鍵。即使是優秀的經紀人，旗下客戶的投資成效也未盡相同，他在相同時機給每位客戶相同的投資建議，那為何客戶間的投資結果大不同？

　　曾經有一位客戶問我希望他怎麼做，尤其是多久和我連絡一次最理想，如果他天天找上門來是不是太叨擾？可是每月才一次是不是又顯得我怠慢了他？你是不是理想客戶，還是差強人意？

　　你個人對於你投資結果的影響力，遠大於你買的股票被列為何種投資評等。經紀人即使給人人相同的投資訊息，但由於個別客戶的想法與做法迥異，表現出來的投資行為可能天差地遠；而客戶南轅北轍的投資行徑，也深深影響經紀人往後指引的投資方向。10位客戶分別拿出100,000美元給經紀人，異口同聲說：「請幫我用這筆錢做投資。」即使他們心裡都有共同目標，也就

是無需冒太大風險就能獲取最大利潤，但之後這些人必定各有各
的訴求。

第一位客戶可能要求停止進場別再投資，第二位說他無力負
擔虧損，第三位一再提及股息，第四位暗指經紀人判斷錯誤，害
他一下子蒙受損失。

我在此要探討的，當然不是年齡、需求及稅務等級各異的投
資人，而是這群人接受同一經紀人的指導建議，投資收獲理應相
去不遠，為何會出現落差。

若不能按照客戶的個別情況進行不同的投資規劃，那經紀人
就顯得不近人情。有些客戶可以孤注一擲，一進場就把100,000
美元全部梭哈；有些客戶最好按兵不動，切忌貿然出手；有些則
可走中道路線，投入一半資金試探市場水溫。當然買股清單也會
視情況調整，經紀人不再一廂情願推薦自認最值得投資的股票，
而是為10位投資人量身訂做符合他們個別需求的投資標的。

一旦啟程航向股海之後，這10位投資人對待他們「船長」
的態度也大異其趣。有人對經紀人信心滿滿，有人則戒慎恐懼，
有人會給經紀人諸多建議，有人完全聽從經紀人指示，有人和經
紀人稱兄道弟互動密切，有人卻始終神龍見首不見尾。投資人截
然不同的行徑多少會影響經紀人的操盤方向，結果不外乎出現獲
利、虧損或未平倉部位，10位客戶面對各自的投資成績反應不
一，對試著盡可能如每位投資人所願的經紀人而言，操盤方向
將再度受到左右。儘管每位投資人一樣拿出100,000美元作為股
本，由同一位經紀人在相同市況下操盤，一年後股票收益竟有
90,000美元到140,000美元的差距，無論你信或不信，這種常見

的戲碼一再上演。

　　上述討論的心得是，「理想客戶」會發現愈來愈難找到他的「理想經紀人」。過去大部分經紀人與客戶面對面時免不了個人主義色彩，只是有程度輕重的差別罷了，不過現在的情勢有別以往，向來我行我素的經紀人不再一意孤行，開始懂得體恤投資客戶的需要。

　　老一輩經紀人相當本位主義，自作主張替客戶操盤，一手主導投資策略；但如今時移勢易，由研究部門或投資組合分析單位決定投資方向，經紀人只扮演傳達訊息給客戶的角色。

　　如此一來對投資人更有保障，避免因經紀人片面的錯誤決定造成無可挽回的損失。但另一方面，經紀人卓越的投資天賦將因此而受限。

66 永久獲利

　　我在華爾街打滾四十年至少學到一個教訓，那就是這裡始終充滿機會。世事無常，不同世代的人看事情的角度也大相逕庭。

　　舉例來說，1935年我最關心的就是房價問題，當年房市略顯低迷，房價低檔盤旋。相形之下，現今一間30,000美元的房子在我看來已屬高價位，在1935年稱得上高級住宅的行情只有7,500美元。對首次購屋的新婚夫婦而言，當今房價合情合理，建築品質也令人滿意，不過那是因為他們未見識過1935年的房市情況。

　　隨著年齡增長有一點我們必須特別牢記，我們不應拿過去的價格行情與今日相提並論，同樣的道理也可套用於股市。由於當前稅率比我們以往所熟悉的還高，加以一些投資上的限制，才會讓老一輩誤以為現在的投資機會不如他們昔日的美好時光。

　　如同榮景氣氛讓新婚夫婦樂觀看待今日房市，企圖心旺盛又能幹的金融界人士，總會趁多頭時局擬定投資計畫，也多半一如預期成果豐碩。儘管一個人考慮購入人生第一棟房子與攀上事業頂峰的時間點不見得一致，但投資機會無所不在這項準則，無論時代如何變遷都經得起考驗。

　　本著這項準則讓我們獲利匪淺，這使得我們回想起華特‧

克萊斯勒讓瀕臨破產的麥斯威爾查莫斯汽車公司（Maxwell-Chalmers）起死回生，與通用及福特並列美國三大汽車鉅子。明天、明年、年復一年，領袖級人物會彰顯他們卓爾不群的特質，而慧眼獨具且信心十足的投資人，買股票無往不利。美國證券管理委員會每月都會公布公司高層主管與持有10%以上有表決權股票股東的交易情形，企業如何看待自身的機會前景，由此便可看出端倪。

　　即使美元疲弱不振也還是有翻身機會。《基督教科學箴言報》（*Christian Science Monitor*）曾刊載一則小故事，樂天的年輕爸爸說：「我今天替我的小寶貝買了1,000美元的債券。」他生性悲觀的友人質問：「他長大後究竟能用這點錢做什麼？」這位父親笑著說：「喔，他高中畢業時可以買套新西裝。」

　　悲觀者會覺得投資道路遍佈荊棘，樂觀者卻相信柳暗花明終有回報之日，這就是我們身處的世界。

67　好股票的條件

　　評鑑股票優劣有三大基本指標，其中最常被檢視的就是股票的基本面，若基本面是衡量股票的唯一標準，部分股票一直以來的確是所謂的績優股。以杜邦化工為例，這是我記憶所及最好的股票之一，但弔詭的是，好股票未必值得投資。杜邦股價自1929年起多次暴跌，分別從1929年57.75美元的高點，劇跌至1932年的5.5美元；1936年的46美元跌至1938年的22.625美元；1939年的47.125美元跌至1942年的25.625美元；1946年的55.875美元跌至1948年的41美元；1951年的102.5美元跌至1952年的79.625美元；1955年同一年由249.75美元跌至157美元；最後從1959年的278.75美元，跌到1962年的164.5美元。

　　第二項常用來判別股票好壞的指標是股價，投資人常在意股價高低，但連專家都無法掌握股價何時達到高點或落底，更遑論我們這些初出茅廬的股市生手。

　　第三項選股指標，在我看來也是最重要的，就是走勢。投資股票無非是為了賺錢，股價上揚即能達到獲利目的。買到股價步步高升的股票自能大撈一筆，誤選節節挫低的股票只有望荷包失血興嘆。因此評估所買股票能否獲利，股價走勢這項指標至關重要，幸好研判股價走勢要比股價高低輕易得多。

　　判斷股票基本面很少模稜兩可，訓練有素的股市分析師檢視上市公司的資產負債表及營收記錄之後，幾乎能準確無誤地將股票等級劃分為「極佳」、「尚可」及「不佳」。1964年起，以公司基本面判別股票投資價值的重要性更甚以往。體質欠佳的公司股價難有令人驚豔的表現；而基本面極佳的企業，股價不僅維持一定的水準甚至會更上層樓。因此投資穩健經營的企業形同押對寶，這項投資法則可謂屢試不爽，發不出像樣股利的公司，其後勢發展令人堪慮。股價走勢在股票分析上同樣扮演重要角色。顯然以基本面良好且不斷擴展的企業作為投資標的，更勝於停滯不前甚或每下愈況的公司。

　　根據我長久以來的經驗，當市場實際走勢與原先指標預測的背道而馳時，這些出乎意料的發展更值得加倍關注。

⑥⑧ 今日美元

　　近來我在若干投資刊物經常看到這樣的論點，在道瓊工業指數回檔到1929年的低點之後，投資人若是長期持股，最壞也是不賺不賠，只要耐心等候，獲利指日可待，所有投資人唯一要做的就是等待，而且股票下跌時最好逢低加碼買進。

　　這是令人誤解的說法，從很多方面都能印證上述觀點有誤。首先，並非所有下跌股票都會反彈。道瓊工業指數雖自1929年的低點回升，但許多個股卻未隨大盤上攻，你可能買到反彈無力的股票。

　　其次，連小學生都知道今天的美元到了明天可能會貶值。1美元若以6%的複利計算，12年之後會增值一倍；換句話說，今日的1美元經過6%複利加乘，12年後會增值為2美元。但這純粹是數學上的計算，若考慮到購買力改變的問題，當今美元即使以6%複利計算，12年後也有可能縮水一半，只剩50美分。

　　你今天買的空頭股票，要等上數年時間才有觸底反彈或是獲利的機會，但儘管股價回復到最初的高點，卻發現滄海桑田人事全非。投資人即使苦守寒窯堅持到底，卻等到年華老去，貨幣幣值與購買力均大不如前，凡是謹慎的投資人都不會做這種投機生意。世事多變，因此當你今天投資一塊錢，展望未來行情變化以

半年到一年半為宜，切莫把時間拉得過長，否則無法掌握確切的股價走勢，投資人不該盲目苦守股價反彈。

　　將錢投資在獲利前景未被過分渲染的股票上，如果獲利確有成長，是可以安心抱股，但要是選股錯誤，就認賠了事，另外買進獲利前景更為明朗的股票。

69　花豹從不改變斑點

當能幹、認真的企業主管辦理現金增資，他們的目標是要用最低成本募集最多資金。我認為，他們發行新股的成功程度是很好的指標，可以顯示他們的商業本領以及他們對新股東的誠意。

1933年的證券法案規定，總額在300,000美元以下的公開發行新股只需短期登記即可，不需要像大額發行的公開發行說明書（prospectus）必須列出許多資訊。在某些情況下，無需跟證管會提出登記，便可以發佈股票公開發行說明書給潛在投資人。值得注意的是，證管會並不保證任何股票的優點，亦不保證承銷商發佈的發售通告（offering circular）[26]或任何銷售文件的正確與完整性。證管會僅要求完整揭露，如果事後發現發行人沒有做出完整揭露，購買股票的人有權取消。這類豁免證券（exempt securities）已經大量銷售。參議院銀行和貨幣委員會在股市研究報告中特別評論這個領域的濫權行為。他們指出，這些濫權行為包括誤導和不負責任的廣告，以及發起人（promoters）挪用發行股票所得的大部分資金。

即使如此，這類股票發售通告還是要非常仔細地加以研究。

---

[26] 發售通告是一種出版品，承銷商揭露將在初級市場發售某種證券的基本資訊。

第一個要注意的重點是公開發行的價格、收取的承銷費用，以及公司募集到的資金。這些數據總是在股票發售通告一開始就明顯陳述，但若不細看註解以及通告裡的進一步資訊，很難看到完整的故事。有很多案例是有額外的費用，需要自行加總。很多時候，承銷商可以用公開發行價格的一小部分購買股票，或是可以取得選擇權或認購權證，等日後確定市值後，他們有權以低價買進股票。要逐句閱讀發售通告以及字裡行間的意含，看看公司拿到多少，承銷商拿到多少，才能計算募集資本的真正成本。我的重點是，如果募集資本的成本太高，這檔新股有好幾個理由不值得購買。首先，你只能在公司實際投資的資金這部分獲得利潤，不包括落入承銷商或經紀商口袋的那部分。當然，他們做事應獲得報酬，可是，容許他們拿走過多報酬的公司主管要不是因為發行案太糟糕，沒有人想承銷；要不就是他們缺乏能力及道德去捍衛新股東的利益。

其次，發售通告要注意的地方是公司打算達成的市場穩定程度。許多發售通告會坦白地說，承銷商可能暫時把新股維持在高於公開市場正常水準以上的價位。用白話來說，這表示他們可能在賣出自己的持股時支撐股價，等他們賣完以後便不再支撐，讓股價破底。順帶一提，銷售人員時常告訴股票購買者，當承銷商正在「穩定」或支撐市場時，他們不可以賣掉股票。這根本不對。如果你犯了錯，買了一支股票便後悔，只要有人出價，你就可以賣掉。

另一個觀察重點是原先的老闆或發起人用他們的財產換到了什麼。通常他們是拿不久前還一文不值的財產換到一大堆股票。

我看過有的資產聲明，他們手邊實際持有的現金還不到5美元。

至於金額超過300,000美元的公開發行，股票必須經過登記，此外承銷商有責任發給所有買家公開發行說明書。但除非有意購買的人閱讀並了解說明書內容，然後才決定是否購買，否則這項程序沒什麼意義。如果買家是在買了以後才閱讀發售通告或公開發行說明書，有時還是可以解決，那就是銷售人員口頭陳述有誤導之嫌的時候。重點是，證管會既不贊成也不反對利用說明書發行股票。證管會亦不保證說明書的正確性與充足性。不過，我可以說在大多時候，注意投資價值的人，可以從中獲得足夠的資訊以判斷自己買進的股票。

剛才有關發售通告的討論重點亦適用於公開發行說明書，主要差別在於後者更加完整。要注意的地方是承銷折價和佣金、承銷商以低價買股的權利或配發的認股憑證或選擇權、其他費用、穩定程序等。這些資訊分佈在不同標題的不同段落，像是「公司主管交易」、「辦理公開發行及發行條件」、「過去與考慮中的融資」、「公司沿革與業務」、「公司及發起人」等。

當然，濫權行為最常發生在股價最低的公司。他們募集到的資金通常是最少的。所謂的「低價股」（penny stock）[27]、外國股票、原子、鈾、石油、電子和其他「浪漫」股，是那些自私自利的發起人最能圖利的領域。只要注意我在這裡說的事項，想買這類股票的人就可以避免許多遺憾。如果投資人看不懂發售通告或說明書，可以去請教理財顧問或律師。

---

[27] 指股價低於1美元的美股，類似台股所稱的雞蛋水餃股。

提防陷阱

我大概每個月都會在廣播電台或某個地方被問到：「沒經驗的股票買家最大的陷阱是什麼？」我的答案都是一樣的：

「避開炒作股。先從買進最有名、最流通、最成功和最大的上市公司著手。」

證管會一直在擬定一些新法規，想要保護購買被炒作的低價股的人。傅爾布萊特的調查報告[28]發現，店頭市場需要加強管理，才能使投資人獲得跟上市股票差不多的資訊。這場華盛頓公聽會亦決議，不需要完整登記和完整公開說明書的個股，相關融資應加強管理。最緊急的是各州證管會應將其法規要求提升到聯邦水準。

在這個場合，許多複雜和具爭議性的立法變成辯論的主題。在我看來，有個很簡單的解決方案，就是堅持發行價格至少要在每股10美元以上。

內行的投資人絕不會注意每股股價，而會注意總市值。他們把股價乘以流動股數，總額就是他們想買的股票市值。他們會把市值當成起點，進行分析。

菜鳥時常把股價與市值混為一談。根據他們的看法，超級石油公司（Superior Oil）1,070美元的股價很貴，另一家不知名石油公司1.125美元的股價很便宜。在他們不幸被誤導的無知之下，花幾個銅板就可買到的價格是很便宜的。沒有心眼的「傻

---

[28] 美國阿肯色州參議員傅爾布萊特（J. William Fulbright），於1955年發表的一份股市調查報告。

子」就是這樣「上鉤」的，這也是傳說中的「華爾街的邪惡」。
但我們這些紐約證交所的會員經紀公司絕不會稱這種事很「華爾
街」，而是一個好名聲被濫用於不法之目的。

　　我們一定要有比率的概念，並且了解大多數大企業在他們的
發展階段也是小規模的，事業的各個階段都必須冒險。重點是，
冒險的人是有能力承擔以及了解風險的人。同等重要的是，確保
投資在這些風險公司的大量資金全都進了公司，而非半路被攔截
到上市公司發起人的口袋。在紐約兩大交易所上市的特權就是他
們那具有一定水準的股價。當一家公司的股價超過10美元，承
銷價格的比率在一個百分點以下，這種比率小到無關緊要。若是
股價低，承銷價格可能高達市價的二分之一。這就是上市承銷價
格不應低於10美元的原因之一，除非有不得以的因素而加以嚴
密監控。

　寫給股市新鮮人的真心話

　　在你考慮進行任何投資前，應該想想自己是否準備好了；你不應該沒做好準備就倉促行動。而且你只能拿多餘的錢，也就是滿足你基本需求之後剩餘的錢去投資。

　　在你考慮投資前，所謂的基本需求就是有一筆現金以備不時之需。如果沒有準備好的話，新增家庭成員就會成為財務緊急事件。我們永遠不知道何時會生病或財務吃緊，只要可以馬上把它換成現金，你可以把這筆現金放在餅乾罐或街角的銀行，也可以放在美國儲蓄債券。這筆現金的金額視你的年紀、收入，以及你有多麼重視安全感而定。我聽過一個很好的基本原則，你應該預備至少兩個月生活費用的現金。

　　等你照顧好自己的基本需求，如果還有剩餘的話，你就可以考慮運用這些剩餘的錢。你要讓錢變多，這就是所謂的投資。

　　事實上，當你想要從剩餘的資金獲得報酬，例如開立儲蓄帳戶，你就已經開始投資了。很多人以為買房子也是投資，可是，買房子是一項冒險。房子可提供你的家庭很大的情感滿足，同時，它也確保你有個安身立命之處。然而，單就投資來看，買房子通常很沒效益。最初的購買價格只是總成本的一部分，你必須不停花錢維修、付房貸利息、繳稅和保固。想要把你的錢拿回來

可能要大費周章，而且通常會讓人失望，尤其是如果你急著要脫手的話。

假如在房屋提供給你種種的美好事物外，也成為一項好投資，就把它當成意外的紅利吧！近年來建築成本增加，這點倒是真的。

你的部分投資一定要是儲蓄，現在銀行存款的利率達4.25%。我建議這點，不是因為它帶來的報酬，而是它的安全價值。萬一發生通貨緊縮，你會有一項避險工具，放在銀行的錢會增加購買力。至於你預期的報酬，存在儲蓄銀行帳戶裡的錢以現今利率來看，大約20年便會增加一倍。在商業銀行的儲蓄帳戶，利息或許低一點，所以需要長一點的時間才能倍增。如果你把錢放在儲貸機構，會比在儲蓄銀行早一步增加一倍，因為這些機構把大部分資金拿去投資更高報酬的房貸。

基於同樣的理由，你的投資計畫也應該包括美國E系列債券。它們很安全，同時又給你合理的報酬。

在我看來，每個中等收入家庭的投資計畫有一半應該是保守的美國債券和儲蓄銀行存款。

另一半應該投資在一項事業，你才能分享公司的獲利與成長，或者投資房地產。

另一個選項是投資美國大企業，這是最受投資人青睞的。

當你把錢投入美國大企業，你知道自己的錢是交付給訓練有素的管理專家。況且，你隨時都能知道自己的投資價值多少，只要打電話給經紀人，馬上就可以賣掉持股。對一般人來說，大多數公司債所能提供的，你只要去買美國儲蓄債券也都能得到。

　　——優先股（Preferred stock），介於債券和普通股之間。萬一公司出事了，優先股的求償順序在普通股之前。在償付債券利息或任何股息之後，你是第一求償順位，可是股息是固定的。優先股的價格通常呈緩慢成長，也可能不成長。所以，如果這家公司發達了，你會很嫉妒普通股股東。

　　——普通股（Common stock）。我認為普通股提供一般人把錢變大的最佳機會。（當然，你的風險也增加了。）證交所絕大部分的交易都是普通股。普通股可以讓你用兩種方式賺錢：股息，也就是公司獲利分給你的那一份；以及持股價值變動。當然，價值可能漲或跌。一段時間下來這兩方面的總報酬才是重要的。

　　普通股的話，你的投資可能在十二年內加倍，或者六年或者一年。反過來說，如果你投資失利，你可能賠掉大部分資金。真正的結果就要看你買了什麼，何時買進，何時賣出。所以我們才說股票是「風險資本」。除非你願意並且能夠分享或分擔你選擇的一家公司或好幾家公司的運氣，否則你不應該投資股票。

　　過去十年，消息靈通的特選股股東在十年內至少把資金增加了一倍。但那是美好繁榮的十年，股票由低水準起漲。有些股票，特別是績優的公共事業公司，一直維持穩定的價位，並不斷固定配發股息。紐約證交所至少有60檔股票自本世紀以來從未停發股息！

　　相反地，有些股票讓你動作頻頻，就像運動界說的「顫慄快感」。一個明顯的例子是一家大石油公司。1942年以100美元買進這支股票的人，9年後可以用4,000美元賣出。再舉一個例

子，一家大型航空公司的股價在4年內大漲800%。許多股票在一年內漲了一倍，很多股票則跌了一半。

然而，這種狀況很少發生在中等收入的新手身上。隨著經驗累積，以及時間消逝，投資績效應會改善。新手應考慮最佳的長期投資。當然，你至少要一年一次檢討自己的投資，看看是否有落後的個股需要剔除。只有老練的專業人士才適合快速進出股市求取短期利得。這得做很多功課，膽子還要夠大。

以長期投資而言，大多數知名的股票均提供許多誘人的可能性。平均來說，整體股票價值似乎遵循一種逐步上升的模式。在過去55年來，儘管有漲有跌，產業股的價格平均每年上漲超過3%。未來一定會有下跌的時候。但長期來說，人口增加、生活水準提高以及貨幣似乎不停貶值，必然會使價格曲線保持緩慢上揚。

你如何挑選符合自己特殊需求的最佳投資？

我認為，最適合開始進場的地方是股票型共同基金，尤其是如果你最初的資金介於500到1,000美元左右。共同基金可以保護你不致於犯下大錯，並且訓練你直到你有信心自行操作為止。基金業者會寄給你有關大盤走勢的簡單報告，並不時解釋為何他們加碼某些公司，減碼某些公司。你可以一邊賺錢一邊學習！

現在有100多檔共同基金。你的經紀人或理財顧問可以指引你找到最符合你需要的基金。如果你是個積極進取的年輕商務人士，或許會喜歡多種類股、投機性、波動快速的基金。假如你們是小夫妻，著眼於播種未來的種子，你們可能喜歡強調「成長型」投資的基金。

　　當你過了學習的入門階段，或者得到更多資金，可能會不滿於你的共同基金。舉例來說，共同基金的投資成本必然相對偏高。專家說明與安全保管都要花錢。共同基金的銷售費大約是7%或8%。

　　此外，你可能開始對共同基金跨類股的報酬感到不滿。如果整個大盤同步下跌，你自己的跨類股基金幾乎必然會一起下跌。你或許會覺得自己可以挑出超越平均水準的個股。

　　假如你開始自己操作，務必要調查各種可能性。你的經紀人或理財顧問可以提供你必須知道的基本事實。只要看一眼，你可以看出各家公司的每股盈餘以及當時的股價是高還是低。除此之外，我想你在選股時還要牢記幾項重點。以下是五個重點：

（1）你要在心裡想好自己的目標是什麼。你是否跟大多數投資人一樣，想要挑到股價會上漲的股票？如果是，你會喜歡有潛力的公司。或者你喜歡穩定的股票，可以固定領股息？如果是，你要注意公司的財務體質和過去的績效。哪家公司有多少年連續發放股息，沒有中斷？

（2）新手適合一定數量的股票。假如你持有四或五家公司的股票，每家都在不同的產業，你會感覺比較安全。

（3）先挑選產業，再挑選個別公司，並且要選攸關美國人生活的產業。挑選有前途的產業，特別是你考慮長期投資的話。

（4）在挑選個別公司時，如果你是新手，就挑龍頭公司，擁有家喻戶曉的名氣，就像你會購買你信賴品牌的產品

一樣。

（5）挑選管理階層有活力、有遠見的公司。挑選吸引一流主
　　管的公司，並且透過不斷研發以擴大市場的公司。

不過，別太熱中於選股，以致於忽略你的投資計畫裡保守的
那一半——儲蓄銀行存款和美國債券。

買進股票後，不論發生什麼事，你將迎接一段興奮時光。你
會發現自己每天都在翻閱報紙的財經版，看自己股票的表現。你
甚至可能發現自己四處去參加股東年會。去年有些年會在公司的
水壩、機場停機棚或公司船隻上舉行。現在的年會大多提供午
餐，女性股東尤其開心。

更重要的是，你會覺得自己在美國的發展扮演了一個重要的
角色。不久之前，美國鋼鐵（United States Steel）前任董事長厄
文‧歐茲（Irving S. Olds）說過：「我希望有朝一日所有美國家
庭都會買進美國工業的一部分，不論這部分是大是小。對我來
說，這才是真正的公共所有權。」

我衷心同意。美國未來的成長寄託在美國中產階級扮演我國
大企業股東的意願。

投資美國的未來！不過，要小心，謹慎為之。那是你的錢！

⑺ 再論研讀股價條

　　紐約證交所如今有 3,772 台的收報機（tickers）在運作。另外還有 650 台 Trans-Lux[29] 和 5,650 台其他裝置在傳輸股價給觀眾。

　　在我看來，真正有研讀股價條的觀眾遠多於那些確實可以看到股價條的少數人。

　　我認為，研讀股價條意味著，你根據你對交易的詮釋來預期股價。現在，我指的尤其是了解過去對未來的影響，以預測股票走勢。

　　紐約證交所大廳的經紀人，不論是收佣金的經紀人、市場專家或大廳交易員，都擁有股票交易的第一手資料，因為它就顯示在他站的大廳崗位前。不過，若要了解整個市場的部位，他必須觀看 Trans-Lux 螢幕上顯示的股價條，這些股價條以不同時差印出交易，落後的時間視當時市場活動而異。

　　不在紐約證交所大廳的人，若能看到收報機，或許會比大廳人員更加貼近市場，因為除了收報機之外，他還能看到經紀人訂單室裡的報價，雖然它們通常稍微落後實際的大廳價格，但它們來自大廳的許多點，而不只是一個大廳會員的崗位。大多數人認

---

[29] Trans-Lux 公司生產的電子顯示器，播報主要股票的價格。

為這類人是基本的「股價條研讀者」（tape reader）。

可是，在我看來，凡是根據股票交易來決定是否進出股票以及交易標的的人都是「股價條研讀者」。我把這個名詞視為一種「綽號」，而非準確的描述。我認為，其實應該將股價條研讀者稱之為「交易分析師」，假如這個頭銜不是這麼拗口的話。

所以，凡是每個小時桌上就會擺著最新股價、並根據研讀資料進行交易的股票買家，都是「股價條研讀者」。我還記得自己生命中的這段時期。有一次我住進紐奧良一家醫院，每個小時當地的經紀人都會給我最新股價。我告訴他買什麼、賣什麼。我賺的錢支付醫療費用還綽綽有餘，那真是十足的「股價條研讀」，彷彿我眼皮子底下就有一台收報機。

根據我的定義，或許最大的股價條研讀者團體，就是那些每天盯著報紙上的股價表版，觀察成交量、開盤價、盤中高價、盤中低價和收盤價的人。

也有人只看一周的股票版。

還有另外一大票人看「技術線圖」。

在某個程度上，他們都是「交易分析師」。

我說某個程度上，是因為純正的股價條研讀者可能真的很少。我對純正股價條研讀者的定義是，只依賴股票交易來做決定的人。一旦他在判斷時摻雜第二個因素，他就不再是純正的「股價條研讀者」。如果他想要判斷買進或賣出是「好」或「壞」，套句股票經紀人的術語，他就偏離這一類了。股價條研讀和技術分析並不一樣。前者是後者的一部分，技術分析比純正的股價條研讀，需要考慮更多因素。

很明顯的,考慮獲利、股息、資產負債表,已遠遠偏離股價條研讀的範疇。真正的股價條研讀者必須知道實際交易的一切資訊,外加預期中及已實現的新聞。

為了判斷他自己的交易,所以他得知道預期的新聞與實際發生的新聞。也就是說,如果一支股票沒有新聞便交投活絡、股價強勁,對他是一種意義;若股票因為宣佈加發股息而交投活絡、股價強勁,對他又是另一種意義。真正的股價條研讀者只考慮新聞與股價條之間的關係,絕不會單純依賴新聞。如果一個人因為利多消息就買進股票,他便不是一個股價條研讀者,如果他考慮其他基本的股票統計因素,他也不是。但是,如果他買進一支股票是因為股票因某些消息而有的波動,那麼他就可以真正被視為是根據股價條進行交易。

大廳報價、股價條報價、股票版和技術線圖之間的關係是,交易分析者以同樣方式使用這些資料。股價條研讀者在腦中計算,線圖研讀者則把它寫下來。這兩種人受到同一股力量的驅動。

雖然我打算保持盡可能接近實際的股價條,但我認為我必須強調這層關係。研讀股價條有什麼價值?如果用它搭配其他因素來做出正確的投資決策,或者引發投資調查,我認為它就很有價值。

我特別指的是「投資」,而不是「交易」或「投機」。交易分析不一定只有通稱的「交易員」或「投機客」才能做。買進與賣出價格之間的差距,是決定一項投資的最後因素。如果你沒有把過去和現在的價格以及成交量當作判斷未來價值的因素,你不

是無知就是有偏見。就引起人們注意潛在投資這點而言,股價條是很有價值的。

從這個段落開始,我不再討論先前定義的「純正股價條研讀」,因為實際上,很少人真的做到,更少人因此賺到錢。不過,根據股價條研讀標準來判斷自己想買進或目前持有的股票表現是「好」或「壞」的投資人,可說是擁有股票交易成功的利器。像我就不會買進或打算持有表現「壞」的股票,除非我有令人信服的理由,並且認為下跌的理由是暫時的。請注意,我特別說「打算持有」,是因為就實務而言,我們發現結束交易比開始交易來得困難許多。部分原因是個人心理,部分原因是課稅期限和其他考量。

觀察股價條因素,以找尋新投資靈感的投資人,必然會得到一些很賺錢的靈感。

股價創「新高」或者突然走強可能具有重大意義,值得研究。由於「看到股價條出現一些動靜」,我曾對產業類股進行過許多詳盡的研究。有時,這類研究造就重大的長期獲利部位,有時則一無所獲。

所以,對熟練的股票投資人來說,研讀股價條可能是晚餐鈴也可能是警鈴。

我們可以說,投資管理不是一項準確的科學。法人機構公布的報告已證實這點。有多少人在下跌前便「出場」?相信我,大家都想。有多少人買進後便反轉直下,而他們卻一籌莫展?我不知道在這個不確定的年代,醫學、軍事或政治科學是否也是如此。如果一個投資帳戶表現得很差,投資人會知道;但如果一個

病人死了，沒有人知道老天爺和醫生各要負多少責任。但我很確定，如果大家都認同股價條研讀是投資分析的基本因素，我相信法人機構的操作績效會改善。

現在，股價條研讀好像有點見不得人。這是你不會在某些場合做的事，或者至少是在私底下做。這很不公平，但事實就是如此。

我認為，股價條研讀是各類投資人都要考慮的一個重要因素。

那麼，在投資決策時不考慮其他事的「純正」股價條研讀者又如何呢？我認為，如果迷信研讀股價條或線圖，而排除其他基本因素，我想很少人會成功。我看過那是怎麼一回事，我不會建議大多數人去做。

除了少數天賦異稟的人，長期觀察股價條是很花時間的。

做出來的決策很可能是短期，而不是長期的，目前以稅率因素來看是不利的。紐約證交所會員經紀商的客戶對投資研究的需求殷切，以及今日稅法重視六個月資本利得等兩個因素，使得經紀商必須調高交易佣金，才能照顧那些注重統計數據的六個月期客戶。許多第一次進場的投資人格外需要花時間照顧，亦使得經紀商不得不調高佣金。

不斷進出市場的老練股價條研讀者的時代或許會再次降臨，但是現在的情況當然不適合。基於同樣的影響，交易大廳買進與賣出的價差無疑已大幅擴增。以今日市場規模變小來說，想靠著研讀股價條來賺錢，所能部署的資本金額也很有限。

所以說，純正的股價條研讀就像真正的香草豆、現榨柳橙汁

和昨日的美好事物一樣稀有。

你要如何徹底學習研讀股價條，才能確實改善你的投資績效？

我隨便就能列舉出花費數百頁篇幅專門討論股價條或線圖研讀的書籍。那些書我大多都瞄過了，但一本也沒有讀完。

你在《投資人的生存戰役》和我今日的談話中找不到什麼有關「M頭」（double tops）、「頭肩形」（head and shouldrs）、「三角型態」（triangles）和「區間」（rectangles）等的東西，因為我不太相信這些。

我說這番話並不是因為做過什麼研究，我的理由是我不相信這些方法。我每天進出股票，很自然的，大部分有用的股價條靈感會自動在我腦海中浮現。如果我必須挖掘、或匆匆記下並加以分類，這些主意一定不會太重要。如果我今天忘記一個重點，或許是因為它根本一點都不重要。

不論有沒有使用這套系統，當我想到分析股票交易時，第一個浮現的關鍵字是「比較」。除非與其他的波動比較，否則任何的股票波動、技術線圖、高價或低價都沒有價值。股價條研讀出來的任何結果都是相對的，相對於其他個股和類股，相對於時間點。第二個關鍵字與時間有關，就是「何時」。事情在「何時」發生，其意義就有很大的差別。

首先談到個股波動，你應該拿個股與大盤做比較，以及跟所屬類股做比較。這其實很簡單。我們一生中有很多時間都在比較，俾以做出決定，在股市也一樣。做比較，在考慮買進時，首先要考慮最好的。你可以比較好幾年間的股票波動。哪支股票漲

得最多？哪支股票在1946年的高點超過1937年，現在的高點高出那兩年？哪支股票現在的股價高於大盤前波高點時的水準？

這些觀察只不過是起點。接著，我認為要偏離純粹的股價條研讀，找尋為什麼要買進的理由。目前的走勢持續下去的機率有多少？

股市凡事都沒有規則，或許唯獨一件事例外。這條規則是，股市觸頂或觸底的關鍵，或是股市上漲或下跌的關鍵，絕不會發生兩次。簡單的說，關鍵一直在改變。因此，一點常識勝過許多理論。

不過，從平均值來看，那些假設目前走勢會持續下去的人是有利的。這點適用於個別公司、產業及股價走勢。

「絕對不要跟股價條抬槓」，是一句值得思考的諺語。

目前的走勢若要反轉，原先形成這個走勢的力量一定也會出現變化。可以事先看出端倪的人，具有分析和窺伺天機的天賦。我們大多數人都是事後才看出變化，但只要變化沒有進展得太遠，還是可以讓我們獲利的，這點很多人都能做到。我想我們大多數人寧可後知後覺但掌握情況，好過早早發現但無法確定情況。很多人以為在1929到1932年一路下跌期間的許多階段是買進或反轉點，結果都賠慘了。1933年股市脫離底部後才晚晚進場的買家，便大賺了一筆。

我相信金字塔型操作，而不相信攤平。意思是說，我相信加碼你的成功，減碼你的失敗。或者如同諺語說的，「停止少虧損，盡量擴獲利」。

我相信股價是有意義的，當我看到分散化的股票投資組合，

自然而然會想賣掉差勁的，買進更多好的。不過，因為我不是純正的股價條研讀者，會利用股價條的資訊作為決定哪些股票疲弱、哪些強勁的理由。我未必認為股價低的就是便宜，股價高的就是昂貴，有可能是這樣，但事實上，它們應該要是絕對值，因為「頂部」一定是高的，而「底部」一定是低的。不過絕對的頂部和底部很少發生，所以在大多數頂部與底部之間的時期，我所列舉的邏輯比較可能是正確的。

除了比較之外，時間點也很重要，事情在什麼時候發生是很重要的。一年當中，在經歷一段跌勢後，第一支個股創新高，通常有著重大的意義。當許多股票相繼創新高之後，再有其他股票創新高就沒什麼意義了。

成交量也是一個重要因素，這點很難明確說明。如果你在開車，時速50哩一定會比時速10哩更快抵達目的地。但你可能會因為開到時速100哩而撞車。同樣的，一支上漲的股票成交量放大到一個程度是利多，急漲時成交量縮減是利空，但兩個情況都是要達到一定程度。其中會有很多不同的情況，經驗是你的最佳導師。觀察成交量的變化，時間久了你就會明白它的意思。

我先前提過，交易行為有數不盡的模式。如果你想了解它們，得去讀書，然後自己決定要採用那些知識還是忽略。真正有用的模式少之又少，你會發現它們是自然發生的，即使你從未聽過它們的名字或注意過它們，你還是會認出它們來。

仔細想想之後，我會說畢竟還是有一個正當的理由去仔細研究流行的股價條和技術線圖。就好比先前提過我們需要新聞。一個好的股價條研讀者很清楚，大眾在關鍵時刻對特定的波動會有

何種解讀。股價條所反映的資訊是很重要的，不論它對股票的衝擊是如預期中正常，還是衝擊來得比預期大或小。至少就非常基本及分佈廣泛的股價條順序來說，它是重要的。這種情況下如果出現不正常的後續發展，好的股價條研讀者就會得到一則有用的線索，可以輔助你做出結論。

記錄與牢記你在股價條上看到的東西，是股價條研讀、線圖研讀以及只是記下股價與成交量之間最大的不同。

截至目前，我們的手指都還沒摸到股價條，不過我一定要說，對記性好的人來說，股價條最能完整描繪出股市全貌。首先，它是「活生生的」。相較之下，線圖「像是罐頭」或者「像是錄影」。它是《親眼目睹》（See It Now）[30]的真人實境版。不斷跳動的股價條還能提供數種其他地方看不到的資訊。你在交易當下會看到約略的成交量。我說約略，是因為所謂的「大廳停止股」（floor stopped stock）[31]不會印在上頭，當然一個百分點的零股交易已經沖銷，所以也不會出現在上頭。你是看到了大約的順序，意思是，普通單的買賣發生時間。這很重要，因為這是前述一些比較的關鍵。假如汽車類股上漲，你看著股價條便知道哪支汽車股最早起漲，哪支最活絡，你可以看到波動持續的時間，或是交易反轉，這也是比較。當然，你可以從股價條跑出來的速度或者它落後實際交易的速度看出市場究竟有多活絡。

如果你有時間，又懂門路，直接研讀股價條是很有趣的。可

---

[30] 1950年代CBS電視台製播的一個電視新聞雜誌與紀錄片節目。

[31] 大廳經紀商下單給專業會員，由專業會員保證用特定價格或更好的價格執行。

是如先前所述，它有一些缺點。我們很少人有時間，而且它對繳稅也比較不利。直接的股價條研讀往往讓你專注在極短期的操作。批評者或許認為，你會因此見樹不見林，可是，只要時間、稅金、佣金和交易價差沒有造成你太大的負擔，你所看見的樹或許就會帶給你足夠的報酬。

　　一般投資人必須依賴線圖和股價表版來分析交易。我偏愛股價表版，勝過技術線圖。對大多數人來說，技術線圖看似簡單，但其實不然。只要簡單記錄你想要記住的，像是異常的交易或交投清淡、或者高點和低點，就可以滿足大多數人的需要。

　　總結來說，除非在市價基礎上加以評估，再考慮大盤走勢與走勢可望持續的時間，否則投資分析和內幕消息都是沒有用的。我提到這點，是因為我遇到的分析師似乎都不明白這點，所以他們的操作績效才會那麼差。多多注意交易分析，將可提升他們的投資結論準確性。融資書記員（margin clerk）只看市價，而不看帳面價值、本益比或所得收益率。記得，你要注意這些。

72 研究股價條的價值何在？

　　紐約證交所的股價收報機系統遍佈全美七百多座城市，加拿大有六套，瑞士有三套，波多黎各有兩套，夏威夷有一套。

　　多年前，這些收報機幾乎在交易一發生便立刻在紙條上印出來。現在，八成的交易會在 Trans-Lux 的螢幕播映，還有很多人在閉路電視上收看。大約三萬到四萬名紐約證交所會員公司的員工用這種方式觀看行情。此外，大多數會員公司的辦公室也有設備，供客戶觀看行情。

　　為什麼人們要觀看股價條？他們有什麼用途？「研讀股價條」可以賺錢嗎？在電子報價系統的時代，股價條的第一個用途，或許是檢查交易單撮合的情況。股價條主要的價值在於它可用來協助判斷股價走勢。

　　這或許是一項「古老」藝術，而非現代藝術。股價收報機最早出現在1867年。起初它們最適合超短期投資，但開徵所得稅後，研讀股價條的人口銳減。佣金調高和參與市場的規定改變，亦使研讀股價條的人數減少。

　　然而，即使在今日，股價條仍是極為寶貴的。很少人有空每天看盤整整五個半小時。1922到1936年，我都在辦公桌吃午飯，以免少看了一呎的股價條。我希望自己現在也有空這麼做。

依賴股價條的投資人會跟經紀人打交道，大多是指望他們替客戶不停地觀看股價條。

投資想要賺到錢，就必須進行綜合研究、關注新聞和市場波動。股價條是優良的市場資訊來源，遠勝於報紙的每日或每周股價表版，或你自己繪製或購買的技術線圖。

股價條是唯一「活生生」送到你手上的市場交易來源。用這種方式研究市場可以知道事情發生的時間、當下的成交量，比較大盤與其他類股波動之間的關係。

當你觀看股價條，會看到這些因素發生之時就在你眼前展開。你看到哪支股票首先波動、看到它有多麼活絡，看到它和其他股票相較之下有多強勁或疲弱。若使用股價表版或技術線圖，這些因素都得由你自己去推測。

內行的股價條研讀者領先技術線圖研讀者的方式，就好比有些企業主管馬上就能從電腦得出重要數據，而他的對手則依賴人力。

股價條讓你下單無往不利。它可以增強或質疑你的分析結論，也可以提供你選股的靈感。雖然乍看之下它適合短期操作，但時常可以促成六個月以上的投資。

我們應該再度提倡股價條研讀。徹底了解之後，便可證實它比目前的技術線圖熱潮更能幫你賺錢。

⑦ 股票投資的重要性

（本文為對賓州大學華頓金融與商業學院學生的演講大綱。）

各位同學不久後就將進入證券投資的世界。自從三十五年前我入行以來，這個圈子已改變許多，我相信這些改變絕對是有利於投資人的。證券經紀人的地位已大幅改變，不論是標準或輿論都已明顯提升。在塑造你們的生涯時，你們要謹記四大因素：（1）以自己的職業為榮，並且有稱職的表現；（2）學習計算價值單位，而不只是「錢」；（3）預期證券投資將變得跟儲蓄帳戶與保險同樣普及；（4）多想想今天和明天，而不是昨天。

一開始，我想要強調我把投資銀行家、證券銷售人員和股票經紀人做出仔細的區分。我是個股票經紀人，對我來說，這個名詞等同於代理人，有時甚至是受託管理人。投資銀行家通常是個批發商，他大批買進證券，然後直接或間接零售賣出。證券銷售人員單純銷售他公司所持有的證券。但真正的股票經紀人不會批發或零售任何東西，也不銷售公司持有的證券。他是個代理人，以收取佣金的方式為客戶下達買進或賣出的交易單。我知道今日在實務上，這些名詞都被混用或濫用，當我說經紀人時，我指的就是字典裡的意思，沒有別的意思。

幾年前，經紀人指的就是下單而已。這些交易單來自於相當世

故、富裕及消息靈通的人士，或者是濫用金融界合法機制的賭徒。

　　現在，股票經紀人已經進化成為投資顧問。他的財務狀況很重要，他傳達及執行交易單與融通交易單的能力很重要。可是，最重要的是他向客戶提供投資建議的能力。換言之，他的研究部門很重要，他的人脈也很重要。不過最重要的關鍵資格，是他有沒有能力用實際、日常的方式表達他的學識。

　　大多數人都很敬重我們的家庭醫師所提供的協助。找一個知識淵博、忠實可靠的家庭經紀人也同等重要，如果你需要任何證明的話，現代的身心診斷醫學已證實這點。因此，股票經紀人的角色益形重要，將來還會更重要。因為在充分了解美元波動和增稅的意義之後，證券投資人的圈子將不斷擴大。儲蓄銀行、保險公司和年金基金持有的證券投資，已逐漸向大眾證明，每個人的投資計畫都應該有證券。股票經紀人的地位提升，也是因為他們自我成長，明白自己新增的責任。

　　我或許有偏見，可是我認為一個好的經紀人所提供的建議，甚至可能好過一個好的投資銀行家或律師。我相信這點，因為經紀人置身事內，他並非以一個旁觀者的角度去提供建議。

　　在我認為，經紀人唯有保持真正客觀的立場，才能做個好顧問。只要他辦到這點，無論在法律上或精神上，他都是客戶名符其實的代理人及受託管理人。

　　收取特殊報酬的證券銷售人員則有另外的功用。他可能銷售共同基金、新股、特別發行或次級股票（secondaries）[32]。如果銷

---

[32] 又稱secondary stock，次級股票是指小公司發行，相對來說不太昂貴的股票。

售人員只負責銷售，經紀人只做代理人，客戶就會得到最好的服務。

以職涯觀點而言，一個好的經紀人還可享有另外一大優勢，這回是他個人的直接福利。可以說，他能夠把投資自己的資金當成正職工作，不像其他職業的人只能兼差去做投資或者找別人代為操作。

今日證券投資實務的「大改變」，是大家重新認知到貨幣的價值不斷在改變，未來價值將會減損。貨幣強勁時，健全的證券投資策略看好美元部位；貨幣損失價值時，就像現在這樣，證券投資策略便轉進到股票。

在我生涯之初，證券投資專屬於富人階級，現在則為庶民大眾所接受。

一般來說，投資銀行家和律師，還有爸爸、媽媽和老闆都會告誡買股票的「危險」；現在則是告誡不買股票的危險。

1929年的股市崩盤至今仍是證券投資常見的警告。大家已經等了一段很長的時間，對我而言，時間是重要的投資因素，不過，現在股票真的比1929年時更有價值。許多個股在1937年超越了1929年的高價──在崩盤八年之後。其他股票則在1946年再創高峰，還有的是在去年。

如果今天我幫你做了一項投資，卻等到1992年才達到損益兩平，我沒什麼好驕傲的。在其他條件不變下，當然這不可能，現在1美元對可能平均21歲的你們來說，其價值絕對不同於三十六年後57歲的你們。無論如何，即使花了很長的時間，股票的確已經從1929年的崩盤恢復過來。

　　至於貨幣呢？它再也無法恢復過去的價值。不管你等多久，都不可能期待用喬治‧華盛頓興建弗農山莊（Mount Vernon）[33]時的工資水準去僱用木匠。事實上，歷史顯示，你等的越久，貨幣價值越低。當然，我們曾經歷過貨幣升值的時期，以後也會再有。可是，就我目前所能預見的，未來不會有真正強勁的貨幣。

　　對年輕的投資人或想成為經紀人的人而言，有件重要的事，就是注意現金、債券或保險的波動風險，如同你提防在股市賠錢一般。

　　我們並非生活在一個無風險的世界。承認吧，不管我們做什麼事、如何投資，都存在風險。

　　從事經紀業可以賺多少錢？我的經驗是，當你在經手金錢時，稅前盈餘應該要高出平均水準。你的儲蓄或繼承的遺產在長期資本利得稅的基礎上加以管理，就可以獲得更好的績效，勝過其他方式。

　　這個行業的缺點是，股票經紀業是一種所有權管理事業，基本上事業資本由合夥人提供。隨著時間消逝，一個人或許能靠著打拚存下足夠的錢，增加在公司的股份。雖然不是不可能，不過現在的稅法讓這點滯礙難行。不像企業界，經紀事業沒有「主管選擇權」。

---

[33] 弗農山莊（Mount Vernon）是美國開國元勳以及第一任總統喬治‧華盛頓的莊園故居，位於維吉尼亞州波多馬克河河畔。

74 壁花股

　　新手投資人有個特色，就是還沒學會爬行或走路，就想跑步。如果你叫一個新手去買知名上市投資信託作為他的第一次股票投資，他還會對這種幼稚園的主意回以一臉不屑的表情。如果你跟菜鳥談論新的促銷股、新公司、小型或不知名的股票陷阱，他會對你嗤之以鼻。美國最成功的企業對管理最佳的法人機構來說已經夠好了，卻引不起新手的興趣。

　　這種情形的主要原因是投資人瞧不起熟悉的事物。例如，他覺得「大家」都知道「通用汽車是一支好股票」。他誤以為，想要成功的話，一定要買「新的」、「特別的」或「獨特的」股票。就他來看，最成功的公司幾乎都是最受青睞的股票，所謂「最受青睞的50檔股票」，這些根本不適合他。

　　事實上，除非新手投資人從買進最好的股票入門，否則他們根本沒機會成功。最成功的公司往往有可觀的收益和美好的前景。1955年通用汽車的報酬率在5%以上，視買家何時進場而定。1953年這支股票才18美元（經過數次股票分割後的調整價格），所以根據1955年夏天的價位，買家賺了一倍的資金。該支個股在1949年的價格是9美元，那年進場的買家在四年內便賺了一倍，六年內賺了三倍。1941年它的價格是5美元。以平均價格

計算，買家在十年內從通用汽車賺了7%以上。1955年，通用汽車1股拆3股。雖然價格不同，但若以1965年往前推算，這個報酬率還是成立。

重點是，規模與成功並不構成持續成功的障礙，不像許多新手投資人所想的那樣。按照1933年以來的經濟和政治來看，事實正好相反。強者愈強，弱者反而不易變強。

不過，還是有投資人了解投資信託，然後，他們升級到自行挑選零股。接著，他們更上層樓，縮小他們的投資清單到少數幾家最佳公司。最後，他們覺得想要為自己買點「特別的」。他們心想，特別的機會就在成長快速的小型公司之中，或是有關採礦、石油探勘、自動化、電機、鈾和原子能等浪漫股。他們強烈相信凡是不知名的、還沒有在紐約證交所上市的股票，都可以有更多報酬。

對那些擁有這種想法的人，我會說一將功成千骨枯。這些股票有很多都像是「蚊子莊園」（Mosquito Manor）的空地，房地產騙子賣給那些無知粗心的人，謊稱他們將住在未來的「大中央」區。

不過，老手在小型股或特殊情況還是可以賺到錢。如果有意購買這類證券的人讓擁有研究調查人員的法人機構做初步篩選，就可以大幅降低風險並提高機會。方法之一是觀察績效最好的投資信託，假如一檔不知名的投機買賣首次出現在他們的投資組合中，投資人就應該研究這支股票。例如，1950年12月，美國石油和天然氣生產商科爾—麥吉公司（Kerr-McGeen）首度出現在雷曼公司的資產組合中，報告公布後的當月股價為15美元。此

後該公司曾配發10%和33%的股息，1955年夏天它的股價達到75美元。

　　另一種方法是，如果有人建議你買進一檔較不知名的股票，首先看看有沒有投資信託買過這支股票。如果沒有，最好算了。你要明白，單憑一家或數家投資信託持有該支股票，並不能保證你會獲利，但這或許表示你有機會賺一筆。大型投資信託花費了數百萬美元去調查這些股票，如此應可大幅降低風險。

　　所有紐約證交所會員公司的研究部門都可以在數個方面協助你。他們可以告訴你，你正在考慮的股票是否被投資信託持有，以及持有的是哪一家投資信託。他們可以告訴你，那家投資信託的買進價格。他們通常還知道為什麼他們會買進，以及現在的價格及前景。他們可以在投資信託公布報告後，告訴你投資信託新買進與首次買進的股票。他們可以擔任你的經紀人和代理人，執行你的交易單，以最低公開市場價格買進，收取最低的手續費。

⑦⑤　更多的雙倍股息

投資俱樂部

投資俱樂部已如雨後春筍般成立，可是很多都是濫竽充數。

投資俱樂部有兩大問題。第一個是這種團體是否可以保證投資績效優於個人。當然，光憑人數無法保證成功。

投資俱樂部的成立或許有合理的理由，但絕非基於加入羊群就有安全感的理論。

投資俱樂部成立的一些實際理由如下：

（1）為了獲得經紀人更好的服務，因為這是一個大帳戶，而不是很多小帳戶。

（2）沒有受過教育的團體（在此單指投資方面）可以獲得一個熟練管理委員會的服務。

（3）不同投資領域的專家可以集結資訊。

投資俱樂部的第二大問題是法律問題。大多數的投資俱樂部是合夥制、非法人組織（unincorporated association）或合資企業。這代表無限制責任，在某些個案，它或許表示任何一名會員

亡故就得整個解散。這表示每個人在投資俱樂部分配到的部分，或所有已實現收益或利潤都要課稅，和其個人所得一樣。反正，這是一種討厭的安排。所以，投資俱樂部時常會起草文件以減輕一般合夥關係的影響和運作。他們會設法限制合夥人的責任以及下單的權力、管理投資俱樂部的資金，以及限制經理人建立部位的金額，其結果當然是一團混亂。還有稅的問題，萬一投資俱樂部被視為「形同公司的非法人組織」，日後可能導致雙重課稅。處理交易單的經紀人永遠無法確定，下單的個人或團體是否擁有這種權限，限制責任其實是很模糊的。我認為，所有的投資俱樂部都應該是公司，因為公司形式正是他們所需要的。基本上，投資俱樂部的目的應該是為了資訊，而不只是合夥。成功與否取決於會員是否有各類專家，或者由一位專業人士領導一群新手。

華爾街最有錢的12位人士

有一位頂尖的編輯曾告訴我：「你當然是華爾街最有錢的12位人士之一。」

我回答他不是這樣，他便接著說：「如果不是——怎麼會不是？」言下之意，他對我感到失望。

要成為華爾街最有錢的12位人士，你必須出生時就擁有優異的大腦。這是起點，缺乏這點，其他條件都沒有價值。你的大腦必須有勇氣接受風險、你必須願意融資到最大極限、你必須熟知利用他人資金的技巧、你必須懂得如何利用別人的金融資源、你必須投入大腦半球去儘量減少繳稅，你還必須想發財想到快發瘋，更甚於你對健康或快樂的渴望。你的腦袋某個部分或許天生

就懂得如何賺錢，但其他部分或許不願意承受風險或實現創意。因此，現在你必然已明白「總淨值」不等於「總金融能力」。

了解你真正想要的，並且有能力去得到，這才是我強力推薦的目標。

買進適合你的股票

為什麼總是有些股東想要改變他們持有股票的公司？起初他們挑選了這項投資，但或許他們應該挑選更能滿足他們欲望的公司。當投資人在年會閱讀他們的報告，或者研究他們的委託書聲明（proxy statement）時，有人不禁猜想為什麼他們不改持他們贊同的個股，進而賺取更多利潤，勝於試圖改變一家大公司的航向。

在狗的世界，有看門狗和獵犬，例如獅毛犬和可蒙犬。你不能叫一隻玩具犬去做獒犬的工作，股市也是一樣。我們有各種資本額的普通股適合大多數的保守型投資人，也有投機股適合高度槓桿的資本結構。我們有穩定型企業、成長產業和衰落的產業，受規範的和不受規範的產業。也有一些產業每年需要大量增資才能存活，有些則可以自力更生。

1946至56年，陶氏化學（Dow Chemical）的年度配股率達2.5%。它是最高所得級距股東最理想的成長股。在這段時期，它的股東權益上揚了將近600%。

相反的，美國電話（American Telephone）有一群不同的股東，他們注重穩定的收入和安定性，該公司每年配股率達5.25%。1946至56年間該支個股的市值都沒有成長；事實上，股

價不漲反跌。

實際上，在這十年間，美國電話公司的總營收上揚153%，淨利成長更大，達到234%。麻煩的是，每股盈餘只成長了29.5%。部分原因是這家公司屬於受規範的公營事業，從事的產業需要龐大資本支出。本益比成長率不高的第二個原因是，配發的股息越多，本益比成長率越低，因為可用於資本投資的未分配盈餘就減少了。美國電話的股東一直有權把扣除所得稅以後的股息重新投資，買入更多美國電話的股票。

因此，同一時間，陶氏化學的十年期平均配股率44%適合某一類的股東，而美國電話十年期平均配股率83.7%適合另一類的股東。在這兩家公司之間，還有數千家公司適合每一位要求各不相同的投資人。

另一個重點是，過去十年的經驗未必適合未來十年。美國電話自1958年起開始轉型，成為成長型股票，獲利成長、股息成長、股票分割，股價也上漲。

如同年輕小姐總愛在婚後「調教」她們的老公，投資人還是一開始就選對股票會比較好。

聯邦時間的問題

1965年1月1日，紐約證交所的會員公司大約開設了3,559間辦公室；其中415間位於太平洋沿岸各州，當然以加州佔多數，達371家。換言之，紐約證交所有大約10%的業務來自加州。

想要掌握市況的加州投資人，如果想在開盤前半小時就知道新聞和解盤看法，他會在太平洋時間早上6點30分就被電話吵

醒。最近的情況更糟，因為美東實施一個月的「日光時間」，美西卻沒有。

《紐約時報》報導指出，許多地區的時間調整造成「廣泛的困惑」。美國有四個主要時區已經夠糟了，某些社區在夏季實施「日光節約時間」，更是雪上加霜。如今全國各地各個時區在不同日期結束日光時間，情況已變得不可收拾。

最糟的例子莫過於加州。這個大州由於地理位置之故，比紐約市「晚了」3個小時，這才是真正的日光時間。意思是當美西的商務人士想在東部時間早上9點打電話給紐約的商務人士時，舊金山或洛杉磯的太平洋時間才早上6點。這表示商務人士如果在8小時內飛往美東和美西，他的個人睡眠和起居習慣都會被打亂。金錢和健康的損失是很驚人的。

國家時間研究所（National Time Research Institute）的主席羅伯・康恩（Robert F. Kane）指出，單是電視業每年便因為「混亂的時間」而損失二百萬美元以上。康恩先生表示，目前的時間不一致，就有如全國各地同時有窄軌和寬軌軌道在營運。

這團混亂有兩個原因。第一是我們的時間系統是古老的，配合往昔交通緩慢的世界。今日，環球電話服務、私人電報系統、廣播電台、電視和超快速的空中交通，可說是天涯若比鄰，彼此的利益更加貼近。

農人、商務人士、電影院等等的個人利益確實互相衝突。但是，現在每個團體都應該捨棄私利，為共同利益著想。

最好的做法是全國採用華盛頓特區的全國時間，取代各州、各郡和地方時間。讓華府考量各方的利益，讓各方利益接受最有

利於最多數人的折衷方案。

容我建議，新的聯邦時間（Federal Time）可以一年調整兩次，如同現在的聯邦夏季時間和聯邦冬季時間。不過，全國各地要在同一天實施調整，大城市和小村莊一律實施。我想不妨考慮將時區減少為兩個，至多三個。

在人工產品越來越多的現代生活裡，像是合成材料、冷凍櫃、人工照明等，讓生活在兩個遙遠地區的我們，若要適應不自然提前的早晨或延後的黃昏，應該不太困難才是，而我們會得到的好處多不勝數。

世界上的時區也應該減少。美國有西部時區和東部時區便已足夠。如此一來，美東和美西最大的時差也只有一小時。

搭乘現代噴射機跨越許多時區的旅行者，起床、睡覺、吃飯的時間完全被打亂。如果不設法，你能想像幾年後新的超級噴射機登場後會是什麼樣的情況嗎？

在華府，眾議院州際商務和外國商業委員會已於1964年開始舉行時間立法的公聽會。

成長股是如何成長的？

買「成長股」沒什麼不好，可是在你買進之前，應該知道自己買到了什麼、要期待什麼成長，以及預期的成長率。

真正的成長股可以透過獲利成長以及投資人關注程度的增長而成長。它們也會因為投資人關注程度的下降而沒落。所以，謹慎分析和挑選價位是很重要的。

由於大家一概而論，投資人已損失數百萬美元。毛利的成長

不代表淨利成長或投資人關注程度的成長。它可能意味著新的融資，也可能意味獲利率被壓迫和淨值下跌甚或虧損。例如，就我記憶所及，航空公司的毛利每年都成長，但航空股股價從1945至46年的高檔下跌到1948至49年的低檔是很可觀的。再舉一些例子。美國航空（American）從19.875跌到6.125，直到1955年才回到19.875的價位，也就是等了九年。布蘭尼夫航空[34]、首都航空[35]、環球航空[36]和西北航空（Northwest）1955年年底時的股價比1945至46年的高價還低上一大截。

直到噴射機問世，航空公司的營收和股價才再度成長。

如果不想太費事，你只要比較目前的股價和目前的盈餘，就會得出目前的本益比，這就是目前投資人關注程度的指數。然後判斷預期獲利的成長率以及本益比（如果有獲利的話），再預估未來的股價。接著再比較你預期的道瓊平均指數水準。

如果高出很多，你就有了一支真正的成長股。

我們的目標是追求股價的成長。

過去有個有趣的案例是美國鋁業（ALCOA）。1949年它的股價在11，1955年底是75，等於成長了580%。盈餘從1949年的每股1.1美元增加了240%，預估每股3.75美元。可是，它的

---

[34] 布蘭尼夫航空（Braniff）被譽為航空界傳奇，以知名的「空中脫衣秀」而聞名世界，1982年因為破產而停業。

[35] 首都航空公司（Capital Airlines）主要營運範圍為美國東部，1961年被聯合航空併購。

[36] 環球航空成立於1930年10月，1950年前名為橫貫大陸暨西方航空公司，1950年改名為Trans World Airlines，2001年更名為TWA，於同年被美國航空併購。

本益比增加幅度才是驚人。美國鋁業1949年的本益比是10倍，但是到了1955年底它的本益比達20倍。如果反映1949年的本益比，它的股價應該是33.75，而不是75。

這說明了「投資人關注程度」，是股價成長率一個很重要的因素。

陳舊股

不久之前，福特汽車公司相當活躍的主管厄尼·布里奇[37]曾說過：「就我認為，任何消費品公司進行產品工程的主要目標是陳舊化。福特汽車公司的任務是要讓馬路上的每輛汽車都變得陳舊，不只是膚淺的改變，主要是急速與基本的工程與造型改進。」

在這個競爭的世界，每位能幹的工業經理人都有責任將其對手的產品或服務變得陳舊。今日的公司經理人為了把對手的產品變得陳舊，於是以低價推出更好的產品，並用更好的方式行銷，更重要的是，這種競爭已跨越產業。電視機廠商不只想搶奪其他電視機廠商的生意，還想搶電影製片公司的生意。他希望爭取更多家庭支出預算，把他們可能花在看電影的錢用來購買一台99美元的手提式電視機。

就整個股市來說，這表示每位投資人都應該尋找陳舊股加入自己的投資組合。最好的方法是有系統地尋找，至少偶爾檢查你

---

[37] 厄尼·布里奇（Ernie Breech）被喻為汽車業最傑出人才之一，執掌福特汽車十四年，拯救了這個汽車王國，而有「福特的拿破崙」之稱。

的持股清單，賣掉看起來最不吸引人的股票。要不用原已持有且表現最優的股票去取代，要不就買進看起來比原已持有部位更好的新股票。

股票對大家都好

現在，讓我擔心的是社會上普遍存在一種「股票對大家都好」的風氣。我贊同這句話，但前提是唯有挑到合適的個股，在合適的時間和價位買進合適的金額，這樣才對大家都好。持有股票這件事必須維持好名聲，我們做證券業這行的人才能生存，美國的資本主義才能存續。如果大量新手投資人希望幻滅，我們可能會倒退好幾年。

就此方面而言，大都會人壽公司總裁佛瑞德里克·艾克（Frederic W. Ecker）在達拉斯舉行的德州人壽大會上，所發表的「可變式年金」演說其中有些內容是很貼切的。

普通股普遍被推薦為通膨避險產品。換言之，現在大多數人都是依據通膨理論購置房產。好幾年前買房子的時候，房子只值現價的四分之一或不到三分之一，今日，屋主開心地相信房子一定會增值。艾克先生對通膨有如下意見：「如果人們檢查美國的物價，不含戰爭影響的時期，會發現有很長一段時期，物價是穩定或下跌的。雖然在某些時期物價曾經上揚，但幅度很小，除了戰爭與戰後那段時期。」

艾克先生還提到現今流行的一種論點，亦即定期定額（dollar averaging）理論可有效消除買進普通股的大部分風險。他表示：「人們一定會質疑這種理論在實務上是否行得通。根據我

們的經驗，我們知道在蕭條時期，許多人因為收入減少，甚至付不出他們的壽險保費。他們要如何持續支付在大多數情況下，根本沒有比壽險保單來得重要的定期費用！但是，為了要讓定期定額理論發揮功效，現在一定要持續扣款，因為現在普通股價格理應比較低，固定金額可以買到更多股票。況且，即使是有收入能夠繼續扣款的人，很多人也不願意扣。人類的天性是，在蕭條時期往往失去信心，懷疑是否有必要在普通股價格不斷下跌之際持續買進普通股。」這只是定期定額眾多風險的其中之一而已。

艾克先生指出，本世紀以降至少有八個時期，以道瓊工業指數衡量的股市至少大跌40%。這種事以前發生過，也必然會再度發生。

艾克先生最後又提出一點，質疑時下流行的觀點，認為股市與生活成本之間存在相關性。艾克先生說，以一段長時間來看，這些數據看起來很好，但他認為這些數據的編列方法被動了手腳。他提出一張雖然列出很多時期，但兩者之間根本沒有關聯的表格，例如在1909至1910年，股市下跌27%而生活成本維持不變。1914年3月到12月，股市下挫36%，同個期間，生活成本上揚3%。同樣的，在1946至49年，股市下跌24%，同個期間，生活成本上漲了29%。

重點是，我們在1939至51年之間，以及早在1914至20年間經歷過大幅通膨，但這不代表我們一定會在1957年和往後的年間再次經歷。同樣的，過去十年的股市成功法則未必保證未來十年的成功。但如果我被迫必須在把儲蓄投入紐澤西標準石油或是存為現金之間做出選擇，我會選標準石油。當然更好的是，我可

以自由選擇而且可以改變心意。

投資效益

每一筆證券投資都有風險。可能更好或者更糟,但幾乎絕不會不變。

為了在最低虧損風險下賺取最大潛在利潤,投資人必須維持活躍的投資組合。如果他認同上一段敘述的前提,那麼他的投資計畫就應該包括具有最大獲利潛力的股票。投資計畫裡不該有未能實現原先承諾的殘餘股票。

修剪枯木或許是最困難的個人心理決定之一。有很多文章明智地談論將虧損限制在一定的投資百分比。可是,投資人或許應該更進一步,剔除在一定時間內沒有表現的股票。換言之,如果投資人預期會有一波行情,卻希望落空,他應該考慮結清部位。

許多投資人誤以為,如果他們堅持長抱牛皮股,就可以減少損失。可是,我不這麼認為。只要持有股票,就有風險,而且明顯影響股票與準備金的比率。因此,它直接使你無法再買進其他股票。以近期市況而言,即使是大盤大漲也只有一些個股上漲。領漲的股票可能上漲10到20個大點,而牛皮股則是原地踏步。

所以,每支股票都要對資金增值前景有所貢獻,如同划船的人必須承擔自己的重量一樣。

放空股票

許多讀者寫信來要求我寫關於放空股票的文章。很多人認為,如果你靠著看漲股價而賺錢,為什麼不能在股價下跌時如法

炮製？

　　問題在於，理論跟實務是不一樣的。在我看來，只有少數投資人可以嘗試放空股票。許多放空的人則完全做錯了，他們通常放空漲得最凶的股票。通常它們上漲的理由很充足，而且動能是向上而不是向下。通常他們會挑選一支小型股或流通股數少的股票，以及其他空頭偏愛的股票。這些都會直接導致虧損。

　　放空股票的恰當程序應該和做多股票正好相反。技術上，好的放空股應該是超買的股票，也就是太受歡迎、買家太多的股票。它應該是流通股數多的股票、大型股以及很少人放空的股票。主要的財經報紙每個月都會刊登被放空的股票。它應該是正在下跌的股票，或許接近谷底或正在創新低。它應該是獲利與股息預期減少但尚未反映的股票。這些加總起來，是很少人捨得賣掉的股票。

　　順帶一提，利空消息比利多消息更難取得。在很多個案中，公司主管必然具有積極個性才能成功，所以他們不相信不利的發展會持續很久。他們亦認為談論壞消息會雪上加霜，所以假如他們真的了解狀況，也會加以隱瞞。即使有分析師正確挖掘出負面發展，通常也不可能傳播出去。因為這麼做會令他損失重要的消息來源。所以，壞消息一定要私下探聽，因為它不受大家歡迎。

　　我不想寫關於放空股票的文章，比較合適的是寫一些警語，好讓讀者了解理論與實務之間的差異並不利於放空股票者。想要做個成功的放空股票者，並沒有看起來那麼容易。

藍籌賭博

在五光十色的拉斯維加斯，我注意到輪盤桌上堆著「藍籌」與「紅籌」，這是華爾街最常聽到的兩種顏色。不過，桌上還有黃色、綠色和紫色的籌碼。由於在華爾街打滾之故，我以為「藍籌」是價值最高的，卻訝異地發現這些籌碼的價值是由我自己決定，顏色並沒有意義，只是為了區別玩家。

華爾街許多的「藍籌」代表一流公司，但其市價只代表某個特定時刻賣家與買家的判斷淨值。或許它是一年「盈餘的15倍」，另一個時刻是「盈餘的30倍」，後來或許又是「盈餘的15倍」。這些市價波動通常遠大於盈餘或股息波動。真正「藍籌」公司的安全性無庸置疑，但其股價穩定性則否。

內華達州是合法賭博的好地方，紐約證交所則不是。證交所掛牌的股票只能以投資或投機性質買賣，想要賭博就去玩吃角子老虎機吧。

股票投資或投機應在明智地研究事實之後進行。這些關於過去與現在的事實，讓你對可能的未來做出結論。賭博的機率有時可以知道，但永遠都不利於賭客。賭博、投資和投機各有不同的風險程度，但它們沒有相似之處。受過訓練和老練的投資人可以計算股票交易的機率。根據事實和判斷所顯示，機率應有利於投資人，否則根本就不該做交易。

有一些「投資人」企圖利用股市機制去賭博。證交所和會員公司都在努力揭發他們。

被用來賭博的資金完全沒有用處。它們只不過在換手，被經紀公司和政府「抽頭」。

　　投資於股票的資金將投入於建設生產設施以及我們的防禦力量。它們增強我們貨幣的購買力。即使沒有直接的新融資，也還是一樣。

　　一些投資人就像綿羊；他們挑選貴的股票。他們似乎以為凡是貴的東西就一定是好的。其他人則反其道而行，買入便宜的股票，價格低到像是撿到便宜貨的股票。這兩種方法都很膚淺。

　　投資人和投機客一定會找尋「正藍」公司，經得起內行人的分析。然後他們應該考慮股價，如果合理便買進。如果股價好像偏高，或許有必要進一步找尋原先可能遺漏的其他理由。假如找到了，那就好。如果沒有，就不要理會那些股票。

　　如果股價好像很便宜，再檢查是否有遺漏分析的一些缺點。除非是好股票，否則就沒什麼低價可言。如果複查後也找不出缺點，或許它真的是買到賺到，也可能是牛皮股或特殊狀況。但有這麼多投資人在看，這種狀況是很少有的。

投資人，你沒有避風港！

　　1955年傅爾布萊特股市調查報告的目的之一，就是要警告投資人注意股票投資有時常見的危險。那麼誰要來警告投資人注意固定幣值投資（fixed-dollar value）有時常見的危險呢？或者囤積現金的危險呢？

　　事實上，現金、銀行存款、投資型保單、債券、房貸和其他形式的固定幣值投資，多年來讓他們的持有者很不好過。把儲蓄投資在這類產品的人，犧牲了收益報酬以及預期的安全性。

　　損失最大的是購買力。1914年第一次世界大戰開戰以來，

生活成本上漲，已大幅高於扣稅後的利息收入。此外，因為戰爭經費、信用評等受損、利率升高、蕭條時期企業被迫清算等，美元債券市價歷經數波大跌。債券買家也沒有得到預期的安全性。

　　精準掌握時機，將股票轉換為現金或最高級的短期票券，當然會賺錢，但這需要超高級的投機遠見。同樣的，精準掌握時機和價位，在低價時或起漲時買進債券也會賺錢。不過，這同樣需要高明的判斷和投機眼光。

　　現在大家應該要了解，當我們有多餘收入可以存起來供未來使用時，不論有沒有買股票，我們都是投資人。股票有漲有跌，但以其他形式持有的儲蓄隨著美元幣值改變，其購買力也會增加或減少。

　　以下的表格係經紐約第一國家城市銀行同意轉載。這個表格並不是要顯示爆炸性通膨抹煞了多少財富，而是要說明把資金放在銀行帳戶或債券、房貸、保單等固定收益證券的一般投資人，在所謂「安全、緩慢」通膨時期的景況。政客希望我們相信，每年物價水準上揚2%或3%是好的，並不壞。要求高薪的勞工領袖，也希望我們這麼認為。下列的實際數據顯示，謹慎的人明白那些話是錯的，應該自己去了解。

　　在我們一生中，普通股具備固定幣值投資的基本優點。它們有先天和後天的優點；它們享有複合儲蓄，因為企業會將保留盈餘轉投資；它們比較不受通膨傷害，而通膨在政壇上永遠比通縮受歡迎，甚至超越健全的財金政策。不過，有時人們會以過高價格買進普通股，或不正確地評估未來。

利率和貨幣貶值

國家	匯率指數		全年貶值率（複合率）	1963年利率[*]
	1953年	1963年		
委內瑞拉	100	92	0.9%	缺
美國	100	88	1.3	4.00%
加拿大	100	87	1.4	5.06
瑞士	100	84	1.8	3.25
德國	100	82	2.0	6.00
南非	100	82	2.0	4.75
澳洲	100	81	2.2	4.58
印度	100	78	2.4	4.68
荷蘭	100	77	2.5	4.22
英國	100	77	2.6	5.59
瑞典	100	73	3.1	4.45
日本	100	72	3.2	缺
法國	100	66	4.0	4.97
墨西哥	100	59	5.0	缺
巴西	100	6	24.4	缺
智利	100	5	26.3	缺

註：貶值幅度依據未調整資料，以及官方生活成本或消費者物價指數。

[*] 表至少 12 年期的債券利率。

利率來源：國際貨幣基金（IMF）國際金融統計。

　　當人們問我該進場買股還是在場邊觀望時，我知道若我要他們在行情上漲時在場邊觀望，或者在行情下跌時進場買股，都會對他們的財務造成同等打擊。可是，什麼都不買或者在場邊觀望就很「安全」的想法完全錯誤。

　　投資人在這世上可沒有什麼避風港，真要說的話也只有一個——那就是明白自己在做什麼。

76 先檢驗再接受

　　我想我從1921年就開始撰寫我喜歡的股票。我在同一時期開始閱讀別人撰寫他們喜歡股票的文章。在那段時期我寫過的第一支美國債券叫做「自由債券」（Liberty Bonds）。我所寫的這批債券是完全免稅的黃金債券，除了州稅和遺產稅之外。他們的到期殖利率平均達到當時價格的4%。

　　我依稀記得當時以折價銷售固特異輪胎和橡膠公司（Goodyear Tire and Rubber Company）抵押貸款8%債券，每張的報酬率達120%。那個年代，如果私人投資人資金運用得宜，可以獲得豐厚的報酬。高稅後所得可以買到很多東西，因為東西的成本很低，生活成本也低。保守的存款人因為刻意壓低的利率、增稅和貨幣貶值，而蒙受巨大損失。

　　在美國債券的報導之後不久，我開始撰寫一個專欄，當時叫做「內行人談話」。最早的主題是奄奄一息的麥斯威爾查莫斯汽車公司。我說剛接手不久的華特・克萊斯勒將會拯救這家公司，他真的辦到了。

　　這些年來，在閱讀別人撰寫他們喜歡的股票時，我一定會先檢驗再接受他們的看法。有些很有趣，有些則否。我很自然地認為應該要檢查我喜歡的，再看看我是否同意。在文章寫作、刊

登及被人閱讀之間總是有時間落差。市場變化、情況變化、輿論變化，這些因素都要考慮進去。我想目前《商業金融紀事報》（*Commercial and Financial Chronicle*）的專題專欄，是我所知最有價值的靈感來源，我是忠實讀者。但我認為盲目地根據該專欄去操作將是一個錯誤。

我覺得專欄名稱「我最喜歡的股票」取得很好，但大家可能各有不同解讀。首先，它每周刊登，有誰會認為「我最喜歡的股票」，會每周在「我最喜歡的時間」以及「我最喜歡的價格」出現？如果一年有一、兩次我可以找齊這些元素，構成一次完美的股票買進，我便覺得自己很幸運了。提出這種想法的時機是在它發生的當下，而不是文章刊登時。因此，我認為我不應該太在意專欄名稱，讀者也是如此。

我也覺得，我們應該問「最好的是什麼」。在我的時代，我有過自己最喜歡作為一個投資帳戶骨幹的股票；我有過自己最喜歡為堅持收益的投資人買進的股票；我也有過自己最喜歡為享受特別稅負優惠的投資人買進的股票。事實上，我相信每位撰稿人在被詢及他們的報導時都是這麼想的。我們往往每隔幾年才有一次機會，能真正找到一支符合嚴格字典字義下「最喜歡」的股票。

77 如何獲得最大投資報酬

《投資人的生存戰役》所提及的投資經驗和「華爾街的內行看法」，涵蓋廣泛與不同的領域。

個別讀者若能成功評估自己的個人資源、能力、機會和目的，本書將極有用處。

很多人在看了本書之後可能想自己去華爾街闖盪，結果卻沒賺到錢。可是，他們得到的好處在於他們省下了什麼，而不是賺到了什麼。我認為在急用款項之外還有存款的人不應迴避股票。現代的投資信託讓不具備投資知識的人，也能以相當安全、滿意和優渥的方式參與我國的未來。大家應該明瞭，大多數自認無法挑選個股或涉入股市的人，通常也無法進行其他的投資。把可投資儲蓄一分為二，一半持有公債，另一半持有高級投資信託的簡單策略，是這類人士的理想方案。公債可以預防不景氣時期和通貨緊縮。投資信託則可享受景氣大好的時期並防範生活成本上揚。公債與投資信託可以抵擋各個領域的鼓吹者和騙子，像是房地產、一般商業或股票。在我看來，這種組合基本上是更加穩健的策略，好過於把什麼錢都放在現金投資，例如現金、銀行戶頭、房貸、存款和貸款存款與債券。

本書大多數讀者將會覺得，自己可以更進一步地嘗試。他們

要做什麼、以及如何去做，將有很大的差異，取決於許多個人因素，包括年齡、財富、目標、能力、人脈和職業。

重點是，有全職工作的人不應嘗試專業型的短期操作，因為這需要全天的投入。重要的是，讀者根據自己的特質從書中挑選搭配的投資理念。

在我擔任股票經紀人以及投資人的四十年間，我見識過各式各樣的人和投資帳戶。有的賺錢，有些則賠錢，有些人幾乎總能在股市賺錢。我看過有人賺進可觀財富，雖然我也曾看過很多人賠錢，但我很幸運的，不曾看到太多人遭遇徹底的災難，像是1929至32年間眾所矚目的情況。

所以，別「害怕」華爾街。其他方面的虧損只是不像華爾街的虧損被大肆宣揚而已。可是，那些虧損同樣的血淋淋。

我認為，一個人應該趁著年輕時去冒險。這也是測驗及評估自己能力的時候。這表示，找一份有前途的工作；這表示，生活力求儉樸，租房子就好，不必買房子。一個人所有的努力都應該為了一個目的，那就是累積資本。我年輕時用融資去投資，現在回想起來，我很高興自己這麼做了。我可以得到許多，卻沒什麼可失去的。等你累積了財富，等你有很多可以失去，卻沒什麼可得到的時候，你再來追求保守和安全吧。如果你發現自己的努力並不成功，而且你只想存錢並不想累積財富，那麼你再保守行事。

我寫這本書的時候便知道，只有少數親身去嘗試的人才會成功。事實上人生的每個階段也是一樣，卻沒有人反對親身去嘗試。

如何去投資是個很實際的問題。少數從事投資業的年輕讀者，自然想要獨立去嘗試。從事不同職業的大多數讀者則只需把投資當成興趣即可，或者找個成功的人來幫他們。

或許他們的家人和友人認識某個相當成功的人可以協助他，或者他自己可以找人介紹。如果都沒有的話，那麼就在投資圈找尋合適的人選。

我傾向找個經紀人，而不是普通的投資銀行家或投資顧問。這並非因為我本身碰巧是個經紀人，而是因為本書大部分讀者的目標都是資本增值。但投資銀行家和大多數投資顧問的目標是正統的收入分散化、安全性和溫和成長。

但是，這並不表示一定要找這個行業的高階人士。通常這類人士年紀較大，又已成功，已不像他單打獨鬥時的年代那樣可以全心專注在投資上。主管職責和其他活動也剝奪了他的時間。想找這些人士幫忙的人必須自己注意，否則無法很快找到。時間就是金錢，尤其是高所得級距的人。

事實上，一個經紀人最應該努力的是研判要做些什麼。換言之，買些什麼、賣些什麼、何時買賣等。只要做成這些決策，把它們化為個人投資策略就很簡單了。因此，高階人士能否管理帳戶並非如大家所想的那樣，取決於帳戶的規模，而是在於讓客戶滿意所需的時間多寡。

華爾街以外的人大多誤以為「內行人」很容易便能獲利。大家都聽過經紀人有艘遊艇，而他的客戶卻沒有的故事。如果那麼容易在華爾街獲利，我確信掌握竅門的人會願意跟所有往來的人分享。本書取名為《投資人的生存戰役》，正因為保護與增加資

本事實上是一場「戰役」。除了經驗、天賦和人脈之外，這種事情需要不受干擾的時間和注意力，還有追求成功的動機。因此，如果一個人找到聰穎的經紀人正在步步高升，並在他的幫助之下與其一同步步高升，就很可能成功。

回到尋求協助的主題，當我涉足不熟悉的領域時，我都是運用這個原則。以前，我曾運用它來投資電影院、房地產及石油公司。

這項原則同樣適用於私人事務。多年前，我需要醫療協助。我無法替自己動手術，就如同屠夫、麵包師父或做蠟燭的師父無法自己投資一樣。我專心評估了六名外科醫師，最後才做了決定。因為我幸運地從六人當中選到合適的醫師，所以手術很成功。

許多長期計畫成功，同樣是因為正確選擇了投資圈的諮詢人士。

我發現大多數投資人屬於自己事業有成，把處理資金當成主要興趣的類型。他們最常在35歲開始投資。我想這是一件很基本、很值得去做的事。我只能猜測這類型的投資人所需投入的時間，或許至少每天一小時。任何可以節省時間的人，都至少要花這些時間和精神去研究投資，如此便可以獲得優渥回報。事實上，這點時間可能造成賠錢與大賺一筆的差異。這類型人士將是最能充分利用本書的人。

一個人投資生涯的第一個時期會落在21至35歲之間，第二個時期介於35至50歲之間。50歲以後，人們很容易趨於防守。可是，如果他們用這種態度還成功了，便顯示他們明白防守是最

佳的攻擊。因此，實際上他們的投資方式改變不多，反而不如他們投資金額的變動。成功的投資人到了熟年或許興趣減弱，但他的成功會讓他明白不要改變基本技巧。所以對成功的投資人而言，所謂的退休投資跟增值投資其實沒什麼差別。

　　有些人以為人數眾多就是安全，他們總是一再詢問別人的意見，我覺得這種做法沒什麼用處。例如，一名投資銀行家很可能會反對經紀人列出的清單。他的異議或許出於客觀，但該名投資銀行家反對的理由可能只是因為它不符合他的個人模式。因此，在最後分析時，不要管別人怎麼做，投資人在挑選時一定要依據自己的判斷。

　　身為經紀人，我時常被人問到：「你知道有什麼好康的嗎？」或者換個方式：「你聽到什麼好康時，要告訴我。」我不認為提出這種問題的人會得到什麼實質協助，或者在華爾街得到實質持久的成功。華爾街不是賺取單次獲利的地方。反之，在這裡，你要擬定持續與一致的投資或投機計畫。

　　我還時常被問到另一個問題：「我要如何才能大有斬獲？」這點可以辦到，但從頭到尾要冒極大的風險。現在想要大有斬獲，你需要用最高額度的信用，買進波動最為劇烈的高槓桿股，並且買進最多的金額。這表示，如果你錯了，你會以同等高速賠光你想要賺進的錢。換言之，投資人想要大有斬獲的同時，也得冒著「被斬」的風險。這種事你或許得親力親為，投資人要花上許多力氣才能找到一個有良心、有智慧的經紀人，足以承擔指導這種投資計畫的道德責任。

　　結尾之際，容我重申，本書原則上是本人多年來在投資圈的

親身經歷和所見所聞。很顯然，書中所提出的方法未必對每位讀者都同樣有用。俗話說：「青菜蘿蔔，各有所好。」這句話在這裡十分貼切。

　　不過，每位讀者在讀完本書以後，應該更能了解保存資本的危險，以及本書為什麼取名為《投資人的生存戰役》。再說一遍，「警惕即警備」，明白真正的投資目的，和達到目的有多麼困難，你就已經贏了一半，如此便有極大的價值了。

亞當斯密 003

投資人的生存戰役

短線投資經典之作！安全度過1929年大崩盤的投資大師，傳授77則令
散戶受用無窮的投資心法
The Battle For Investment Survival

作者　傑洛德・羅布
譯者　蕭美惠

堡壘文化有限公司

總編輯	簡欣彥
副總編輯	簡伯儒
責任編輯	簡欣彥
封面設計	周家瑤
內頁構成	李秀菊

出版	堡壘文化有限公司
發行	遠足文化事業股份有限公司（讀書共和國出版集團）
地址	231新北市新店區民權路108-3號8樓
電話	02-22181417　傳真　02-22188057
Email	service@bookrep.com.tw
郵撥帳號	19504465遠足文化事業股份有限公司
客服專線	0800-221-029
網址	http://www.bookrep.com.tw
法律顧問	華洋法律事務所　蘇文生律師
印製	呈靖彩印有限公司
初版1刷	2020年6月
初版4刷	2023年11月
定價	460元
ISBN	978-986-98741-6-8

有著作權　翻印必究
特別聲明：有關本書中的言論內容，不代表本公司／出版集團之立場與意見，文責由作者自行承擔

國家圖書館出版品預行編目（CIP）資料

投資人的生存戰役／傑洛德・羅布（Gerald M. Loeb）著；蕭美惠譯. -- 初版. --
新北市：堡壘文化，2020.06
　　面；　公分. --（亞當斯密；3）
譯自：The battle for investment survival
ISBN 978-986-98741-6-8（平裝）

1.投資　2.理財

563.5　　　　　　　　　　　　　　　　　　　　　109006549